妖鬼神遊卷

妖怪臺灣

三百年島嶼奇幻誌

何敬堯 著
張季雅 繪

謹獻給我的恩師，陳建忠老師

因為陳老師的教導，讓我擁有閱讀歷史的能力

目錄

序言：我們遺忘的魔幻時代 15
插畫繪者後記 25
簡介：妖鬼神的世界 27
邀請函 45

總述 古島紀 47

卷壹 大航海時代及其前（～西元一六六二年） 51
／漢人與西方人誌異

■ 海境之章 52
1 澎湖嶼：鬼市魅影
2 毗舍耶：鳥語鬼形之國
3 碧龍：三龍飛昇於海
4 鯊鹿兒：鹿變鯊
5 臺南海岸：人魚示警

■ 山野之章 70
6 巨象牛：異牛如巨象

■ 神界之章 73
7 天公、媽祖、土地公、關帝公
8 地牛與金雞
9 雷神
10 鬼王：大士鬼

原住民世界

西拉雅族 85

11 福爾摩莎的一角幻獸

12 死者幽靈的清洗

13 西拉雅的十三位神靈

14 西拉雅的惡靈

卷貳 明清時代 105

（西元一六六二年～一八九五年）

漢人與西方人誌異

海境之章 106

15 魔尾蛇的詛咒

16 海翁：噴火魚如海中山

17 金鱗火焰鱷

18 旱龍：引來旱災饑荒

19 木龍：船精靈

20 鬼蝶：海上告凶預警

21 澎湖南嶼：鮫人遷居

22 鯊魚變鹿

23 鱟妖好淫

24 安平妖怪：飛行巨牛

25 天妃女神護船

26 海和尚：海中妖怪

27 黑水洋魔巨蟹

28 人面怪魚：開口嘻笑

29 長尾三娘鯊與音樂魚

30 龍碩：銅砲妖怪

山野之章 144

31 鉤蛇：巨蛇能吞鹿
32 鼙妖：鳴則火災
33 仙狗踏石
34 古樹有邪神
35 瘧鬼：惡疾糾纏
36 疫鬼：降災之鬼
37 墓坑鳥：陰間返魂
38 赤虯：掌管風雨之龍
39 麒麟颶：風中火雲
40 蛇首族：飛天妖魔
41 瀨口大牛
42 東北暗澳山：鬼魅國
43 鰍魚精
44 制風龜：颶風止息
45 巨蘆鰻精怪
46 旋風蛟：狂風過境
47 婆娑鳥：臺陽妖鳥
48 傀儡山之雲龍
49 鼠尾雲：鼠妖作祟
50 大肚山：巨妖所棲
51 酒桶妖：山中怪物
52 獠人族：鳥爪三指人
53 長髯矮人
54 烏蝶妖怪：蔽日遮天
55 西班牙白馬幻影

鄉里之章 201

56 五通：偽神求香火
57 鬼哭明倫堂，雷起大成殿
58 老猴魅：賢者鎮妖
59 罪鬼：鄉里為厲

60 贔屭神獸：白蓮聖母
61 嘉邑女鬼：復仇奇譚
62 鬼鬥聲：陰兵造反
63 殭屍：油蹄貓跳過而變
64 觀音大士壓孤魂
65 陰陽雞妖
66 人面牛：預言能力
67 冤魂陳守娘
68 雲林水鬼：彌陀降伏

■ 神界之章 230

69 媽祖天妃
70 仙人山：仙者下棋
71 關帝廟之神
72 竈神
73 國姓爺：大鯨轉世
74 施琅：虎精轉世
75 元帝神入夢
76 保生大帝
77 嬰兒守護神：床公與床婆
78 祈雨之神與龍神
79 義民忠魂
80 天行使者：厄神化身
81 白髭鬚：神仙老者入夢
82 石頭公
83 姑娘廟的仙女娘

／原住民世界

■ 噶瑪蘭族 259

84 祖靈：前往快樂的獵地

■ 阿美族 261

85 阿美神的拐杖
86 天神馬拉道
87 阿美族的惡靈
88 日月星神靈
89 山谷的回音靈
90 雷神與閃電神

■ 排灣族 271

91 佳平部落的山中神靈
92 泉水精靈
93 天神玩球
94 森林裡的精靈
95 巨水牛
96 獰笑的天花鬼
97 動物化人形
98 蛇妖戲弄

■ 山中原住民 287

99 山火鳥：穿梭火山中
100 五色鳳：月出飛天
101 瑯嬌靈貓：陰陽眼

卷參 日本時代（西元一八九五年～一九四五年） 295

／漢人、日本人與西方人誌異

■ 海境之章 296

102 五使嶼：生人
103 鴟尾：旋風之龍

104 吳賽嶼的怪物
105 海棘獸：臺灣近海怪獸

山野之章 306

106 白猿妖
107 蛇郎君
108 鸚哥妖與龜怪
109 煞神
110 黑狗妖
111 蟾蜍山：食人之山
112 溪畔女鬼現形
113 香魂女鬼
114 大甲溪的鬼火
115 僧亦怕鬼
116 雷公埤的女鬼
117 虎姑婆
118 山貓：妖怪成神
119 有應公：賭博有求必應
120 魑魅魍魎碑：鎮西畔陰鬼
121 寶藏巖：老龜與女鬼
122 文龜妖
123 劍潭詩魂
124 水鬼迷惑
125 犯土神
126 叉爺：孤魂野鬼
127 白虎與黑虎：吞胎
128 竹鬼
129 替死鬼
130 魔神仔
131 蜈蚣吃蛇精
132 雷公鳥
133 豬哥石

134 地牛尾巴
135 石燕引颶風

■ 鄉里之章 381

136 彰化鬼譚：女鬼告冤屈
137 人面牛：三角湧奇事
138 臺南的風流鬼
139 狐身、貓頭、虎尾、人目之妖怪
140 鬼石擲屋
141 澎湖女妖
142 七足壁蟹成歹鬼
143 枯骨怪
144 板橋的飛顱妖
145 靈驗的廖添丁墓
146 買粽的女鬼
147 鬼口：鬼聲啾啾

148 屍鬼作祟
149 臺北爆竹會社的鬼譚
150 臺南的五色鬼
151 角力魔
152 臺中的女童鬼
153 公學校宿舍鬧鬼
154 屋中的騷擾魔
155 南鄉的怪牛
156 水塘的紅蛇精
157 滾地魔：神社前的怪譚
158 臺北大橋：魔之橋
159 八罩島的貓精
160 金魅：魔物吃人
161 鴨鬼
162 死靈
163 死嬰成邪鬼

164 火鳥與火王爺
165 無頭鬼
166 縊鬼：吊頭鬼
167 陰鬼走無路
168 纏身青面婆
169 金銀鬼
170 白馬妖怪：守護寶藏
171 周成過臺灣
172 林投姐
173 幽靈園與幽靈屋
174 活埋神
175 貓鬼與狗妖
176 眾邪鬼
177 五鬼符

■神界之章 470

178 椅仔姑
179 臨水夫人
180 城隍之神
181 水手爺
182 水神降夢
183 天公與山羊和豬
184 註生娘娘
185 嬰兒守護神：胎神
186 澎湖的祖師廟
187 碧山巖聖王
188 媽祖的親事
189 送神與接神：燈猴說謊
190 鯤鯓王爺廟
191 走馬天公：抓小兒魂
192 月神：掌管姻緣

193 井神
194 躲爺矮爺
195 牛爺馬爺
196 速報司與功告司
197 閻王

／原住民世界

■ 泰雅族 512
198 人頭的故事
199 妖怪的手
200 古苗栗原住民誕生神話
201 魔鳥：禍伏鳥

■ 賽夏族 523
202 妖蛇「卡蘭」

■ 太魯閣族 525
203 神靈的信仰

■ 阿美族 527
204 巨人異族「阿里嘎蓋」
205 死者的靈魂
206 死靈的種類

■ 布農族 534
207 骷髏人的故事
208 妖怪求婚

■ 鄒族 537
209 靈界
210 雨神

211 青蛙妖怪
212 鹿王
213 無頭妖怪
214 被砍頭者的幽靈

■ 拉阿魯哇族 549

215 死亡觀念
216 亡者搗麻糬的故事

■ 卑南族 552

217 擊退大蛇

■ 排灣族 555

218 牡丹路社的生靈
219 內文社的死靈
220 幽靈傳說
221 望嘉社的幽靈
222 魂火
223 鳥獸的亡魂
224 巨人「孤奴」
225 食人的怪鳥「瑪莎嘎拉咕」
226 排灣族惡靈「蓋羅」
227 矮妖「咕塔」
228 田螺美人
229 沙利庫的故事

附註：主要參考資料索引 575

百鬼工作室成員簡介 589

序言　我們遺忘的魔幻時代

何敬堯

我熱愛妖怪。

對我來說，世界各國家自古以來各種各樣的傳說、神話、怪譚，都是我的閱讀興趣。

但是，從以前到現在，臺灣從來沒有人以全面性、系譜性地蒐集，臺灣歷史典籍中出現過的各種妖怪、神魔與怪譚的紀錄。因此，若要將奇幻元素融入小說，勢必要進行歷史學的考察。

一開始，我只是在自己的筆記本裡，蒐集些許古文書上的紀錄，寫進我的備忘錄，作為我寫小說的靈感與素材。

但沒想到，原先只是作為備忘錄的筆記本，越寫越繁多，蒐羅的資料豐富到難以想像的境地。這時候，我才發現，我意外闖入了一座人跡罕至的神祕世界。我的眼前，出現了一座巨大的祕密礦脈，在歷史的黑夜裡閃閃發光。經過了考量之後，我終於決定展開遠征，啟程去尋找未知的遠方。

這一套書籍《妖怪臺灣：三百年島嶼奇幻誌》，便是這趟旅程中，我的一切所見所聞，從遙遠的歷史扉頁之間，攜帶回來的故事。

我熱切地期盼著，有人也願意與我同樣，對這些不可思議的奇妙故事，充滿好奇，想一探究竟。

究竟，這是什麼樣的書呢？

《妖怪臺灣》蒐羅了臺灣從四百年前（一六二四年）到二戰終止（一九四五年），共計三百二十一年之間，從大航海時代、明鄭時代、清朝時代、日本時代之間，曾經有過漢人、西方人、日本人、原住民的故事，調查了五百本以上的古文書，摘選關於臺灣的「妖怪」與「奇譚」的文字記載。

《妖怪臺灣》，是臺灣妖怪與奇譚的百科全書，搜羅了這三百年之間，各式各樣的臺灣奇妙故事。

為了要達成這樣的目標，我成立了「百鬼工作室」，邀請了幾位夥伴共同參與翻閱臺灣古書的計畫。我與百鬼夥伴共同翻讀、調查了許多臺灣古文書，最後從上百本書中摘錄出三十萬字以上的原始資料。最後，再以我個人的觀點，重新整理、編排、校對，將這些資料去蕪存菁，刪除了重複、零散、瑣碎的資料，最終分類為四百多項條目，才完成這一套臺灣妖怪奇譚的百科書典。

其實，對於古代奇妙文獻的整理工作，許多國家都有人進行編纂。

例如，十八世紀有一位德國人古斯塔夫．斯威布編纂歐洲古代的傳說，他就是現今流傳最廣的古希臘神話通俗讀物《希臘神話故事》的蒐集者；柳田國男的《遠野物語》、小泉八雲的《怪談》，是日本當今許多妖怪故事的原型；中國的《山海經》、筆記小說、聊齋故事，則成為現今中國文化裡的通俗怪譚的養分。

現今各國的奇幻文化、妖怪文化，大抵都是從這些編纂書中衍伸而來，成為各國重要的文化資產，並且孕生出各種流行文化。

舉例來說，在日本文學、電影、漫畫、動畫最常出現的百鬼夜行世界觀，其源頭便是《遠野物語》、《繪本百物語》、《怪談》、鳥山石燕的妖怪圖錄、水木茂的妖怪圖鑑。

當我們回過頭來，凝望自身，不禁要問：

「那麼，臺灣呢？」

事實上，臺灣也有人對妖怪與怪譚文化深感興趣，也不乏著作。但，若我們仔細瀏覽，便會發現問題重重：這些輯錄，大都是很零散的材料，缺乏有系統的總整理，或者只是二次創作，並非直接以「文獻本身」來做參考。

最有爭議性的一點則是，幾乎所有著作都參雜了過多中國、日本的妖怪與怪談，結果屬於臺灣土生土長的故事，淪為裝飾。

目前對於臺灣妖魔考察最為深入的書籍，只有林美容、李家愷撰寫的《魔神仔的人類學想像》以及臺北地方異聞工作室的《唯妖論》。

也因為閱讀了這些著作，啟發了我，想要以全面、綜觀的角度，去觀察有史以來的臺灣妖怪們的蹤跡。《妖怪臺灣：三百年島嶼奇幻誌．妖鬼神遊卷》與《怪譚奇夢卷》便是最後的成果。能夠將屬於臺灣的妖怪、奇譚文化，進行一個總整理，是我的夢想。很幸運的，這個計畫獲得許多人的支持與幫助，儘管夢想很天馬行空，卻能腳踏實地來實現。

這兩卷書共蒐集了三百年之間，臺灣古文書中曾曇花一現的各種怪譚異說、百妖百鬼。包含了從一六二四年～一九四五年之間，西方人、漢人、日本人、原住民等各種族群，在臺灣島嶼的所見所聞、奇譚異事。

它不僅屬於通俗、娛樂的讀物，同時也具備百科目錄的功能，用來提供讀者想要研究臺灣怪譚與妖怪時，可以迅速翻查找尋的參考書。對於任何有強烈興趣了解臺灣的妖怪、奇譚的人們，都是極佳的「通俗讀物」、「參考書」與「事典」。

這一本書的目標與內涵，包含以下：

1 願望

我嘗試建構臺灣的「妖怪學」，這本書將是初步統整的百科全書。此書半真半假，半實半虛，我抱持著身為一名故事寫作者的態度，編纂此書。不追求歷史的真實，而是追求「想像的真實」。

製作此書的方向，在於「廣」，以「條目」編列，達到「簡介」的目標。因此，它最大的作用乃在於「索引」。

若讀者對某幾篇傳說有興趣，期望讀者能以自己的能力去翻查古書，深入調查，以自己的觀點去詮釋臺灣島的歷史。我編纂此書的最終願望在於：鼓勵讀者重新翻讀臺灣的古書典籍，以自己的觀點詮釋臺灣的歷史。

並且，這一本書也將是妖怪故事的「再想像」與「再創造」，並非是單純的文獻考察。因為我認為臺灣妖怪必須添入新時代的想像力，才能擁有嶄新的生命，否則只會是文獻中僵化的詞語。

2 時間橫跨

初步搜索三百年（一六二四年～一九四五年）之間，臺灣文獻中出現過的「妖鬼神」與「怪譚」的蹤跡。

3 「妖鬼神」與「怪譚」的定義

「妖鬼神」此辭，泛稱於妖、怪、神、魔、鬼……等等類別，在此書中，簡略劃分為三種類型：「妖怪」、「鬼魅」、以及「神靈」。

❶【妖怪】：物有其靈，魔物化變，或曰「妖精」，擁有具體形象。

❷【鬼魅】：魑魅魍魎，莫知其源，形象曖昧不清。或人死成鬼，或以鬼命名。

❸【神靈】：精靈、神仙之族裔，人們崇拜、信仰。

「怪譚」的摘選宗旨，則是「怪奇而不可思議的故事」，包含四種類型：

❶ **【奇人】**

❷ **【奇事】**

❸ **【奇物】**

❹ **【奇地】**

並且，再以故事的發生地域，略微劃分數境：

- **海境**：周遭海域。
- **山野**：山中林野。
- **鄉里**：鄉鎮街屋。
- **神界**：神靈境界。
- **北部**：臺灣的北部（基隆市、臺北市、新北市、桃園市、新竹縣、新竹市、苗栗縣）。
- **中部**：臺灣的中部（臺中市、彰化縣、南投縣、雲林縣、嘉義縣、嘉義市）。
- **南部**：臺灣的南部（臺南市、高雄市、屏東縣）。
- **東部**：臺灣的東部（宜蘭縣、花蓮縣、臺東縣）。
- **離島**：澎湖縣、金門縣、連江縣（馬祖）、綠島、蘭嶼等離島。

《妖怪臺灣》的系統簡圖

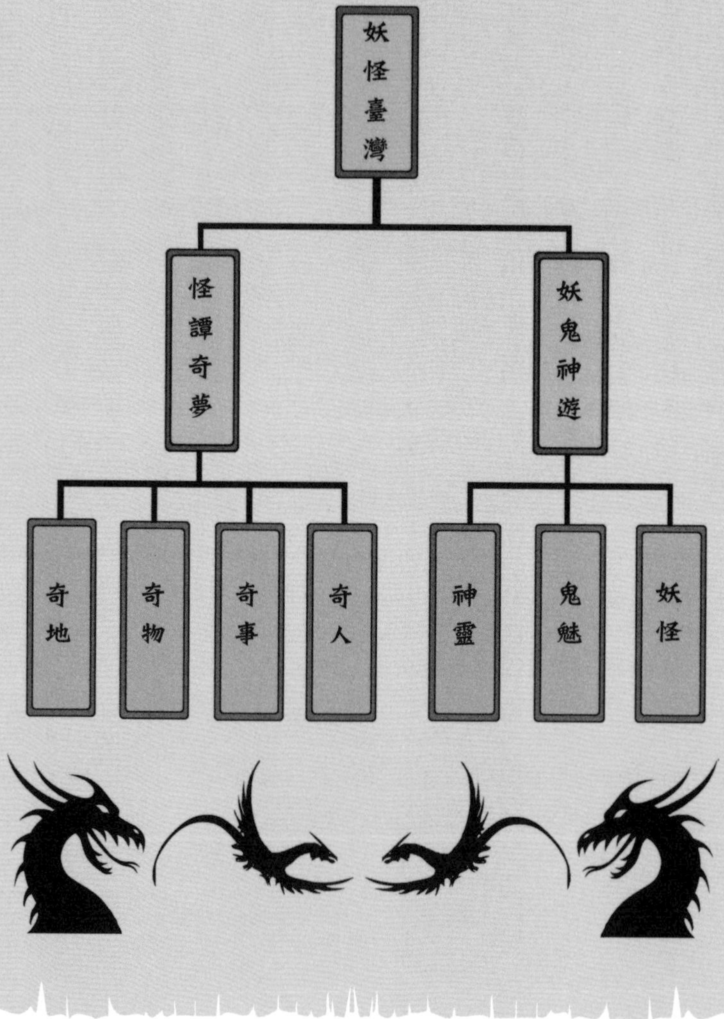

- 妖怪臺灣
  - 怪譚奇夢
    - 奇地
    - 奇物
    - 奇事
    - 奇人
  - 妖鬼神遊
    - 神靈
    - 鬼魅
    - 妖怪

（何敬堯繪製）

分冊

這一套書分為兩卷。

《妖鬼神遊卷》，臺灣妖怪、鬼魅、神靈的索引書。

《怪譚奇夢卷》，則收錄了兩百多篇各式各樣的臺灣奇異傳說。

5 蒐集材料

從《熱蘭遮城日誌》、「臺灣文獻叢刊」各種縣志、廳志、府志、或者西方人的臺灣遊記……總共調查了數百本以上的臺灣古文書。

6 摘錄與介紹

文獻的選文是主體，作者的簡介、註釋則為輔助。

因為摘錄文章，大多屬於文言文，或者艱深的文獻、斷簡殘篇，因此，我會以我個人的觀點，重新為各文獻進行詮釋、註解，以及介紹當時臺灣的歷史環境。若是文獻本身便是簡易的白話文，或者敘述內容已經完善，便不再添足贅言作解釋。

7 圖繪

中國的《山海經》本來有圖，卻在唐代亡佚，明清時代才有繪師依照文字紀錄，重新想像並繪畫。而日本的百鬼圖繪，則是在江戶時代由鳥山石燕、葛飾北齋等大師創作，才掀起了日本妖怪的風潮。

此書除了建立臺灣妖怪的文獻基礎，也期望能藉由這個基礎，繪製出屬於臺灣島嶼的妖怪形象。

書中的畫作，皆由臺灣知名畫師張季雅創作，她的漫畫作品《異人茶跡》以臺灣茶葉為主題，畫筆細膩精緻，劇情精采趣味，瀰漫著濃郁的茶香芬芳。能與這一位才華洋溢的畫師合作，邀請她繪畫出臺灣妖怪的魔幻與瑰麗，是我莫大的榮幸。

侷限

由於此書是依照我的觀點所摘錄出的選文，因此勢必會有個人主觀的盲點。當我進行選文的編排時，若遇到文獻過於龐雜、重複，我也會依照情況而割捨、節錄。以及，我在書中，特別放大了「妖怪」與「鬼魅」的文獻比例，在「神靈」的選文則會偏低，因為目前臺灣的神靈系統已經十分完備，坊間也有許多介紹書籍，不須我多加贅言。

另外，摘選古書的範圍，是在一九四五年之前，不包含一九四五年之後的文獻紀錄。所以，在一九四五年之後才進行田野調查、口述記錄的各種記載，便無法成為本書的條目。但我會依照個別情況，在條目的介紹文中，簡略提及近代的調查與研究。

儘管製作此書花費許多心力，但我必須坦言此書絕非盡善盡美。要處理這些龐雜而無系統的古文獻，耗費我相當多的時間進行爬梳、解讀，卻可能還是有所誤漏。並非歷史科系、漢文專業的我，接觸到這些資料時，實在令我頭疼萬分、手足無措，所以我的編書，肯定會有諸多盲點。若讀者發現此書有任何疏漏，請讓我致上十二萬分的歉意，為我本身學力不濟而致歉。所以，我更鼓勵讀者，若在閱讀此書時有任何啟發、疑問，請直接去搜尋、閱讀妖怪文獻的原書，因為那些古書才是真正的瑰寶，才是真正我們應當親近的臺灣文化。對我而言，此書的作用僅僅只是作為一個索引書。

雖然這本書收錄了許多原住民的傳說故事，但是因為原住民相關的妖怪奇譚，是在戰後、以及近二十年，才擁有系統性、全面性的總整理。因此，這本書受限於文獻的摘選範圍，可能無法對原住民的世界進行更深入、全面的探討。例如是臺灣各原住民族皆流傳的「小黑人」、「小人」、「地底人」的傳說故事，極有特色，可惜我自身學力淺薄，尚無能力進行深研，是否歸類「妖怪」更是充滿疑問。

若要研究一九四五年前的原住民神話傳說故事，可研讀大正十二年（一九二三年），佐山融吉、大西吉壽編著的《生蕃傳說集》，以及小川尚義、淺井惠倫在昭和十年（一九三五年）編著的《原語による臺灣高砂族傳說集》，這些書籍都是很廣博的蒐錄。

原住民族是臺灣島最原始的住民，各族流傳的神話傳說、妖怪奇譚是臺灣文化最珍貴的寶藏。可想而知，原住民部落流傳的妖怪種族，也是臺灣島上「妖怪的先住民」——只可惜在歷史進程中，被各種強勢文化排除，以至於蹤跡渺茫，甚至難以在史冊上尋覓其身影。關於原住民族的稱呼，文獻中的「番」與「蕃」字，將保留史料原字，還原當時歷史情境，而筆者在介紹文中則會以「原住民」稱呼。

受限於筆者的淺薄學識，無法在此書詳實介紹各族的妖怪，也無法深入了解島上「妖怪的先住民」有哪些精采故事，是此書最大的缺憾與盲點。

衷心期盼比我學識廣博的學者，願意投身於原住民各族妖怪故事的研究。

《妖怪臺灣》展現了古老臺灣島的幻想魔境，但其實，這套書籍所展示的奇妙世界——僅僅是冰山一角而已。我相信，這座島嶼之上，還有更多未知的領域、神祕莫測的地圖，等待我們鼓起勇氣，踏足探勘，自由自在地展開冒險旅途。

期盼能有人願意去翻一翻那些塵封已久的古文書，驚訝於其中的世界是多麼遼闊、多麼神祕而不可思議。

臺灣歷史的奇幻長征，如今正是啟程遠方的時刻，這是屬於我們的魔幻時代。

插畫繪者後記

張季雅

【合作】

【思索中】

【決定了】

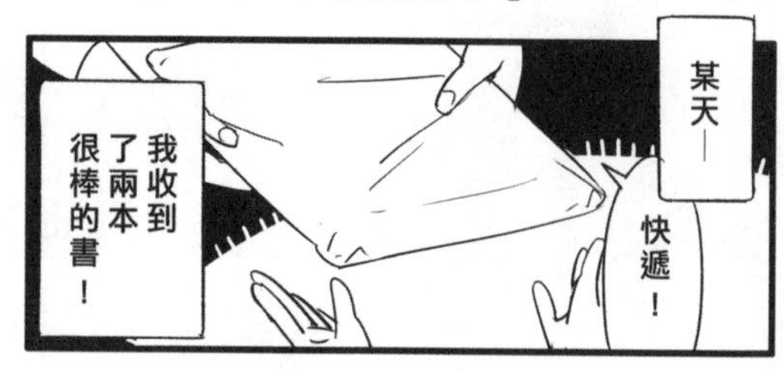
某天——
快遞！
我收到了兩本很棒的書！

書的主題是消失的動物和想像的動物。
……消失的和想像的……
……消失的……想像……

想像生物演化
祖
如果那些想像的生物，原本是真實存在過的，現有存在的生物身上，可能會承繼了某種特性……
石虎
瑯嬌靈貓
（存在危機中）
（已消失）
……同樣地思考，象牛、喵妖和幻犬……這些消失的台灣妖怪，是不是會有台灣現有生物的特徵呢——

!!
破案模式
登愣
最後決定用台灣的野生動物們，來賦予妖怪的特色！
就是這個！
五色鳥
石虎
台灣犬

【小花絮】

確定了方向後，製作進度終於緩慢地推進了……
……鱷魚為什麼這麼難畫啊……

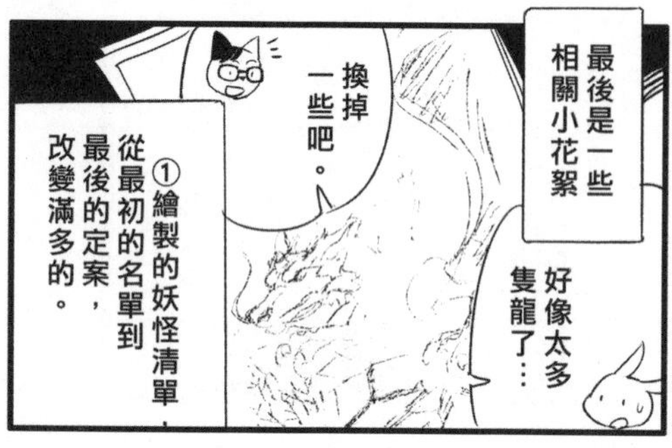
最後是一些相關小花絮
換掉一些吧。
好像太多隻龍了…
①繪製的妖怪清單，從最初的名單到最後的定案，改變滿多的。

②看到金門鬼鳥的故事，便想到金門外婆說過的某種鳥——
金門的縣鳥戴勝，台語叫「墓坑鳥」。
哇好酷！

③這次繪圖中，我最喜歡的妖怪是「鯊鹿兒」

最後謝謝購買這本書的朋友！
下次再見了~~~~

妖鬼神的世界

臺灣有妖怪嗎？

臺灣，有妖怪、或鬼怪嗎？

記憶中，除了虎姑婆、魔神仔、林投姐、人面魚……這些妖鬼之外，你還知道臺灣有什麼妖魔鬼怪？如果絞盡腦汁也想不出其他，可能就會開始說，不要講臺灣啦，其他的妖怪還有很多種啊，像是狐狸精、《山海經》裡的鮫人族、或者是日本的雪女、河童、天狗，要不然就是歐洲的吸血鬼、噴火龍等等，而且這些妖怪還具有某種特殊能力，外貌還超酷……講起這些國外的妖怪，我們可能還比談論臺灣的妖魔傳說還要熟悉、還要充滿熱情。

其實一直以來，來自中國、日本、西方的妖怪們，都在「殖民」著我們腦海中對於「妖魔鬼怪」的幻想世界。

就算是家喻戶曉的臺灣傳說「虎姑婆」，現在又有幾人能完整地說出這則故事呢？甚至可能講一講，忘了故事內容，為了填補劇情，就開始說：「這個故事就像〈小紅帽〉，有恐怖的大野狼會吃掉小孩子。」

臺灣知名學者胡萬川先生，曾在一場研討會中感嘆：「如今在學的大中小學生，對臺灣的民間故事如〈虎姑婆〉一類，已較少或不再聽聞，則是不可否認的事實。實際上會把〈虎姑婆〉故事講得完整的學生已不多，聽過〈蛇郎君〉故事的更少，會講〈蛇郎君〉的人更是稀見[1]。」

會不會有一天，我們都只記得〈小紅帽〉，而遺忘了〈虎姑婆〉？有誰還能將「林投姐」、「蛇郎君」的故事倒背如流？

是否，未來有一天，臺灣島上的妖魔鬼怪，將被來自外國的「強勢種」排擠，併吞了生存空間，最終走投無路，百年之後再也沒有屬於我們島嶼的妖魔傳說？

其實，「進口」這些外國的妖魔鬼怪與童話傳說，並非一件糟糕的事情。我們耳熟能詳的各種日本妖怪，真的完全產自日本嗎？

事實上，有70%的日本妖怪源自於中國，20%的妖怪來自於印度，只有最後的10%才是土生土長於日本。而這些「進口」的妖怪，經過日本的「在地化」之後，才慢慢蛻變出具備日式色彩的妖怪；例如「天狗」，原先只是《山海經》書中彷如狐狸、山貓的生物，但經過日本人的「加工」，混合佛教的要素，才成為「長鼻子，有翅膀，穿和服，腳踏木屐，會抓小孩的奇異怪物」。

或者是日本男鹿半島名聞遐邇的「生剝祭典」，年輕人會頭戴紅鬼面具、身披棕色蓑衣，巡遊各處家戶來祈願消災。在他們的傳說中，朱面獠牙的「生剝鬼」，就是中國的漢武帝與西王母乘坐飛天馬車來到此地，同行帶來的五隻蝙蝠化身而成的鬼怪。

可能有人會提議，既然臺灣妖怪那麼稀少，我們也將外國的妖怪進行「改造」，如同〈虎姑婆〉、〈蛇郎君〉來自中國閩南，將這些外來文化的妖魔鬼怪「加工」之後，成為臺灣的故事吧！

可是，如果只是如此，總讓人有些氣餒，垂頭喪氣。原來臺灣島上，並沒有什麼可以自傲的妖怪傳說？不過，請等一等，不要太快下結論，你確定這個「前提」是正確的概念？

臺灣的妖怪，真的很稀少？誰能斬釘截鐵肯定？

只因為不曾聽聞，就斷定不存在，只因為不曾見識，就結論「沒有」？這是否太過武斷？

但是，為了要見證臺灣千百年以來的妖怪蹤跡，我們也無法請「哆啦A夢」拿出「時光機」，跳入過往的歷史裡，像「魔物獵人」般，追蹤著妖精們留下的足印。可是，依然有些辦法，能夠帶領我們回到過去，尋覓那些早已被我們遺忘的「X檔案」。

臺灣島的「X檔案」，就夾藏在這幾百年以來的古書、文獻的扉頁之間。

例如，《熱蘭遮城日誌》、《巴達維亞城日記》、有「臺灣四庫全書」之美稱的「臺灣文獻叢刊」、日本時代的民俗學與人類學書冊、《蕃族調查報告書》、《臺灣日日新報》、《三六九小報》……等等各式各樣的歷史文獻，都遺留著屬於臺灣島上「妖魔鬼怪」的蛛絲馬跡。

例如，臺灣島的怪譚故事，可以回顧到三百多年前清代的「地方志」書寫。

自從康熙二十二年（西元一六八三年），清廷政府為了統治臺灣，歷任地方官員都要派人訪查海島上的民情風俗，許多官吏與文人也相繼以地方志、日誌、遊記的形式，詳實描述臺灣島的疆域、氣候、歷史。在志書中的「災祥篇」，便記錄了非常豐富的鯤島怪譚，例如魔鱷上岸、黑海妖蛇、天星詭變、三陽同出、島嶼深山藏匿各種恐怖魔神，每一篇皆是不可思議的驚悚奇事。

當時，清廷官員秉持著「采風」的精神，才將這些怪事收錄進志書中，並且也只將這些奇談，視為清政府「風化善教」、「民變天災」的佐證。譬如，魔鱷橫死，便象徵鄭氏王朝的覆滅，而婆娑鳥現身，正是代表林爽文事變的預兆。

這些奇譚異事，雖然是在清廷的意識形態下被採錄，但每種故事，都有重新去詮釋、欣賞的空間，不應該只被視為無稽之談。

不過，非歷史科系出身的我，所能掌握、理解的資料也僅僅是九牛一毛。若添加上一九四五年到現今的妖怪奇譚、都市傳說，數量可能還會更加龐大——還有更寬廣的奇幻世界，等待著探勘。

回到剛才的提問：「臺灣的妖怪真的很稀少？」

我們不能因為不曾聽聞、不曾見識，就將這些曾經流傳臺灣島上的怪物故事一筆勾銷。臺灣有沒有妖怪？臺灣的妖怪文化，是否也能成為大眾文化、流行風潮呢？

如果講到妖怪，我們總會被問到：「你相不相信妖魔鬼怪的存在？」但對於我，則更想詢問：「你相不相信臺灣土地上，也有我們自己的妖魔鬼怪？」

妖怪、鬼魅與神靈

以往，學者研究臺灣的妖鬼文化，經常將妖鬼附屬於「民間傳說」、「民俗學」的體系之下，尚未有研究者如同柳田國男、井上圓了秉持著「妖怪學」的觀點，將妖鬼獨立成研究的主體。

若要發展臺灣的「妖怪學」，絕非一蹴可幾，勢必遭遇許多困難。但是無論如何，「文獻」與「田調」永遠是研究的起點，一步一步前進，才能踏實。而此書籍的定位，便是在於基礎文獻的初步考察。

《妖怪臺灣》共有兩卷內容，我所命名的「妖怪」兩字，「妖」指稱「妖鬼神遊」，至於「怪」則是「怪譚奇夢」。

《妖鬼神遊卷》，是臺灣妖怪、鬼魅、神靈的索引書。

「妖鬼神」此辭，泛稱於妖、怪、神、魔、鬼……等等類別，在此書中，我將這些故事，劃分為三種類型：「妖怪」、「鬼魅」、以及「神靈」。

❶【妖怪】：物有其靈，魔物化變之妖精，擁有具體形象。

❷【鬼魅】：魑魅魍魎，莫知其源，形象曖昧不清。或人死成鬼，或以鬼命名。

❸【神靈】：精靈、神仙之族裔，人們也崇拜、信仰。

《怪譚奇夢卷》，收錄了兩百多篇各式各樣的臺灣奇異傳說。

「怪譚奇夢」的摘選宗旨，則是「怪奇而不可思議的故事」，包含四種類型：

❶**【奇人】**

❷**【奇事】**

❸**【奇物】**

❹**【奇地】**

因為臺灣的「妖怪學」無前人研究可依循，所以此種分類，是我蒐集、整理諸多臺灣鬼怪故事之後，所進行的初步定義與分類。若未來有更多的資料出現，或許這樣的定義將會過時，需要更嚴謹、有系統的劃分。

而在我的初步觀察中，「妖鬼神文化」的形成，極類似「演化」的軌跡。「妖怪」、「鬼魅」、「神靈」，這三種奇異存在，可以簡略製作成下頁的「演化圖表」。

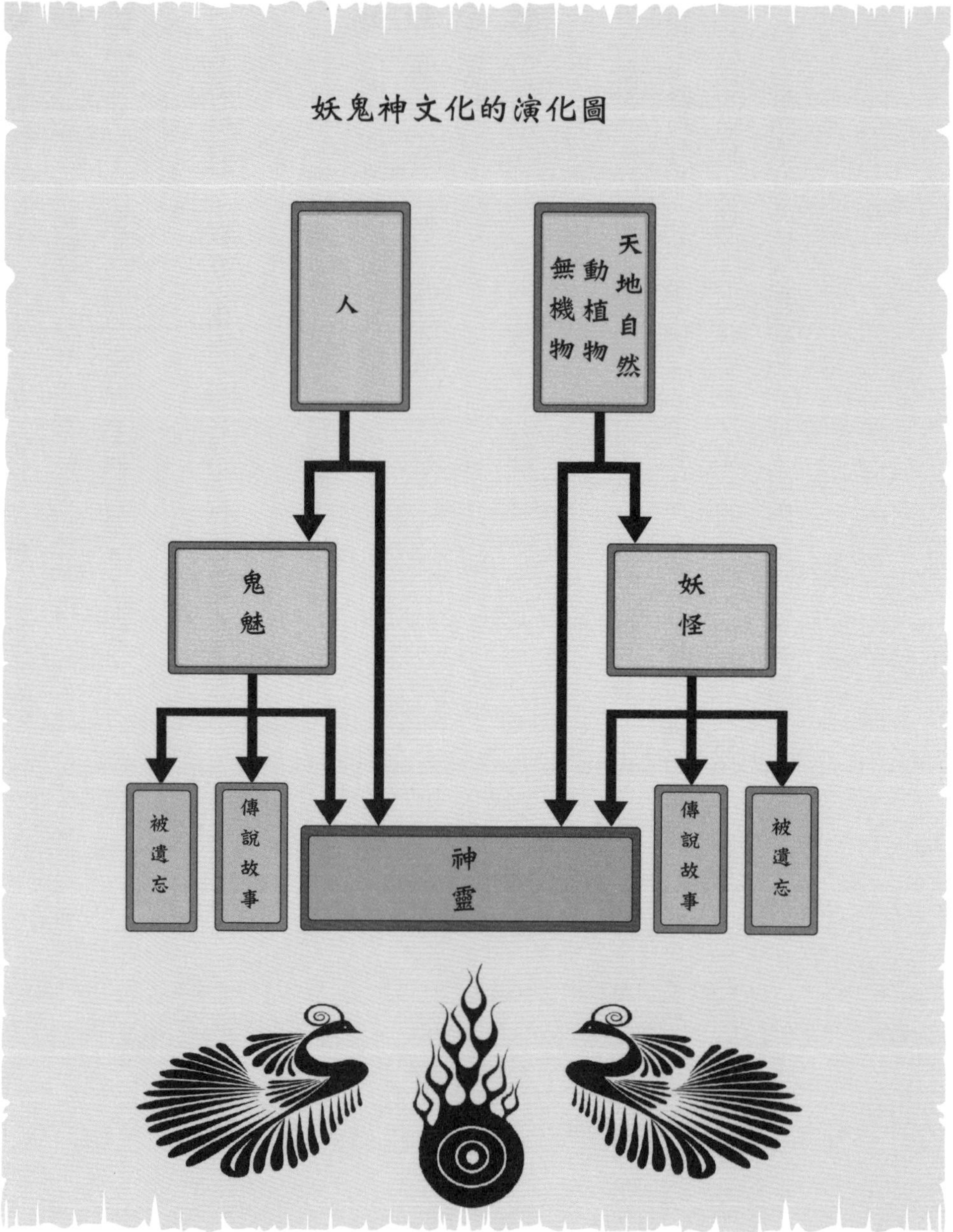

妖鬼神文化的演化圖

人

天地自然
動植物
無機物

鬼魅

妖怪

被遺忘

傳說故事

神靈

傳說故事

被遺忘

（何敬堯繪製）

妖怪的存在，是經過天地自然、動植物、無機物所生成，例如巨大而恐怖的「鉤蛇」，是天地靈氣生成的詭異怪物。在臺灣的妖怪種類，又以「幻獸」、「魔人」這一類的怪物傳說最為繁盛，不論是在深海黑洋，或者是叢山峻嶺，都蟄伏著恐怖萬分的獸形怪物。此類奇譚的盛行，可以推敲原因，或許是漢族飄洋過海來臺，對於臺灣自然界的萬事萬物充滿恐懼，因而流傳許多獸形妖怪的故事。而在原住民的傳說中，不論是平埔族或者是深山的部落，也多有「怪鳥」、「奇獸」的蹤跡，並且會與他們各自族社的文化、祭典相關聯。但是，有關幻獸妖怪的故事，到了十九世紀末、二十世紀初，卻是越來越稀少，較少人會去談論，反而是鬼魅傳說越來越盛行。

至於鬼魅的存在，大多是人死後，化成幽鬼。在漢族文化裡，甲骨文的「鬼」符號，由「田」（面具）與「大」（人）上下組合，代表巫覡之人戴著一頂奇異面具，假扮成鬼。金文則在甲骨文鬼字偏旁加「攴」，表現巫師持械逐鬼。商周時代，相信人死後成鬼，靈魂會以鬼的形式存在塵世，故祭拜鬼神。道教修行中，識鬼驅魔是基礎的新手入門，道行進階者，則能畫符施咒來役使鬼魅，甚而殺鬼、破邪。佛僧說法，還有餓鬼、福德鬼、中陰身……等區別，六道也有輪迴鬼道的噩途。另一方面，對於鬼來說，山鬼遊魂同樣能藉由修行練功來提升位階，獲得變幻、詛咒等技能。等級更高的鬼，只要儲積足夠的功德值，更能獲天人庇佑，轉職成配饗寺廟的神尊；另一種「成神」方式則是被人敬畏，因而立廟祭祀。至於原住民的鬼魅思想，則會與「祖靈文化」相結合。

根據筆者的搜查，臺灣島上曾出現的「妖怪」與「鬼魅」的種類，可初步劃分為幾個項目。「妖怪」的種類可以略分為「幻獸」、「靈禽」、「奇蟲」、「魔人」、「龍族」、「物妖」等等項目，而「鬼魅」則可分為「人鬼」與「災鬼」。

製作成簡易表格如下頁：

一、妖怪種類

分類	介紹	案例
❶幻獸	天地精氣化生的靈獸、怪物，除了外形奇異之外，也擁有不可思議的力量。例如，能夠預言未來，或者操控大自然。	鯊鹿兒、巨象牛、一角獸、魔尾蛇、金鱗火焰鱷、海和尚、人面怪魚、飛行巨牛、犫妖、仙狗、麒麟颶、瀨口大牛、海翁、鬣妖、制風龜、黑水洋巨蟹、鉤蛇、鰍魚精、紅蛇精、鼠尾雲、巨蘆鰻精怪、白馬幻影、老猴魅、人面牛、陰陽雞妖、文龜妖、巨水牛、瑯嶠靈貓、海棘獸、白猿妖、鹿王。
❷靈禽	天地精氣化生的異鳥靈禽。	墓坑鳥、婆娑鳥、山火鳥、五色鳳、雷公鳥、石燕、食人的怪鳥「瑪莎嘎拉咕」。
❸奇蟲	天地精氣化生的蟲類怪物。	海上鬼蝶、烏蝶妖怪、七足壁蟹。
❹魔人	形狀類似人類的奇形種族，可能是由人族所演變，或者是迥異於人族的存在，通常都會擁有不可思議的神奇力量。	毗舍耶鬼人、臺南人魚、澎湖鮫人、蛇首族、酒桶妖、獠人族、長鬚矮人、殭屍、天花鬼、五使嶼生人、蛇郎君、虎姑婆、魔神仔、角力魔、金魅、纏身青面婆、巨人異族「阿里嘎蓋」、骷髏人、巨人「孤奴」、排灣族惡靈「蓋羅」、矮妖「咕塔」。
❺龍族	生存於臺灣島的遠古龍種，數量極稀少。	碧龍、旱龍、木龍、赤虯、旋風蛟、雲龍、鴟尾。
❻物妖	無機質的物件所生成的妖怪。	龍磧、金銀鬼、豬哥石。

二、鬼魅種類

分類	介紹	案例
❶人鬼	人死後成鬼，通常擁有詛咒的能力。	嘉邑女鬼、冤魂陳守娘、水鬼、香魂女鬼、雷公埤的女鬼、劍潭詩魂、叉爺、風流鬼、枯骨怪、飛顱妖、屍鬼、無頭鬼、縊鬼、林投姐。
❷災鬼	會帶來災厄、疫病的鬼怪。	瘧鬼、疫鬼、罪鬼、五色鬼。

所謂的「神靈」，經過粗略劃分，可有兩種演化方式。第一種，是由「妖怪」、「鬼魅」所進化而成。第二種，直接由「人死後」、「自然界異相」成為「神靈」的存在。

例如，高雄半屏山的鼉妖，據說能引來火災，是古代人們所懼怕的異獸，可以歸類為「妖怪」的種類。但在二十世紀、二次大戰之後，當地人卻逐漸尊稱此獸為「火神」，鼉妖成為了讓人敬畏的存在，這便是「妖怪」成為「神靈」的例子。

以及，臺南的「陳守娘」，死後成為怨鬼，但地方人士為了平息幽魂之怒，便在孔廟的節孝祠安奉守娘牌位，原先讓人恐懼的「鬼魅」也成為了人人敬仰的「神靈」。

臺中的萬和宮所供奉「廖二媽」的媽祖神像，傳說是一位居住在西屯的年輕姑娘死後所附靈，便是「人死後」成為「神靈」的存在。

至於「自然界異相」成為「神靈」，臺灣最為普遍的例子則是「石頭公廟」。只要鄉里之人發現有奇異石頭顯靈（譬如發光），就會視之為「石頭公顯靈」，並且為奇石立廟立香火。

但，所謂的「演化」，是否真能成立？臺灣「妖鬼神文化」的研究正開始，需要以更多的資料來佐證。例如，日本的知名學者柳田國男，經過長久的田野調查得出結論，認為日本的妖怪，大多是被貶謫到凡間的神明，也就是說，妖怪是神衰落之後所產生的文化現象。而臺灣的情境，又會是如何呢？

無論如何，筆者先提出此點假說，作為未來研究（推翻）的起點。

黑水洋的水妖們

臺灣島嶼四周的海域，有各種妖獸魔怪，潛游於晦暗不明的大海浪濤中，成為古往今來海上水手的黑暗夢魘。例如，古代的臺灣人相信，在臺灣海峽黑水洋之下，乃是神祕的魔尾蛇棲身的巢穴。蛇妖身長數丈，遍體花紋。其中又以紅黑條紋的「紅黑間道蛇」、以及擁有雙頭的「兩頭蛇」兩種蛇妖種類最為奇特。

另一種奇異的臺灣海妖，則名為「海翁[2]」，又名「海鰍」，是遠古臺灣海域的神奇碩魚。據說，海翁身長百里，能口吐焰火，甚至可以一口吞食巨型船舶。當海翁魚沉睡之時，這隻巨魚能夠在海面上漂停百年之久。所以，寬廣的魚背，甚至會生長出茵綠的草木，猶如一座綿延無邊的山丘。

除了魔尾蛇、海翁的傳說之外，澎湖也流傳火鱷的奇譚。海上行舟，更會遭遇龍神、鬼蝶的襲擊。

講到海中怪物，「人魚」或許是最為知名的傳說。千年以來，世界各國的海濱都流傳著人魚的奇異故事。傳說中，人魚乃是上半身為人、下半身為魚尾的怪異生物。

中國的神話故事集《山海經》記載遠古「彫題國」裡的居民，是人頭魚身，如同長著四隻腳與人類頭顱的大魚。在司馬遷著作的《史記》之中，則述說秦始皇的陵墓之中，將人魚熬煮成油膏，用「人魚膏」製作的油燈可以萬年不滅。

在歐洲的希臘神話中，則有塞壬（Siren）的海妖傳說，她是一種半人半魚的恐怖生物。塞壬時常出現在狂風暴雨的海面，以歌聲誘惑船上水手，讓水手不知不覺被優美的歌聲魅惑，忘了如何操舵行船，結果船隻就會失去控制而翻覆[3]。

在日本，江戶時代的大阪城外的河流，曾釣起一隻身長一公尺的人魚，啼聲如同嬰孩，而在日本的四國、九州附近海灘也常有人魚出現的蹤跡。至於更古老的日本人魚故事，則是代代流傳於日本福井縣的「八百比丘尼[4]」。

近代的科學家推測，所謂的人魚，也許是古代的水手將海中的「儒艮」（海牛）、「海象」誤認為人魚的模樣，以訛傳訛，才有了各種奇異傳說。但人魚的存在，真的只是幻夢一場？

世界各國流傳人魚故事，而臺灣自古以來也有屬於這座海島的人魚傳說。

最早相傳，在澎湖的三十六島中的南嶼，荒古之前曾有「鮫人族」棲居，清朝的文人范學洙便在〈澎湖三十六島歌〉賦以詩歌：「南嶼原有鮫人住，後以風濤居始遷。」在澎湖的南嶼島上，原有鮫人居住，鮫人即是魚尾人身的奇異種族。不過，後來因為海島上風濤太過劇烈，因此鮫人族遷游他處，隱匿於更遙遠的海島。

在國姓爺鄭成功來臺的前一年，擔任荷蘭東印度公司駐臺灣長官的揆一，經常聽聞流傳於臺南熱蘭遮城鎮的詭異故事。在他的記錄裡，最奇異的傳說則是，在熱蘭遮城外海，有神祕的人魚現身，轉瞬之間消失無影，彷彿暗示著未來的災厄兵燹。果不其然，一年多之後，國姓爺率兵來臺。

另一則詭異的海妖傳說，則是「人面魚」。人面魚，又名「淵魚」、「海童」，身軀為大魚，但卻擁有人面雙眼口鼻，型態詭異。若人面魚浮立於水面，只要見到人，就會開口呵呵嘻笑，甚至以魚鰭做合掌的模樣。

在金門人林焜熿編輯的《金門志》中，便記錄了人面魚的現身情景：「康熙元年，大嶝海中有人面魚立水面，見人笑而沒。」

而客家人吳子光，在道光十七年（西元一八三七年）來臺，居住淡水廳的苗栗堡（現今的苗栗縣銅鑼鄉）。他生性喜愛遊歷四方，某一次出遊，來到臺灣中部的海港，便聽到一名老漁夫向他說起，曾經捕捉過人魚的經驗。

老漁夫說，有一次他出海捕魚，在他的漁網中，意外捕獲人面怪魚：「獲得一怪物，面目口鼻具體人形，見人則合掌嘻笑，如金裝彌勒佛狀。」老漁夫心生恐懼，便燃燒紙錢，想要去除腥穢厄運。

另一則臺灣人魚的傳說，則是在小琉球島。自古以來，吐金島（Tugin）、拉美島（Lamey）、金獅子島（Gouden Leeuw）、剖腹山嶼，都是稱呼現今位於臺灣東港外海的「小琉球」。

傳說在小琉球島上的烏鬼，下巴生有魚鰓，可以在海中長期潛游，也不用上岸呼吸，屬於奇異的人魚種族。究竟，猶如幻獸般的人魚，是否真實存在呢？

神祕莫測的人魚魅影，依舊漂遊在歷史的迷霧之中，不知所蹤。

傳言，小琉球島上居住一群野蠻民族，他們是一群「烏鬼」。《鳳山縣採訪冊》敘述在小琉球島上：「相傳舊時有烏鬼番聚族而居，頷下生腮，如魚腮然，能伏海中數日。」

不可思議的牛妖怪

自古以來，臺灣便以農業為經濟來源，而「牛」則是臺灣傳統農村社會中的重要存在。一開始，臺灣只有零星的野牛族群棲息，分布於平原山丘之間，最早的牛角化石出土於臺南左鎮鄉，說明三千年前臺灣即有「德氏水牛」與「楊氏水牛」的水牛種族，悠遊於島嶼的沼澤草原之上。

並且，在臺南左鎮的地層中，也有犀牛化石出土，讓人驚訝，原來體型碩大的犀牛也曾漫步於臺灣古代平原之上。雖然，「奇蹄目」的犀牛並不是「偶蹄目」的牛科動物，但古老臺灣島上，確實存在著許多大型哺乳動物的身影，足以讓人浮想聯翩。

而目前臺灣的牛類品種，則大多是在一六二四年之後，荷蘭人經由澎湖，引進的黃牛種族所滋生繁衍。在乾隆二十九年（一七六四年）的《臺灣府志》這本書中便記載：「荷蘭時，南北二路設牛頭司，放牧生息，千百成群。」

也就是說，當時荷蘭人為了開墾西部平原，便在臺灣設立了「牛頭司」這個工作職位，負責畜牧牛隻，作為墾地之用。從此之後，臺灣島上的水田、蔗園裡，被馴養的耕牛便成為不可或缺的勞動力。

因為「牛」對於臺灣農業社會極為重要，因此，關於牛的傳說物語，也在臺灣十分盛行，甚至也盛傳著各種「牛妖怪」的鄉野奇譚。譬如，在片岡巖的《臺灣風俗誌》這本書中，便記錄嘉義發生大地震時，曾經有人在山谷的龜裂處，看見了「地牛」的尾巴。在臺灣傳說裡，「地牛」就是引發大地震的禍首元凶。

在閩南人的傳說中，直屬於閻羅王的麾下，有牛頭與馬面。牛頭妖怪便是負責拘捕人的魂魄，讓惡人的靈魂來到閻羅殿中接受審判，因此人們很害怕牛頭馬面的形象。在閻羅殿中也存在各種恐怖的地獄，掌管第六殿的閻王，便創造了「牛坑地獄」，凡是殺害無辜人命，濫殺動物的人，都會被丟到坑中，遭受到萬牛踐踏。

在嘉義縣太保市水虞厝，有一座獨特的「牛將軍廟[5]」。此廟最早由慧明社醒善堂所築，建於一九七三年，專門祭祀水牛，感念耕牛辛勞。

除了漢族外，在臺灣南部的平埔族傳說故事裡，也有牛的蹤跡。在故事裡，敘述古時候，島上有一隻龐大的巨型水牛，喜愛在黃昏時分四處遊走。據說，只要是見到這隻巨水牛的人，會覺得自己的頭顱逐漸腫起來，然後不斷地膨脹變大，而且肚子也會脹起來。凡是受到折磨的目擊者，總會想盡辦法逃離那隻巨水牛的詛咒。

關於島嶼牛妖的記載，最奇異的一則故事，莫過於身形龐大如象的「巨象牛」。

在十七世紀時期，明末天啟年間，普陀山的僧侶釋華佑，與他的好朋友蕭克，一同前來臺灣。並且在溪水間捕獲一隻體型龐大猶如巨象的怪物，他們騎乘著這頭能「日行三百里」的妖牛，順利穿越了中央山脈，抵達了臺灣西岸之諸羅（如今的彰化、嘉義一帶）。

臺灣除了有神祕莫測的「巨象牛」傳說，也有飛行巨牛的存在，在《重修福建臺灣府志》的〈卷十九．叢談〉篇章中，便詳細記載了人們目擊怪牛的場景。

據說，這一隻異獸，體型大如巨牛，高度有五、六尺以上，並且臉龐就像山豬一樣，有一雙寬大的耳朵。牠的嘴中，牙齒細長而且非常尖銳，粗糙皮膚就彷彿是黃牛一樣，四肢的毛皮則有如水獺，四隻腳則像是巨龜的爪子，並且有一支長尾。最奇特的事情是，牠竟然能在水上自由飛行。

福爾摩莎的五色龍族

中國自古以龍為尊，但事實上，「龍」絕非是中國的專利。

日本的神話故事集《古事記》中，「闇淤加美神」便是龍神（龗神），而日本民間故事中的「八岐大蛇」，也是巨龍的形象。至於西方歐洲，古老的史詩《貝奧武夫》裡，也有巨龍的描述。由此可見，世界各國自古以來就有神龍的傳說，而古代臺灣當然也有龍族的存在。

若是以「顏色」來初步區分，臺灣島上的龍種，大約能有五種顏色的分類，也有各自的屬性。有些龍族喜愛引發災禍，但也有龍種天性善良，喜愛幫助人類。詳情請見書中的各項文獻紀錄。

❶ **碧龍**：碧綠色，出沒於臺灣北部海域之中，屬於海龍。

❷ **旱龍**：燦黃色，引來旱災，肆虐人間，出沒於臺南周邊海域，屬於火龍。

❸赤虯：赤紅色，棲居臺灣中部深山，引來大雨，屬於雨龍。

❹旋風蛟：銀黑色，引來墨色旋風，出沒於臺灣南部，可將人捲飛百里外，屬於風龍。

❺木龍：棕橙色，棲息於船舶的龍骨，會與海船一同誕生，是船精靈，屬於守護龍。

臺灣的妖鬼之亂

鬼聲啾啾，在歷史的流轉中，臺灣島嶼鬼影幢幢。

四百多年前，漢人大舉橫渡黑水溝來臺，各方鬼魅、妖怪也匿身船艙之中，共同抵達這座婆娑大島，沒想到，祂們卻與島上鬼界的先住民一言不合，大打出手。

島上原住民亡魂化鬼，擁有靈能的女巫能召喚祂們，但祂們經常躲藏山間，難得一見。譬如在南臺灣，鬼靈們群居懸崖峭壁的洞穴，卑南族咸知山谷回音正是鬼靈惡作劇，而排灣族則懼怕名為Garal的惡鬼，祂會趁夜陰飛至部落，從窗戶鑽進房中殺人。祖靈之魂與各社的原住鬼怪，對於移民而來的妖鬼族群憤恨不平，而世居中央山脈的山魈部落、平地林的竹鬼、海岸的蛇首妖怪、東北暗澳的鬼怪族裔、甚至是澎湖鬼市的妖界，也對於渡海來臺的妖鬼義憤填膺。

移民鬼與先住鬼的戰役如火如荼延燒，幾百年來，大大小小的戰事層出不窮。葬身中南部的紅毛亡魂則身穿盔冑，想等兩敗俱傷之際謀取利益。

妖鬼之亂不歇，苦的卻是當地的人們，不斷被四散的陰氣影響，遭受池魚之殃；瘧鬼與疫鬼尤其愛趁虛而入，病染人間，藉此吸收陽氣壯大妖魂。許多清廷派遣來臺的文人官吏經常患病，即是瘧鬼傑作。

夤夜時分，黑暗來臨，窗外鬼影步步逼近。

清朝時代，臺灣人在妖鬼戰亂中為求自保，逐漸學習了許多問神求鬼的宗教儀式。「椅仔姑」是一種請鬼降臨的占卜，未婚女性在中秋深夜，能搖動竹椅請來陰間靈鬼，藉此詢問禍福。「扶鸞」則是藉由靈力更高的乩童所驅動的降靈會。最可怕的請鬼祭儀，則是請來「金魅」，祂可賜福家屋，但代價是祂要吃食活人。

臺灣民間流傳最廣的鬼怪，則是水鬼。祂雖然會以抓交替的方式取人性命，但若水鬼有積德之心，甚至能晉級為城隍爺。在十九世紀，一名來自美國的記者艾德華（Edward Greey），便曾經目睹安平天后宮廟旁的溪水中，冒出水鬼冤氣。

成鬼化魅皆有因果，若能以多面角度審視，人們反而能從妖鬼世界，獲得智慧與啟示。如同京極夏彥的百鬼怪談、史蒂芬金的恐怖故事，也都如同清澈明鏡，不只反映人心，更投射著各國民族文化的特殊歷史軌跡。

臺灣的恐怖故事

臺灣的恐怖故事，發展的脈絡為何？

二十世紀初期，臺灣常見的閱讀媒材為新聞報紙，許多恐怖故事便藉由報紙傳遞。《臺灣日日新報》曾刊登多則魔神仔現身紀錄，如一九〇一年的〈遇魔述異〉講述魔鬼幻變之事，一九〇八年的〈山魔〉誘拐旅人，苗栗某街庄有鬼火亂舞、神主牌浮飛的異狀、煞神連殺三人……報紙上數不清的妖鬼怪譚，吸引閱讀者的濃厚興趣，究竟傳聞是真是假？

殷勤的日本人類學家，即使以科學角度展開民俗調查，總是莫辨真偽，於是認同臺灣乃是「迷信祕密之寶庫，常使百鬼逸出！」（日本時代，《臺灣慣習記事》）

當時，恐怖故事多憑報紙流傳，卻始終是野史碎言的雛型，尚未有作家集中心力於「恐怖文學」的創作。時至戰後，文學家多將類型小說貶為庸俗，因此，恐怖故事的傳播仍停留於報紙八卦欄位。

恐怖小說遲至八〇年代才明顯發展，司馬中原開始嘗試以鬼怪作為書寫題材（如《鬼話》），助長臺灣恐

怖小說興起，許多作家有意無意之間，也會以妖怪與鬼魅為素材。值得注意的是，一些民間鬼怪故事，開始以兒童讀物的形式進行通俗傳播，例如《孫叔叔說鬼故事》。

九〇年代，大眾通俗的類型小說開始流傳，藉由外國小說的刺激（如倪匡、愛倫坡、希區考克的驚悚小說），以及出版社的支持，許多小說家開始注重恐怖故事的靈異美學。榮獲皇冠小說獎的張草，便戮力於恐怖、科幻、驚悚色彩的短篇小說創作（如《很餓》、《很痛》）。

此時，網路寫作興起，諸多網路小說家開始發表通俗色彩強烈的小說作品，其中又以恐怖元素的小說最受歡迎。以《都市恐怖病》系列起家的九把刀，塑立了臺灣恐怖小說的基礎風格，細膩描述了都市人的異常心理、扭曲人格。九把刀的恐怖小說開啟了風潮，他的貢獻在於讓「恐怖小說」這個文類被大眾廣泛接受認同，不再只是末學小道，讓更多的小說家願意投身於恐怖小說的書寫。

近十年來，恐怖小說的美學觀也不再只是單純的「驚悚懸疑」，作者開始加添進奇幻、冒險、羅曼史等新穎的美學架構，將鬼怪「調味」成更符合現代人的口味。暢銷小說作家等菁、D51、柚臻等人，便是箇中高手，深受國、高中生讀者的歡迎。

另一種現象，則是臺灣推理小說的書寫實驗，企圖將推理文類結合恐怖元素，鎔鑄出與眾不同的故事質感。創立「臺灣推理作家協會」的既晴（陳信宏）是一位大膽的拓荒者，具備都市傳說（Unban legend）濃厚風格的《請把門鎖好》、《網路凶鄰》開啟了恐怖推理的經典範例。此外，推理作家林斯諺的《芭達雅血咒》，同樣也是以恐怖題材進行本格推理的驚悚小說。

臺灣的類型文學，在文學史的發展中，不斷以強韌的生命力茁壯、演化，未來的潛力不容小覷。不過在臺灣類型文學的領域中，恐怖小說寫作者不多，尚未如臺灣推理小說產生出有組織、系統性的創作環境，也許這是時勢使然。但，這也暗示了未來臺灣的恐怖小說，能擁有更多元的發展空間。我也期望《妖怪臺灣》的文獻整理，能讓臺灣的怪譚寫作，運用更多的資源。

臺灣妖鬼故事的勢力，正在崛起。

1 胡萬川，〈臺灣通世界——民間故事之本土化與世界性〉，俗文學與通識教育研討會，大同大學，二〇〇七年十一月。

2 海翁：今日臺灣人稱呼海翁是「鯨魚」，但海翁能噴火、背長綠丘，則是奇異的海妖故事。

3 希臘英雄奧德修斯（Odysseus）：駕駛船隻經過塞壬的海島時，囑咐水手要將雙耳塞住，不能受到塞壬的歌聲所蠱惑。

4 八百比丘尼：據說，在福井縣的小濱地區，住著一名叫做高橋的魚夫。某一日，高橋前往大海彼方遙遠的一座島上，從不知名的異界帶回了「人魚的肉」。結果，高橋的女兒因為不知情，偷偷吃掉人魚肉，沒想到人魚肉帶來法力，讓女兒能長生不死。當她活了一百多歲，便出家為尼姑，也就是「比丘尼」，雲遊日本諸國。等到她活了八百歲，便回到故鄉小濱，圓寂逝世，因此世人都尊稱她為「八百比丘尼」。

5 牛將軍廟：現今位於嘉義的太保市水牛公園之內，廟內牆壁書有〈牛將軍廟歷史源由〉，介紹牛神廟的由來：「明末清初（約三百多年前），延平郡王鄭成功為了開墾臺灣，派葉觀美大夫從大陸帶來八頭水牛助耕，此牛為其中之一。當時身負三十五甲耕地重任，以至辛勞過度而病斃。此牛之主人感念其功勞而加以埋葬奉祀，純粹主人懷念耕牛之情，但葬後之牛卻於夜間出來偷食農田作物，白天去巡視卻完好如初，而群牛於水塘中淋浴總是多出一頭牛來，因此村中之人才稱之為神牛，由於此神蹟遍傳各地，卻招來唐山地理師的興趣，來到此公園觀其地理風水，發現此公園乃是一金牛靈穴，所以在水虞厝處處顯神蹟，不僅夜間金光閃閃，巡於村中，更於村中著火時挨家挨戶敲醒夢中村人，拯救全村性命。地方人士因此在其埋葬處建立廟宇，供村民膜拜，因是延平郡王所帶，故稱為牛將軍。」

邀請函

這是一本「虛構」與「真實」共存之書。
一半是真實的足跡，一半是無憑無據的幻想。

這本書，是「未完成」之書。

因此，容我邀請讀者諸君，質疑此書。

諸君的觀點，不論立足於歷史學、民俗學、科學、文學……之上，
請您秉持各自的觀點，來應和、存疑、信任、挑錯、喜愛、厭惡這本書。
您們的觀點，如同一片拼圖，
將共同完成這本書籍，共同建築起臺灣的妖界鬼域。

我只是一名遞送邀請函的使者，
請容我邀請諸君，揭開臉龐上的面具，
展露面具之下的——您的妖怪之臉。
在妖鬼神魔的深夜遊行裡，一齊夢造荒誕。

古島紀

傳說，逢天地生成之時，萬水聚為海，遠藍汪洋中有一巨魚，莫知其名。

巨魚身長千萬里，潛泅至婆娑海，游停水面暫歇。

一時之間，草木寄生於魚背而成大島，綿延驟成山川陸地，或曰魚島。島上原住民各族社，皆有神話傳言古代洪水淹沒全島，或因魚妖不時翻身所致。

若天時至，魚妖醒而蛻化，背萌雙翼，拍翅而飛，此島將隨之浮空，翔於天際。

蒙昧時代，自古以來，魚島名稱紛雜多變，或曰東鯷、夷州、鯤島、流求、蓬萊、毗舍耶國、福爾摩莎、華麗島……等古名，今則稱「臺灣島」。

臺灣島地亙四百多公里，巨魚靈氣化吐萬物，生生不息。山海之間，因而繁衍妖魅鬼神眾多魔幻怪物，常有奇譚異事流傳諸野。

《臺灣府志》亦云：「至若深山之中，轍跡罕到。其間人形獸面、鳥喙鳥嘴、鹿豕猴獐，涵淹卵育；魑魅魍魎、山妖水怪，亦時出沒焉，則又別一世界也。」

數百年以前，漢人、西方人、日本人相繼來臺定居、遊歷，多恐懼島上森羅萬妖，將之謄抄於冊，而原住民族則以口傳神話歷史。

時至今日，妖氛魔息漸次消散於黑夜，人們也逐日遺忘島嶼流傳之古事異談，極為可惜。

因此，本書摘錄臺灣島古往今來，三百多年之間的上百本古文書中，諸百妖物與鄉野奇譚之故事；妖與怪，魔與幻，荒誕虛妄，迷惑人心，故名為——

妖鬼神遊，怪譚奇夢。

卷壹

大航海時代及其前

（～西元一六六二年）

臺灣島地處亞洲東部，太平洋西側海域，千百年來原住民馳騁射獵於山川林莽，與諸百妖魔、精怪鬼神們共處一島。可惜無文字流傳，荒古時代籠罩於一片謎霧，關於鬼神與奇譚之事，唯有原住民口傳流轉，或零星記載於唐宋元明漢文人的詩文縫隙。

直至世界迎來大航海時代，帆影閃耀七大洋，西方人與漢人相繼乘舟踏岸，登陸福爾摩莎，歷險於島中魔山瘴水，驚心動魄之餘，記錄下各種奇妙而不可思議之風景。

漢人與西方人誌異

海境之章

1 澎湖嶼：鬼市魅影

類別／鬼魅　地域／離島、海境

介紹

自唐宋以來，澎湖鬼市魅影，流傳廣遠，卻無人能知詳情。

唐朝中葉年間，洪州人施肩吾為知名詩人，同時也是一位修真求仙的道士，元和中舉進士卻不入仕，退而隱居在江西深山之間煉丹修道。施肩吾晚年，曾以道術測算風水方位，率領族人東行出海。舉族旅居澎湖之後，施肩吾目睹澎湖嶼鬼市奇地，因此賦詩〈島夷行〉描述島嶼見聞，此詩也為《全唐詩》所收錄。

古時澎湖鄉里晦暗腥臊，綿延海岸鬼影幢幢，鬼魅群居，形成結界之陰冥場所，奇異地景「鬼市」油然而生，相傳是鬼族交易商貨之地。在施肩吾踏足之前，澎湖三十六島早已是人鬼混居之所。島上鬼市聚於夜半，千帆近港，雞鳴而散，澳岸市集中交易販賣之貨，皆為罕世所見的珍物逸品。

〈島夷行〉詩中敘述黑膚少年，為求能與鬼市商販進行交易，因此點燃犀角照亮幽闇海底，以便潛入海中尋覓珍奇珠玉，作為交易籌碼。犀角作為燃燈，傳言可以讓水中的鱗介怪物現形，南朝宋劉敬叔《異苑》曾提及此祕法。最終，黑膚少年的期望是否遂願，不得而知，畢竟若非機運，凡人難以進入鬼市。故鬼市風土眾說紛紜，莫衷一是。唐人或有傳說，鬼市境內可溝通陰陽，是一座連結陽世與陰間之妖魅市集。

古早時代，澎湖三十六島居民也流傳說法，鬼市即是位於澎湖海底之中的古代沉城。據說，澎湖的虎井嶼海底藏有隋唐時代建築的古城，每當夜闇時刻，水中古城牆垣散發朱色光芒，直達海面形成赤紅潮水，即是通往鬼市的水道開啟。

典文

※〈島夷行〉——唐・施肩吾

腥臊海邊多鬼市，
島夷居處無鄉里；
黑皮年少學採珠，
手把生犀照鹹水。

■傳統的中式帆船造型，漢人便搭乘此帆船航行海濤。（荷蘭國立博物館Rijksstudio，1607年）

澎湖鬼市
腥臊海邊多鬼市
島夷居處無鄉里
黑皮年少學採珠
手把生犀照鹹水

2 毗舍耶：鳥語鬼形之國

類別／妖怪　地域／離島、海境

介紹

被漢人畏稱為「毗舍耶」、「昆舍邪」的鬼人，是來自古臺灣島某地的神祕種族，其族裔來源不詳，居住地界亦不詳，因為會生啖活人，所以被視為某種妖怪種族。只知毗舍耶國位於與澎湖鄰近之地，可相互望見煙火昇空。

據聞，毗舍耶人發聲彷彿禽鳥，形貌猶如惡鬼，國族內有食人風俗。鬼人驍勇善戰不畏死，並擅長使用繫有長繩的標槍武器，可拋擲十餘丈攻擊敵人。

根據記載，宋元時代以來，鬼人經常乘筏跨海，劫掠泉州沿岸各地，並且生食當地人，故被稱為「惡鬼」。

為逃離毗舍耶魔爪，可以將鐵製器物、湯匙筷具隨後拋下，鬼人必會沿途撿拾。此外，鬼人也喜愛鐵製門圈以及鐵製甲冑。

如果遭遇危難，熟諳水性的鬼人便會跳入水中遁逃而去，或者扛起竹筏划入海面逃走。

明末以後，毗舍耶人蹤跡漸少，最後沒沒無聞，不知其所終。

其國其境，彷彿是一座漂浮海上之迷島，籠罩於謎霧幻影之中，能隨浪濤移動出沒，不可得知詳細。

或有一說，毗舍耶國乃今日屏東外海之小琉球。

據《巴達維亞城日記》在一六二二年的記載，荷蘭司令官古尼李士・雷也山（Connelis Reijersen）在七月航至臺灣海域，途經小琉球島嶼，船上中國翻譯不願上岸，向司令官說明：「該處有四百人以上居住，為凶暴之食人種，見人常隱藏起來。傳言，在三年前曾殺中國人百餘人。」除此之外，再無其他證據茲以佐證，無法進一步判斷小琉球島是否為古稱毗舍耶國之地界。

清朝咸豐二年，魏源編撰《海國圖志》，於書冊附錄〈東南洋各國沿革圖〉的世界地圖中，稱呼臺灣島古名為「毗舍耶國雞籠山」。

※《諸蕃志・流求國》——宋・趙汝适

毗舍耶，語言不通、商販不及；袒裸盱睢[6]，殆畜類也。泉有海島曰澎湖，隸晉江縣，與其國密邇，煙火相望。時至寇掠，其來不測，多罹生噉[7]之害，居民苦之。淳熙間，國之酋豪常率數百輩猝至泉之水澳、圍頭村恣行兇暴，戕人無數；淫其婦女，已是殺之。喜鐵器及匙箸，人閉戶則免；但刓[8]其門圈而去。擲以匙箸則俯拾之，可緩數步。軍擒捕，見鐵騎則刓其甲，駢首就戮而不知悔。臨敵用標鎗，擊繩十餘丈為操縱；蓋愛其不忍棄也。

不駕舟楫，惟以竹筏從事，可摺疊如屏風，急則群舁[9]之，泅水而遁。

※《泉州府志》

宋乾道七年，島寇毘舍邪掠海濱。八年復以海舟入寇，置水塞控禦之。

按此一類能用武，又非今之生番流種矣。

※《使琉球錄》——明・陳侃

聞東隅有人，鳥語、鬼形，不相往來，豈即所謂「毗舍那國」耶？

6盱睢：音「ㄒㄩ　ㄙㄨㄟ」，傲慢、橫暴。
7生噉：生吃。
8刓：音「ㄨㄢˊ」，削刻。
9舁：扛抬。

3 碧龍：三龍飛昇於海

類別／妖怪　地域／北部，海境

介紹

臺灣島嶼四周海域，荒古以來，有龍族棲息。

《使琉球錄》曾記載臺島外海有三尾神龍昇翔的奇妙景觀。此龍種通體碧綠，名為「碧龍」。

《使琉球錄》是中國明朝的冊封使所撰寫，敘述了中國至琉球附近海上疆界的行船紀錄。自從明太祖朱元璋派遣楊載前往外海琉球，歷來的琉球王室都會接受明、清兩朝的中國皇帝冊封。

其中一位冊封使者蕭崇業在明朝萬曆七年（一五七九年）的《使琉球錄》書冊中，記錄了冊封使船航經臺灣北部海域附近時，目睹千年碧龍從海中飛昇而出的奇異畫面。

書籍中記載，海上帆船遇龍族巡游，先是一片海水沸騰燒滾，遠空傳來吼聲，三龍相繼吞吐煙霧，旋即大雨傾盆而下。

海域中三尾碧龍的飛昇與潛伏，也有季節性。自古傳說，春夏多雷雨，正是龍族翱翔天際的時節，而秋冬清爽，龍族則喜藏身於深淵。

碧龍
輒見三龍並起於海
其起處水乃轉湧
旋騰滾滾

典文

※《使琉球錄．卷上．使事紀》——明．蕭崇業

躊躇四顧，輒見三龍並起於海，其起處水乃轉湧，旋騰滾滾。

上天有聲，聽如獅吼、如千乘車過，又如殷雷軒鼓轟轟徹地。

碧氣三道，礫入雲霧內，長百丈有餘，峙猶鼎足。

然舟中人畏慄，不敢迫仰，率揚赭鞭、燒毛羽穢物以厭勝[10]之。

須臾[11]，雨四面至矣。

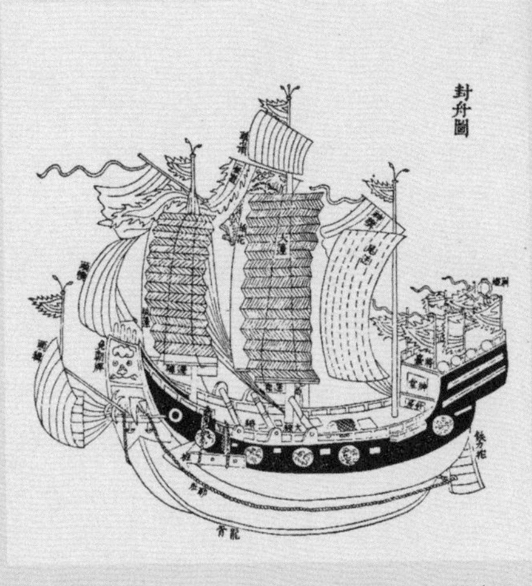

■《琉球國志略》書中的中國古代帆船，1757年。

10厭勝：一種巫術儀式，驅邪避煞。

11須臾：片刻之間。

4 鯊鹿兒：鹿變鯊

類別／妖怪　地域／東部、中部、海境

介紹

普陀山僧侶釋華佑遊歷臺灣島，在蘇澳海岸，曾經見識鹿隻入水，化變為水中鯊魚，鯊魚的頭部仍然留存一對尖銳鹿角。

此後，釋華佑也曾在鹿港岸邊，再度目睹鹿變鯊之奇異景象，並且嘖嘖稱奇。

鹿入水變為鯊魚，或為妖精修煉之法？

典文

※《釋華佑遺書》——明．釋華佑

某日至蘇澳，見鹿入水化為鯊，角猶存。

5 臺南海岸：人魚示警

類別／妖怪　地域／南部、海境

介紹

在十五至十七世紀，西方正經歷大航海時代，海權爭霸戰中，位處東亞海域要樞的福爾摩莎島成為矚目焦點，是各國船隻停泊與轉運站的重要位置。

一六二四年，荷蘭東印度公司則在臺灣南部建立殖民地。歷經荷蘭人治理數十年之後，國姓爺鄭成功率領船隊攻占臺灣之前，擔任荷蘭東印度公司駐臺灣長官的揆一，以及城內的士兵人員，經常目睹耳聞熱蘭遮城發生詭異的事件。

■「自願犧牲的亨布魯克牧師被鄭軍帶走」（The Self–Sacrifice of Pastor Antonius Hambroek on Formosa, 1662, Jan Willem Pieneman，荷蘭國立博物館，1810）：亨布魯克（Anthonius Hambroek, 1607～1661），是荷蘭的基督教牧師，在一六四八年，他與妻女共同前來臺灣傳教。當國姓爺鄭森攻擊臺南時，他被鄭軍俘虜，鄭軍以他的妻女生命威脅他，去向熱蘭遮城守城軍隊招降，但卻失敗，出城之後反而被鄭森誅殺。

例如：恐怖地震暗示了未來的凶兆，城門裡的武器庫發出兵器騷亂的詭怪聲響，城牆與沿岸河道驟起熊熊烈火，夜半的刑場也傳來一陣陣恐怖的死亡呻吟。甚至傳言，熱蘭遮城堡壘附近的水域，有神祕的人魚現身，轉瞬之間消失無影，彷彿暗示著將來的災厄。

關於人魚的紀載，尤以賀伯特（Albrecht Herport）的紀錄最詳實。賀伯特是瑞士人，也是一名業餘畫家，他在一六五九年離開荷蘭，參加范德蘭（Johan van der Laan）的遠征軍來到臺灣島。而范德蘭來到臺灣之後，與臺灣長官揆一意見不合便離開，只留下三艘船艦與少數士兵在臺灣，而賀伯特也留在臺灣，見證了熱蘭遮城的攻防戰。

在一六六一年四月三十日，鄭軍船艦現身於臺南外海。因鹿耳門水道淺，荷蘭人未加以防範，國姓爺趁其不備，在漲潮之際航進鹿耳門水道，奇襲荷蘭軍隊，鄭軍部隊勢不可擋。

最終，荷蘭長官揆一與國姓爺議和。西元一六六二年，鄭氏軍隊順利占領了熱蘭遮城，入駐臺灣島。

末代長官揆一和賀伯特都認為，海水中的人魚現身，是為了警告未來的災禍。不過，真是如此？

■荷蘭畫家所想像的人魚形象（荷蘭國立博物館，1548年）：這是科內利斯．博斯（Cornelis Bos）的繪畫，他是文藝復興時期歐洲荷蘭版畫家。在此圖中，美人魚手握孔雀羽毛，與海怪們一同悠遊。

人魚示警
稜堡下方水面
見有一海男一海女
乃圍困凶兆

據說，歐洲各海岸、河道藏匿人魚怪物，常以歌聲魅惑來往船夫，帶來厄運。而荷蘭東印度公司招募歐洲各國人士為職員，可能也將人魚故事的想像加諸臺灣（例如萊茵河流傳的人魚故事）。歐洲水妖與鹿耳門水道之人魚，不知是否關聯？

並且，歷來臺島地方誌中，偶有人面魚浮出海面之紀錄，魚妖面容宛如嘻笑，見者皆恐懼，視為不詳。但此人面魚，似乎與熱蘭遮城流傳之金髮人魚形貌有所不同。

臺灣南部外海的海妖故事，依舊是謎團重重。

※《被遺誤的臺灣》——十七世紀．揆一（Frederick Coyett, C. E. S.）

天地似乎正預示福爾摩莎的悲慘命運。若真有凶兆出現，此時確實發生一些不尋常之事。去年一場異常可怕的地震，持續了十四天之久，似乎是憤怒的上天將降下懲罰的惡兆。同時流傳一條人魚在水道現身的傳言。

士兵之間也流傳，某夜，東印度公司的軍械庫傳出了各式武器齊發的騷亂聲響，好像有幾千個人正在交戰一樣。

誠然，有些「事件」可能源自謠傳議論，並無確切根據，但我們又該如何解釋如下傳言：

某夜，有人看見熱蘭遮城的某處外突工事（城牆）籠罩著藍色的火焰；有人聽見刑場（座落在熱蘭遮城和熱蘭遮市鎮之間）傳出可怕的垂死呻吟，甚至還能分辨是荷蘭人或漢人的聲音；有人見過水道的海水一度燃燒起來等等。

據說還有更多恐怖的徵兆。

總之，戰爭前夕的確廣泛流傳這類怪異故事。

※《熱蘭遮城日誌》

●一六六一年四月十五日（星期五）

從以上傳說的種種情況，我們不得不認定，國姓爺對這國土長期圖謀威脅的可惡計畫，在近期內很可能會變成真實的行動。求神保佑我們和我們的國土，得免遭受突然來臨的災難。

在普羅岷西有一隻狗生了兩隻小豹（jonge luypaerden），但數日後就死了，這不是尋常的事，至少在此地是一件還沒看過的事情。

■熱蘭遮城（荷蘭國立博物館，1632年）。

■荷蘭東印度公司旗：十七世紀大航海時代展開，荷蘭陸續成立十四家以東印度、亞洲為貿易重心的公司，為了避免商業競爭，眾多公司合併成「聯合東印度公司」（Vereenigde Oostindische Compagnie，簡稱VOC，1602年成立），在爪哇的「巴達維亞」（現今印尼的雅加達）設立貿易總部，自組傭兵，在亞洲各地建立商館，進行殖民統治。

■荷蘭東印度公司徽章。

※《東印度旅行見聞・臺灣旅行記》——十七世紀・賀伯特（Albrecht Herport）

●一六六一年四月十五日（星期五）[12]

在夜裡十二點鐘，在熱蘭遮城要塞中的稜堡（Bollwerck），即所謂中堡（Mittellburg）中發生了一件怪事。

那時候守衛隊（Cordegarde）中的人都睡著，我們忽然醒來，各自跳去拿槍；許多人點起了火繩，許多人拔出了刀劍，許多人披上了鎧甲，拿起長槍（Picquen），而互相亂衝，一人問另一人，這個人又問別人，誰也不能對人說明什麼，後來大費周折，好不容易纔又安靜下來。這是以後我們將被圍攻和受苦的凶兆。

有三隻我們的船停在港內及港外，我們在另一天夜間的天明前一小時看見它們似乎都著火了，似乎都在放炮，卻不聽見響聲。

反之，在船上的人卻看見整個要塞似乎在著火，似乎也在放炮。

到了天亮，我們發見一切如舊，並無此等事情。

一連許多夜間，在要塞前面的田野上見有許多鬼互相戰爭。

◆一六六一年四月二十九日（星期五）[13]

早晨，見有一男人在新稜堡（Newen Werck）[14]前面的水中，曾從水中露出三次，如幻影一樣，卻不能發見有人淹死。

同一天下午，在叫做「荷蘭地亞」的稜堡下面水中，見有一海女（Meer-Fraw），披著金黃長髮，接連三次從水中出來。

這些都是我們將圍困的凶兆。

12 一六六一年四月十五日：根據《熱蘭遮城日誌》的記錄，這一天是「舒適的夏日天氣，有微風從東南方吹來」。

13 一六六一年四月二十九日：根據《熱蘭遮城日誌》的記錄，這一天是「陰天，早晨下了些雨。這城堡法庭上午開庭」。

14 新稜堡：四角附城，或稱「角城」，屬於熱蘭遮城的外城。外城西北角的稜堡取名為「荷蘭地亞稜堡（Hollandia）」，而西南稜堡則是「黑德爾蘭稜堡（Gelderland）」。

漢人與西方人誌異

山野之章

6 巨象牛：異牛如巨象

類別／妖怪　地域／中部，山野

介紹

明末天啟年間，普陀山僧侶釋華佑擅長堪輿方術，某年與至友蕭克（或名「蕭客」）偕遊臺灣島。釋華佑與蕭克乘船至臺灣島東北部，從蛤仔難進入深山中。

據說蕭克乃一名俠客之人，腰上配戴弓箭，背上佩負長劍，擅長射鹿。兩人行旅若糧食用盡，蕭克便會舉弓射鹿，一同烤食鹿肉、渴飲鹿血。某日，兩人在旅途中涉溪而行，蕭克獲得一隻怪牛。

這隻如同「龐然巨象」的怪牛，能日行三百里，兩人遂乘牛而行。一路上，兩人遊訪諸多山川眾部落，在

巨象牛
蕭客忽得異牛於二贊行溪
龐然巨象日行三百里

橫越中央山脈的旅途當中，經歷各種不可思議之奇事，親眼見識萬千奇地。

四十天之後，釋華佑與蕭克順利抵達臺灣西岸之諸羅，旅途終點止於鹿港。

多年後，釋華佑將兩人行旅經歷寫成《遊記》，並且詳述在臺灣山中探勘名穴、測算島嶼風水方位之心得。釋華佑圓寂之後，安溪人李光地獲得此書，祕而不宣，以為珍寶。李光地死後，此書冊輾轉流落於民間，最後遺佚於鹿港。後人懷疑此書亦標明臺灣島龍脈與金山之所在，可惜書冊早已經散佚不全，所餘殘篇、十三圖錄皆深奧難解。

典文

※《釋華佑遊記》——明・釋華佑

余至臺地，獲睹奧區；而後山一帶望氣蒼鬱，困於攀躋，未愜素懷。蕭客忽得異牛於二贊行溪，龐然巨象，日行三百里；因售以五十金，遂乘以行。過蛤仔嶺[15]，望半線山[16]，平行四十日，糧食已盡，而東南之區獨未遍歷。復與蕭客射鹿為餐，饑食其肉、渴飲其血，凡十數日，始達諸羅之界。

15蛤仔嶺：噶瑪蘭，現今宜蘭縣。

16半線山：八卦山，位於彰化縣。

漢人與西方人誌異

神界之章

7 天公、媽祖、土地公、關帝公

類別／神靈

介紹

大衛・萊特（David Wright）是一名十七世紀的蘇格蘭人，任職東印度公司，在一六五〇年代飄洋過海來到臺灣，並在島上居住了好幾年。他曾經見證過臺灣西拉雅族的風俗民情、郭懷一事件、以及「大肚王國」的存在，並且將所見所聞記錄下來，成為今日探索臺灣平埔族文化的珍貴史料。

在大衛・萊特的紀錄中，也包含了漢人文化的描述。在他敘述中，臺灣南部平原是一片貧瘠的沙地，並不是肥沃的島嶼，只能生產鳳梨和其他的野生樹木。南部平原除了有西拉雅族之外，也有超過一萬名漢人居住。

在臺灣生活的期間，他也觀察了漢人的宗教信仰，並且記錄下漢人宗教裡的五位天上統治神、三位神明、二十八宿（Councellor）[17]以及三十六位世間小神，總共七十二尊神明。這篇文章，應該是在臺灣的漢人最早、也最詳盡的宗教活動紀錄。

學者葉春榮解釋大衛．萊特的紀錄：「此文敘述荷時臺灣人奉祀之七十二尊神明，但因為年代久遠以及拼音問題，多半神明的中文名稱難以辨識。在筆者確定可以辨識的神明當中，居然有四目老翁、五目真人，儘管少有人知，但這是確實存在的名稱，真使人訝異。」

以下摘選了大衛．萊特文中關於「天公、媽祖、土地公、關帝公」的介紹，若想得知更多資訊，可參考葉春榮《初探福爾摩沙》（臺南市政府文化局，二〇一一年）。

■神奇的媽祖顯靈（Een schip op volle zee, Anonymous, 荷蘭國立博物館，1700～1800年）。

典文

※《初探福爾摩沙・漢人的宗教》——原著：大衛・萊特，翻譯：葉春榮

福爾摩沙人[18]信奉許多神，再加上來此居住的漢人[19]也帶來影響。我們的作者，大衛・萊特，在下面的文本中記述了七十二尊神明：

他們承認一個全能的神（Almighty God），掌管包括天上、土地、海洋、太陽、月亮、星辰，稱其為Ty（天），將之視為至高無上的神。他們一年向此神獻祭一次，宰殺野豬，燃燒檀香木，只有在獻上豬的肉給此全能的神時，才表示尊敬。

下一個崇敬的神為天上玉皇上帝（Tien Sho loch Koung Shang Tee），Tien Sho（天上）是天上排名第二位的神，或稱為天公（Governor of Heaven），因此祂被叫做Tien Sho意思就是天上第一人。

第三十九位女神叫做娘媽（Nioma），或者某些人稱為媽祖（Matzou）。祂生於Kotzo市[20]，位於福建（Houkong），父親是當地的總督（Vice–Roy）。娘媽決心保持處子之身，一直到過世，為此前往澎湖（Island of Piscadores）居住，該島又被稱為漁翁島（Fishers–Isle），當地人稱為澎湖（Pehoe），面向北方，距離福爾摩沙約十二里格遠。祂終生都奉行虔誠修道的生活。祂的神像不久後被供奉在寺廟中，左右兩邊還有兩位奴婢跟著，各持一把扇子，用來遮住祂的頭頂。據他們說，祂底下也有神靈聽祂的命令[21]，是非常偉大具有力量的神靈，備受人民崇敬，歷代皇帝在登基大典上，都得到娘媽的廟去拜拜。關於祂最盛大的慶典發生在每年第三個月的第二十三天，在這天，來自全國各地的神職人員都要群聚在祂的墓前。

……（略）

第四十二位神叫做土地公（Tontekong），以一個留著白鬍子的老人樣貌呈現，被認為非常痛惡賭博與通姦，使盡全力想要杜絕這些惡習。因此被人民列入天上的眾神之一，作為人民每日呼求以對抗盜賊的神明力量來源。

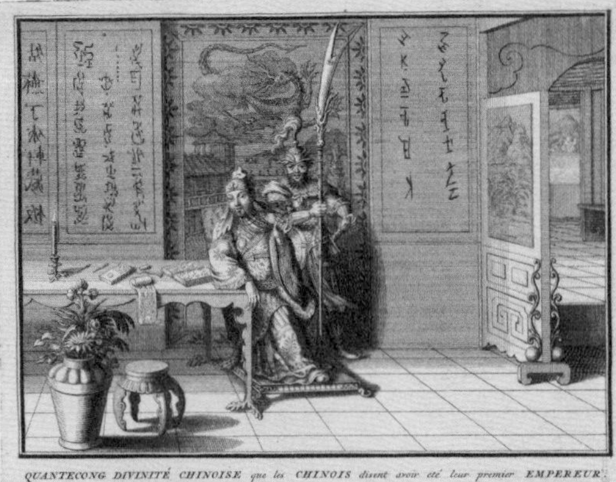

■西方畫家根據紀錄，想像漢族文化中的關帝公和觀音的信仰情景，儘管與事實不符，卻呈現了西方人如何幻想遠東世界（Quantekong als eerste keizer van China De godin Quonin, Bernard Picart, 荷蘭國立博物館，1726年）。

第五十四位神被Johannes Gonsales叫做關帝公（Quantecong），也有人稱做武帝（Vitie）。祂被漢人尊為至高無上的神明，祂有名黑臉隨侍（Squire），幫祂提拿盔甲武器，勇猛毫不遜色，跟隨祂出生入死，名為周倉。他服侍主公期間，功勳彪炳，征服了許多部落與領土。除了周倉之外，關帝公身邊還有另一個白臉隨從，叫做關平，但並不是武士（Martialist）。

除船員跟漁夫外，所有漢人都對關帝公推崇備至，每星期都會獻上祭品，每晚點一盞燈，散發出香甜的氣味。人民的獻禮包含兩磅半重的豬肉、四分之三磅重的鹿肉、一隻烹煮好的母雞、九塊麵粉做成的糕、半品脫（Pint）某種名為Aoytziu的酒、Lotchin和Souchin的酒各一個滿杯、大量的三燒（Samsoe）[22]，最後還有兩碗米飯。這些都必須擺在關帝公的神像前，拜三個小時之後才能拿走，所有的取放儀式均以盛大的儀式進行，包括俯身磕頭行禮等，之後這些牲品為獻祭者所享用。

每一個市鎮都會建造一座廟供奉關帝公，其神像會立於每一座廟裡：神像一側是祂的黑臉隨侍，手拿一把劍和一把大刀，像刈[23]草的人使用的鐮刀一樣；在另一側四個步幅（每步約七十五公分）外，則立著祂的白臉聽差關平。

※《東印度旅行見聞．臺灣旅行記》——十七世紀．賀伯特

●中國人的宗教

中國人是異教徒，然而他們相信有個創造天地，管理日月，使草木生長的神，他們稱他為「Ziqua」，他們的神廟，大抵有四條柱子，有精美的木頭雕刻，內外都塗了油漆。

廟裡有許多奇異的繪畫，例如有七個或五個頭的龍，通常有用檀木精巧地雕刻成的三個神像

（Goetzen），塗成金色，畫了圖畫。

其中一個好像魔鬼，有個很大的頭，除了手腳上都有彎曲的爪以外，其餘的部分則像人。祂威武地坐在椅上，中國人稱祂為「Jossi」。

另一個神，坐在椅子的右邊，其姿態和服裝都像一個中國的老人。中國人以為祂是他們的始祖。

在Jossi的左方的神，是個女人。中國人以為祂是船和舵的發明者，祂看見魚擺動尾巴的樣子而造了船，中國人每逢要出航或回來的時候，必定要祭拜祂。

17 在萊特的紀錄中，他言明二十八星宿在凡間都是學識淵博的哲人，死後則被擢升為諸星宿。所謂的二十八星宿，即是中國古代將黃道周圍星象，劃分二十八個部分。之所以分為二十八宿，是因為月球繞行地球運轉一週，會是二十七天多（多出的時間接近一天時間）會經過一個星宿。而在東漢時期，明帝劉庄讓畫師繪畫二十八位將軍（漢朝的開國名將）的畫像，尊稱「雲台二十八將」，此後也對應至二十八星宿。二十八將領包含：鄧禹、馬成、吳漢、王梁、賈復、陳俊、耿弇、杜茂、寇恂、傅俊、岑彭、堅鐔、馮異、王霸、朱佑、任光、祭遵、李忠、景丹、萬脩、蓋延、邳彤、銚期、劉植、耿純、臧宮、馬武、劉隆。

18 福爾摩沙人：臺灣的原住民。

19 漢人：根據大衛·萊特的紀錄，當時在臺灣的漢人有一萬人以上。

20 媽祖出生於福建省興化郡莆田縣湄洲島。

21 千里眼、順風耳。

22 三燒：烈酒經過了三次的蒸餾過程。

23 刈：音「ㄧˋ」，割取。

8 地牛與金雞

類別／神靈

介紹

在大衛・萊特的記述中，「地牛」與「金雞」的傳說，也被歸類為漢族的神靈信仰。而地牛翻身帶來地震，不只是漢人的傳說，在許多的原住民族內（賽夏族、鄒族）也流傳相似的故事。目前臺灣廣泛流傳的地牛傳說，則是融合了漢人與原住民兩種不同族群的傳說，形成臺灣特有的文化。

人們相信，每當在耕地工作時，從遠方的土地底層傳來的奇異聲響，聲音低沉而雄厚，便是來自於地牛的吼叫聲。每當地牛翻身時，造成土地震動，同時也會「地生牛毛」。例如，《重修臺灣縣志》記載：「（康熙）二十一年壬戌，地大震。秋七月，地生毛。」在徐宗幹的著作《斯未信齋雜錄》也記載：「彰境地生牛毛，長寸許，旋即震動；葉松年協戎親見之。」

比較特殊的是，在大衛・萊特的記載中，還有「金雞」的傳說。地牛之所以會翻身，是因為金雞啄了地牛，才讓地牛搖晃身體。在現今的臺灣文化裡，關於金雞的信仰則在時間洪流的淘洗中消失。

另一個關於地震的記載，則跟「烈風」有關。十七世紀的賀伯特在〈臺灣旅行記〉曾記錄島嶼地震的情景：「臺灣每年時時有強烈的地震，我在那裏時也有過：在一六六一年的一月中，早晨六點鐘開始震動，約歷半小時之久，因此以為世界就要分裂了，郊外市區中有二十三座房屋崩塌，熱蘭遮城要塞也裂開了。在大地震之後還有徐緩的震動，好像一隻船為波浪所動搖似的。……水因地震而高漲，似乎比地面還高。在水上和陸上的這種震動，可以感覺到經六星期之久。後來發見：地面上，尤其是在山裡，有許多地方裂開了。島上的居民，從未經驗過這樣的恐怖。向中國人詢問地震從何而來時，他們回答說：有烈風隱藏在地下，找不到出路，因此，地就要震動。該島又終年往往發生狂風（Fahl-Winden），所以停在那裡的船是很危險的。因此船夫們一覺得有涼風，就怕來不及起錨，而把錨索割斷，趕快開到海上去，海上也有許多隱伏的巖礁和沙洲。」

※《初探福爾摩沙．漢人的宗教》——原著：大衛．萊特，翻譯：葉春榮

第五十七位神，地牛（Tegoe），意思是翻身的牛（Transitory Bull）。

第五十八位神，他們題名金雞（Kjenke），意思是烏鴉或者是雞。漢人對於這兩個神明抱持一種奇怪的幻想與看法：

他們認為地牛將地球扛在肩上，而金雞則來自天上，金雞輕輕地啄了一下地牛的身體，因此地牛就會晃動一下，整個世間也因此隨著搖晃。所以只要一發生任何地震，人民就會一笑置之，說是地牛又被金雞啄了。

9 雷神

類別／神靈

介紹

雷神，或名「雷公」、「雷師」，是臺灣漢人傳說中，掌管打雷的神明。

在《山海經》中，記載雷神擁有獸形：「龍身而人頭，鼓其腹」。在民間傳說的演變裡，雷神逐漸成為手持響鼓與鐵鎚的力士，並且擁有猴臉、鷹嘴，背插雙翅，足如鷹爪。

在臺灣民間傳說裡，也流傳雷神與閃那婆（電母）的故事。根據西川滿《華麗島民話集》的敘述，從前有名女子在溪邊清洗胡瓜，先將胡瓜切成兩半，挖出裡面的種子，再用水沖洗。沒想到天上的雷神，誤把胡瓜子錯看為米粒，氣憤女子糟蹋食物，所以以雷擊死這名女子。後來得知事情真相，雷神十分懊悔。而天公知悉此事之後，便將女子嫁給雷神為妻，冊封為閃那婆。從此以後，雷神就讓妻子閃那婆手持寶鏡，看清楚凡間之後，再把雷打到地上。

典文

※《初探福爾摩沙．漢人的宗教》——原著：大衛．萊特，翻譯：葉春榮

第五十九位是雷公（Luikong），或稱為雷神。因為Lui就是雷的意思，Kong就是統治者。雷公的頭像一隻鶴一般，腳跟手則像鷹爪，還有一對大翅膀能夠讓祂飛越雲端。據他們說，每當雷公想要打雷時，祂就站在四朵雲中間，每朵雲都放上一個鼓，手拿兩把鐵鎚不停地敲打。當有人被這突如其來的雷擊中時，他們會說是因為雷公對這個人很生氣，因此用上述的鐵鎚打雷擊中那個人。

因此，他們非常敬畏雷公，每當打雷時，他們就會手腳並用，爬到桌椅下。

10 鬼王：大士鬼

類別／神靈

介紹

大衛・萊特的文章，不只是描述了漢族的天上神靈，也敘述了掌管地獄的神明，他描述「大士鬼」是漢族十分敬畏的地獄之神。

大士鬼，即是「大士爺」、「大士王」、「鬼王」，是臺灣佛教與道教共同尊崇的陰間神明，負責掌管陰間的亡靈。在每年農曆七月十五日的中元節法會（盂蘭盆會），會祭拜大士爺，以求今年的中元節祭祀順利。

在嘉義的民雄鄉，也有一座專門主祀此神的「大士爺廟」。因為在清朝時代，臺灣漳泉械鬥，死傷嚴重，所以舉辦中元普渡，祭祀亡魂，並在西元一七九七年設立「大士爺廟」。

典文

※《初探福爾摩沙・漢人的宗教》——原著：大衛・萊特，翻譯：葉春榮

大士鬼（Tytsoequi），意思是指魔鬼之子，Tytsoe（大士）就是王的意思，Qui（鬼）則是魔王。

根據他們的傳說故事，大士鬼原本是一位天上的天使，但是無上的天神發現世間人類邪惡之情事，遂將祂叫來，說：「我發現世間人類的醜惡，他們心性偏向邪惡，所以沒有人能夠到天上來。因此找讓你下去，我已經為你準備了一個處所，還有一個永遠折磨他們的牢獄。我選你作為掌管地獄的代理人。把他們帶去並加以懲罰，他們會永遠留在你那邊，永遠不能來到我這。」

對此漢人有有一套想法，他們相信這位魔王之子知道所有未來即將發生的事，所以祂派出祂的靈（Spirit）們去捕捉那些罪惡的人來到地獄，在那裡永久折磨他們。因此人民尊奉祂，以避免這樣的苦難降臨己身。

在第七個月的第十五天，他們會獻上洗淨的全豬，還有母雞、鴨、檳榔（Pinang）、細麵粉做的糕餅、Keekieuw（柿粿？）或稱Arak，也就是白蘭地酒，以及甘蔗。那隻豬以前方的兩隻膝蓋跪著、頭放在前腳上，正對著大士鬼的神像。

之後，在祭祀中還有許多相當盛大的儀式，從一大早就開始進行，直到日落後一個小時才結束。

為了表達尊敬，人民還燒了許多用金箔紙做成的船給大士鬼，並滿懷熱誠地向祂祈禱。

原住民世界

西拉雅族

十七世紀，來到臺灣的傳教士、東印度公司職員，記錄下珍貴的臺灣原住民文化風情。他們所描述的臺灣平埔族原住民，屬於西南部的西拉雅族。當時，西拉雅族的四大族社是新港、麻豆、蕭壠、目加溜。若以熱蘭遮城為起點，從海濱到山邊的原住民族社大致上依序是：

新港社（Sinkan）：現今臺南市的新市區一帶。

麻豆社（Mattau）：位於臺南市的麻豆區，據稱當時麻豆社有三千人口。

蕭壠社（Soulang）：位於麻豆的西北方，大約是現今佳里糖廠的附近。

目加溜社（Bakloan）：位於現今的善化，在善化糖廠附近。

另外，也包含大化港社（Taffakan）、帝福鹿港社（Tifulukan）、大歐龐社（Teopan）、大武壠社（Tefurang）等地，這些區域目前大多位於臺南市善化、佳里境內。

以下摘選的文本，來自於艾利．利邦上尉（Elie Ripon）、荷蘭牧師甘治士（George Candidius, 1597–1647）、蘇格蘭人大衛．萊特的文字紀錄。

11 福爾摩莎的一角幻獸

類別／妖怪　地域／南部

介紹

來自於瑞士的艾利．利邦，在一六一八年至一六二八年任職於荷蘭東印度公司，是一名傭兵、軍官，個性熱愛冒險。根據推測，因為他在日耳曼地區的家鄉發生慘烈的宗教戰爭，才會前往荷蘭謀生，並且任職於東印度公司。

他因為執行東印度公司的命令，在一六二三年至一六二四年期間來到臺灣，並且在臺灣島沿岸，建築了一座小型的木城。他來到臺灣時，接受了目加溜社的人幫助，進入臺灣森林裡伐木，當他與手下在收集木材時，甚至還被麻豆社的原住民發動奇襲，差點喪命。

在一八六五年，他的法文手抄稿回憶錄在瑞士的一處舊屋中被發現，內容描述他在大航海時代見證的亞洲各國風土民情，過程驚險萬分，可以參考中文譯本《利邦上尉東印度航海歷險記：一位傭兵的日誌一六一七～一六二七》（遠流出版，二〇一二年）。

在利邦上尉的記述中，提及了一種生活在臺灣高山上的「一角獸」（licorne）。這隻四蹄幻獸，頭生獨角，擁有預言（或操控）大風暴與地震的神奇能力。

典文

※《利邦上尉東印度航海歷險記》——原著：艾利．利邦，翻譯：賴慧芸

● 一六二三年十一月二十八日

這裡有一種一角獸，棲息在高山，抓不到，我只有遠遠看過一隻。當地居民告訴我們，看到這種動物不是好預兆，表示要有大風暴或地震了。之後，我們確實印證了這種說法。這是我在島上所得知。

十一月二十八日，發生了好大的地震，大到我們以為大家都活不了，也以為那些置錨的船會沉下去。城堡有三處倒塌。

居民早上跑來告訴我們，是那隻動物給了預兆，地時常這樣震動。

12 死者幽靈的清洗

類別／鬼魅　地域／南部

介紹

荷蘭傳教士干治士在十七世紀來到臺灣傳教，記錄了許多西拉雅族的習俗，尤其是他在新港社的所見所聞。

干治士在一六二七年五月四日抵達臺灣，是荷蘭首任駐臺的傳教士，主要工作是負責大員（安平）地方的熱蘭遮城荷蘭人的傳教工作。

雖然他的職責不包含原住民，可是他個人很熱衷於進入原住民的族社，努力學習新港社語言，來進行傳教工作，之後甚至在新港社開辦學校。

在干治士的文章中，記錄了當時西拉雅族的喪葬習俗。西拉雅原住民相信，人死後會成為幽靈的存在，並且會回返自己的住屋。所以生者會為死者準備清水，方便死者的靈魂回來清洗祂們自己的身軀。

典文

※《初探福爾摩沙．新港社記》——原著：干治士，翻譯：葉春榮

通常在死者過世的隔天舉行一些儀式後，他們綁著死者的手腳，放在一個細竹片做的臺子上，臺子大約有兩荷蘭尺高，搭在他們的房子裡。

然後他們不直接焚燒屍體，而是在略下方點火，使屍體徹底乾燥。

許多儀式也接著舉行，譬如說殺豬，（每人依照自己的財力，有時殺到九隻之多），在無度的吃喝中消磨時間。

許多村人在人剛過世時就來看死者，因為在他們的家門口，有個空心的樹幹做的木鼓。村人聽見代表死訊的鼓聲便飛奔而來。婦女拿出裝有濃烈飲料的罈子，在大飲之後，他們就在死者的家門前跳舞。

他們跳舞的方式非常獨特。他們有由大樹砍下來的大型木槽，就像東印度地區的人使用的容器，可是比較長也比較寬。他們把木槽反轉過來，在上面跳舞，空心的木槽因而發出聲響。每個木槽背對背站著兩排婦女，每排是四至五位。她們並不跳躍或跑，只是溫和的移動她們的手腳，在反轉的木槽上，沿著邊緣繞圈。

當一隊累了，另一隊繼續。跳舞通常持續兩個小時，這就是他們莊嚴的喪禮。

屍體要放九天讓它乾燥，雖然每天都有擦洗，還是發出惡臭。

第九天，屍體從竹臺上移下來，生者將它用蓆子包起來，在屋子裡架起另一個竹台。

這個竹台圍蓋著許多衣服，就像個幃幕（pavilion），然後把屍體放在上面，大家再飲宴舞蹈慶祝以紀念死者。這樣子屍體放了三年，然後把骨骼從臺上移走，葬在屋子裡，當時又飲宴多次，這次沒有舞蹈。

以上是他們處理死者的簡短描述。

另一種風俗只發生在大歐龐社，也就是前面提到的七個村子裡頭的一個。當一個人病重而且痛得非常厲害時，他們用繩子繞著他的脖子，把他拉起來就像他們要絞死或吊死他一樣，然後突然把他放下來。他們的目的是要減輕他的痛苦

■十八世紀，一位西方畫家根據傳教士描述臺南（大員）西拉雅族的葬禮情景，所繪製而成的素描畫作（Tayouan of Formosa, Hendrik Frans Diamaer，荷蘭國立博物館，1726年），不過，與實際情形有所落差。

和使他早死。

他們知道靈魂不滅的教義，所以他們才有如下的風俗。

當一個人死了，他們在他的屋前蓋個高起的輕便小屋，圍滿著各種樹葉，裝飾得很豐盛，插四支旗子在四個角落上。

在屋子裡他們放一碗水，旁邊有一根竹杓用來舀水，因為他們相信死者每天回來洗澡和清洗自己。

他們嚴格遵守這個有關死者的習俗，可是能夠講得出其中緣由的人百中無一。

他們認為他們得這樣做因為這是習俗，他們也不再想已死的人。年紀很大的老人告訴我前述的風俗，他們對這民族習俗的意義則非常清楚。

※《被遺誤的臺灣》——十七世紀．揆一

他們（西拉雅族）也相信靈魂不滅，因此以為人死了之後，他的靈魂，將因他生前的行為的善惡而受賞罰，即以為在生前做了許多惡事的人，他的靈魂在死後將落在汙穢的泥沼中；而在生前做了許多好事的人，他的靈魂將能渡過泥沼，到一個能享受一切快樂的地方去。

因此在有人死時，他們就在門前造一個木箱似的小屋，拿許多的植物、各種裝飾品以及旗幟掛在周圍。

在這座小屋中，他們放一個很大的盛水的椰子殼和一個竹匙，以為死人的靈魂每天會來洗去一切汙穢。

13 西拉雅的十三位神靈

類別／神靈　地域／南部

介紹

十七世紀的西拉雅人有「天神」的信仰，每位天神都有特殊的位階、職責，並且男女分工。

根據荷蘭牧師干治士、揆一、蘇格蘭人大衛．萊特的紀錄，西拉雅人相信天上存在著十三位神靈，組成了西拉雅族的主神信仰。但這些紀錄都沒有提及現今西拉雅族普遍信仰的「阿立祖」、「老君」、「太祖」。

直到《安平縣雜記》，才有文獻以「李老祖君」的字詞，稱呼西拉雅人的神靈信仰。在日本時代，國分直一稱呼「蕃仔佛」，臺南文學家吳新榮則稱呼「阿立祖（Aritt）」，是祖靈之意。「阿立祖」的信仰與這十三位神靈之間的關係，目前尚不知曉。

大衛．萊特的記述，清楚地說明了這十三位神靈的關係。

例如，居住於南方的男神塔碼吉山嘉（Tamagisangak）以神力創造了男人，並且完善了男性的身體構造，讓男子身強體壯。

女神帖卡露帕達（Teckarupada）則居住於東方，是婦女們的守護神。

西拉雅族傳說，塔碼吉山嘉與帖卡露帕達儘管是夫妻，卻經常吵架不休，除了互相以言語激罵，甚至會暴力相向。當東方傳來打雷聲響，便是女神向男神斥責詈罵，男神聽到了妻子的責罵，則會趕緊乘雲駕霧，降下

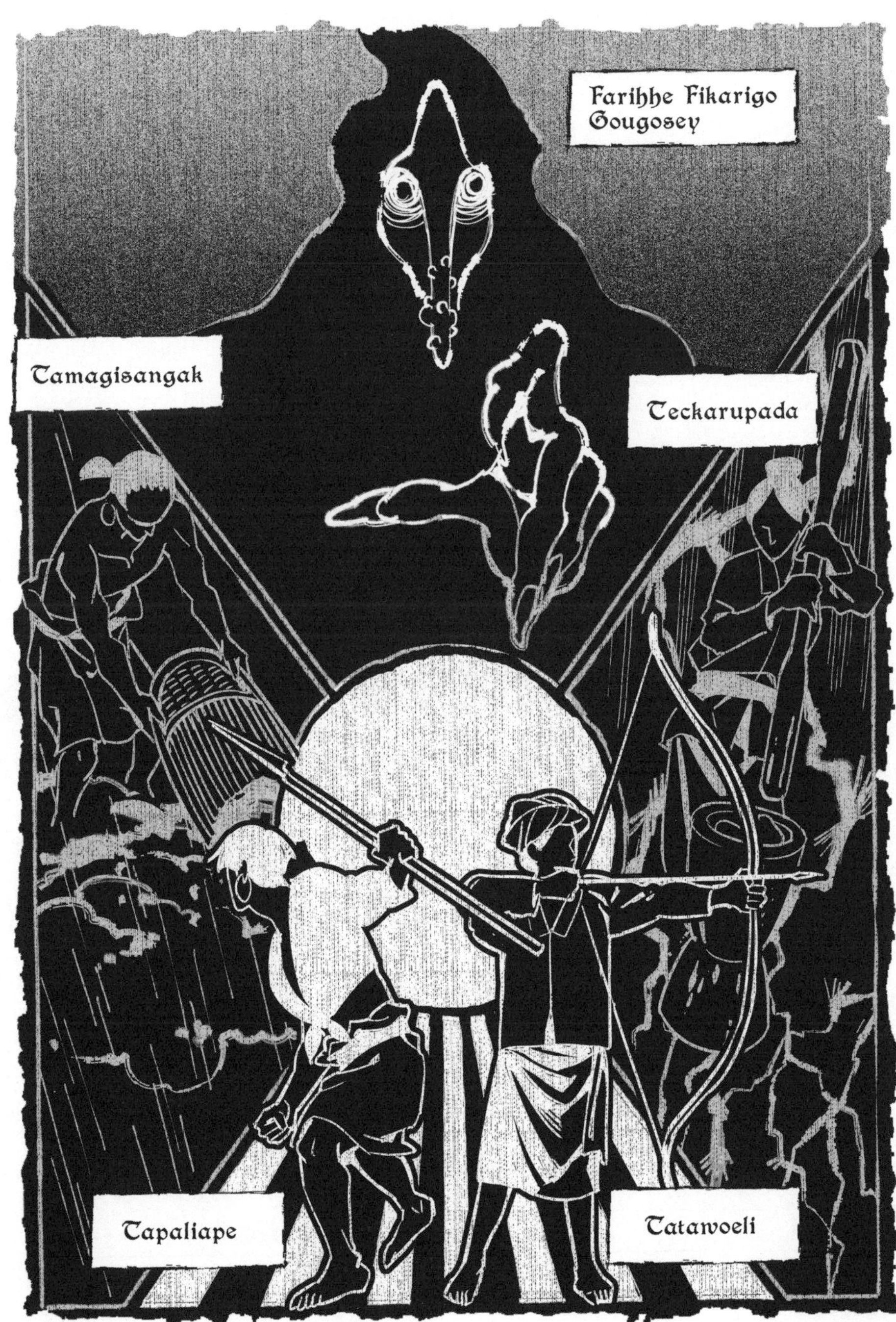
Farihhe Fikarigo Gougosey
Tamagisangak
Teckarupada
Tapaliape
Tatawoeli

雨露。

因此，男神身負雨神的職責，女神則為雷神。藉由這則傳說，呈現出西拉雅族「母系社會」的系統，男神經常要聽命女神的號令。

在西拉雅族的傳說中，另有邪神「法理海」（Farihhe Fikarigo Gougosey）在人間作亂。

邪神法理海居住於北方，擁有邪惡之力可以操縱人心，誘惑人們產生邪惡意念，或者讓人們被厄運纏身。

滿臉都是醜陋痘瘡的法理海，也期望人們的面容與祂相同。一旦心情煩躁，祂會遷怒世間，降下恐怖的疫癘，讓人們身染痛苦的疾病，臉上也長醜陋的水痘。祂也頒佈了二十七條戒令，一旦人們不遵守令條，祂就會降下災禍。

為了撫慰情緒陰晴不定的法理海，西拉雅族的原住民很誠懇地向祂祭拜，獻舞祈禱，希望藉由祈福儀式來安撫邪神的心情。

西拉雅神明列表

神靈名稱（荷蘭文）	譯名（林昌華譯）	性別	所在方位	職責
❶ Tamagisangang	塔馬吉山崗	男	西方天空	兩人為夫妻，西拉雅族宗教信仰裡，位階最高的神靈
❷ Takaraenpada	塔卡琅帕達	女	東方天空	
❸ Tamagisangak	塔碼吉山嘉	男	南方天空	兩人為夫妻，丈夫造人、掌管雨水，妻子掌管穀物蔬果
❹ Teckarupada	帖卡露帕達	女	東方天空	
❺ Tagittelaegh	塔吉鐵拉	男		兩人為夫妻，掌管疾病之事，病患向祂們祈求醫治
❻ Tagisikel	塔吉熙克	女		
❼ Tiwarakahoeloe	提瓦拉卡呼魯	男		兩人為夫妻，負責掌管狩獵，出獵前要向祂們祈求
❽ Tamakakamak	塔碼卡卡瑪	女		
❾ Tapaliape	塔帕犁沛	男		兩人為夫妻，掌管戰爭的神明，戰士崇拜之神
❿ Tatawoeli	塔塔巫里	女		
⓫ Takarye	塔卡萊	男		兩人為夫妻，掌管宴會、祭典之事儀
⓬ Tamakading	塔碼卡汀	女		
⓭ Farihhe Fikarigo Gougosey	法理海・費卡里句・昊勾希	男	北方天空	脾氣暴躁的惡神，會降下瘟疫，頒佈二十七條戒律

詳細內容，可以參考葉春榮《初探福爾摩沙》（臺南市政府文化局，二〇一一年）。

※《初探福爾摩沙．福爾摩沙筆記》——原著：大衛．萊特，翻譯：葉春榮

福爾摩沙人（不包括那些被荷蘭人影響而改信基督教的人），不相信創造天地的上帝，而奉祀著十三位神像（idols）。

第一位也是最首要的一位稱為Tamagisangang，住在西邊的天上。祂的妻子Takaraenpada，住在跟祂相對的東邊。

這兩位被人民視為最有力量的神，報以高度的虔誠崇敬祂們。據他們說，假如他們的居住地被戰事摧毀，或者有遭逢疾病與飢荒的情況發生，都要歸咎於他們在奉祀這兩位神明方面有所閃失。

第三位是Tamagisangak，住在南邊的天上，塑造漂亮的人。

第四位是祂的配偶，住在東邊的Teckarupada，掌管穀類跟水果的生長。人民說，這兩位神掌控人類的生命，因此女人會用種籽和植物來供奉祂們。

另一方面，他們相信雷聲是女神Teckarupada在責罵祂的丈夫Tamagisangak沒有降下及時雨的聲音，所以幾乎每當來自Teckarupada的雷聲作響時，Tamagisangak就趕緊降下豐沛的雨水。

第五位Tagittelagh，第六位是祂的皇后Tagisikel。祂們負責治病，因而受人民崇拜。

第七位是Tiwarakahoeloe，第八位是Tamakakamak，祂們主要是受到經常出入森林打獵、捕殺野獸者的祭拜。

第九位Tapaliape，另一位是Tatawoeli，掌管所有與征戰有關的事，因此多半被士兵所祭拜。

第十一位Takarye，第十二位Tamakading，負責他們的年度節慶，人民如果不確實遵行習俗將會被祂嚴加懲治。

第十三位Farihhe Fikarigo Gougosey，據他們說是住在北邊，他們認為祂是一個任性的、本性壞的神。

祂的工作是摧毀任何原來美好的東西，所以人民膜拜祂是希望祂不要毀壞他們的形體。

據當地人說，最後這位神本來是新港人，非常殘暴，一副鐵板面孔，鼻子很長，人們因而取笑他，他無法再忍受這樣的侮辱，於是就祈求神把他也變成神，結果他的願望很快的就實現了。在那兒一段時間後，祂又返回人間，給祂的同胞下了二十七條戒令（commandments），要大家嚴格遵守，祂威脅說如果大家不遵守的話，祂就要帶給大家許多的瘟疫。

人民要維持在每個月當月亮進入黃道十二宮的白羊座（Aries）時開始恪守這些戒令共十天，這個節令被他們稱之為Karichang，從此之後就出現許多律法都與此節令有關。

福爾摩沙人相當懶散，即使土地肥沃能豐收他們也很少在耕種。還未在Tamacuwalo及Tamabal兩座公廨供上二隻神豬（two hogs）之前，沒有人膽敢如此冒失地去耕種他們的土地。這兩個公廨屬於第三和第四個神（Tackarupada和Tamagisangak），而且這個祭祀還要由隸屬於同一公廨的祭司來主祭。

依照同樣的方式，如果天降甘霖時，聚落中最年長的村民，也要帶著一隻豬和豐富的酒給那兩

個公廨的祭司，代為獻給他們的神，

當他們的第三和第四個神主管他們的農作之事，稱為Tawarakakoeloe和Tamakakamak的第七和第八個神則左右他們的狩獵之事。在他們出發前，他們互相告知前一晚夢境的情景，包括帶有好預兆的情景，如此一般，如果Aydak鳥飛向他們，他們視為一個好徵兆，但是如果鳥只在他們身邊左右飛，他們會延後獵捕行動，擇期進行。

Karichang每月來一次，正當月亮進入春季的白羊座時。制定者是神明Farihhe，他有著一副鐵板面孔、鼻子很長而遭所有人嘲笑。他厭倦了這樣頻繁的嘲笑，總是有人把他鼻子當笑柄，於是渴望神把他帶離這醜惡的世間，讓他能變成神，結果據說他的願望實現了。

而當神一段時間後，祂又回到人間，下了二十七條戒令（commandments）給祂的同胞，作為之前大家對祂嘲笑的懲罰。關於這些戒令，祂要大家嚴格遵守，並威脅說如果大家懈怠的話，祂就要給大家嚴厲的懲罰。戒令如下：

①禁止在Karichang的時間，建造房舍、城垣或是被稱為Taekops休息的處所，也不得在田野中建造圍欄或籬笆。

②禁止買賣獸皮、鹽、Gangans布、彩繪過的衣物，凡是這類的東西都算在內。

③禁止已婚男子在Karichang的期間與他們的太太同寢，同時也禁止年輕男子結婚，或帶家俬、物資去給他的新娘，或是與她洞房，以免他不久後即死去，久病纏身或是生活在爭吵之中。

④禁止在新田地上施肥，也不可以將稻草或青草放在上面，也不可以在其上播種，以免所有的勞力和完成的工作被浪費。

⑤禁止製造弓、箭、盾、刀、標槍或是陷阱，也不可以捕捉任何野獸。如果任何女人製作手鐲，她們的胳臂會疼痛不堪。

⑥禁止穿任何新衣服，無論如何也不能使用任何新東西，包括用新的竹片或瓦罐飲用飲料，以免失去它們，且脖子會感到撕裂般劇烈疼痛。

⑦禁止在通往房舍處建造橋梁（或將其蓋在經過草堆處、豬圈前），以免橋梁倒塌、斷裂，豬隻死掉。

⑧禁止攜帶衣物、Gangans布、米、搗米器、有兩耳的黑甕、任何酒器到房舍：禁止砍下綠色的竹子，但已經乾枯的則可以。這些禁止放在自己的房舍的東西，可以借放到鄰居的房舍中，直到Karichang結束為止。

⑨禁止種植檳榔、棕櫚樹（Clapper-Trees）、竹子、馬鈴薯或任何其他植物。

⑩在被稱為Kavo的新聚會處，不可生火，也不可睡在裡頭，以免重病纏身。

⑪禁止年輕男子參加名為Tragaduwell的比賽，進行運動以鍛鍊體能，以免招來生病之禍。

⑫禁止那個時候出生的新生兒被帶離母親，以免立刻夭折。

⑬禁止男人穿戴稱為Salabim的臂箍，以免手臂產生痠痛。

⑭除葬禮外禁止殺豬，即便是最重要的朋友來訪家中，也如此做。

⑮除了供應飲食所需的份量之外，禁止不必要的打漁及狩獵。

⑯Karichang前蓋好的新房子，裡面如果沒有養豬的話，不能在Karichang期間養豬，否則所有的東西都將失去。

⑰禁止在那個時候替小孩命名，必須等到Karichang結束，以免小孩夭折。

⑱禁止母親帶著新生兒到處走動，只能在擺放嬰兒床的房間到隔壁鄰居房舍的範圍之內。

⑲一個新的Tamatawa（打仗時的領導），不可進行征戰，必須等到Karichang結束才可。

⑳新郎不可和新娘走在一起，除非他以前曾和她一起外出過，以免某些危險的疾病降臨。

㉑Karichang前，父母不可拔掉他們女兒的上面兩顆牙齒（因為這是他們的習俗），也不能在Karichang期間幫她們穿耳洞。

㉒從未旅行過的年輕男子，嚴禁在這期間進行旅程。

㉓如果少女之前不曾在喪禮進行時，在門前的喪禮槽（funeral–trough）跳舞，在這期間也嚴禁如此做。

㉔幼童，或被稱為Taliglig，不可穿戴臂箍，以免招致不幸。

㉕除非之前去過，否則這段時間嚴禁任何人前往麻豆市鎮進行大規模的朝拜（Pilgrimages），或稱為Zapuliung。

㉖禁止在房舍收留中國人或是陌生人，但可以帶到鄰居家。如果要簽訂任何合同或是結盟契約，就要手握一束稻草放在箱子上，對神祈問：「我能否從這合同中獲益呢？如果我生氣地說話，他還會耐住性子與我打交道嗎？」同時還要對神獻上慣例的牲禮，包括米、酒、檳榔以及荖葉。

㉗禁止做任何Mariche thad Kaddelangang，不論是在城鎮、房舍、田野或在狩獵間，也不可以在Karichang期間Vagacang。

14 西拉雅的惡靈

類別／神靈　地域／南部

介紹

在萊特的紀錄中，記載了西拉雅族的「惡靈信仰」。西拉雅人相信，一旦人會生病，都是被一名叫做「史契聽利圖」（Schytinglitto）的惡魔附身。

每當惡魔纏身時，西拉雅族人就會請伊尼婆（Inibs，女祭師）來驅邪，趕走惡靈。伊尼婆具有洞視邪魔的靈力，一旦被她發現，她就會用各種儀式來驅趕惡魔。

典文

※《初探福爾摩沙・漢人的宗教》——原著：大衛・萊特，翻譯：葉春榮

如果身體不適，與日俱增成重病，比如痙攣或其他劇痛，他們歸咎於一位叫做Schytinglitto的魔王。

他們請求女乩童用這樣的方式作法來召喚惡靈：

首先，獻祭之後，女乩童祈求神明保佑對抗惡靈，趕走她的所有恐懼感。

然後傳來一把刀和一甕酒，呼求一些膽大勇於和她一起冒險的年輕勇士，在房舍的各個角落獵捕惡靈。

當女乩童發現惡靈，她會大叫，藉由年輕勇士的協助驅逐惡靈，發出一種可怕的聲響。就以那樣的方式將惡靈長途驅趕到河岸邊或流動的水道，如果附近沒有水流就趕到森林裡，然後女乩童喝下一大口酒後，隨手把裝有剩下的酒的甕朝向惡靈身後丟去，唸著這些話：「拿去吧，已被驅趕的祢不要再回到病人身上。」

語畢，女乩童在地上豎一根竹竿，因為據他們說惡靈很怕竹竿。

當惡靈靠近女乩童時（據她說），她猛烈地敲打祂，並拿出她預先藏好的毛髮示眾，以讓他們相信（他們確實相信）她已經打破惡靈的頭並取下惡靈的那些毛髮。

之後，她收下一件被撕成條狀、破裂不堪的紅色袍子作為報酬，然後離開。

然而，如果病患身體持續不舒服，沒有好轉的跡象，他們會再次請求女乩童，她來到這裡時會說：「惡靈喜歡這房舍，想住在這裡。」看在報酬的份上，同時應大家要求她將惡靈趕走，女乩童於是拿著鏟子在房舍的很多地方挖洞，拿出她預藏的毛髮，對所有、旁觀的人厲聲喊叫，表示她已經取下惡靈們的頭，而那些毛髮正是惡靈的毛髮，然後粗魯地吼著驅趕著惡靈離開房舍。

當所有的努力都沒效，而痛苦仍然無法減輕時，病患會全心將自己交由神明去處置。

當他們準備交出生命時，他們猛灌烈酒讓酒流到喉嚨、溢出嘴巴和鼻孔、嗆溺到而窒息。然後，喘著最後一口氣，旁人用哀傷的聲音哭出來，比畫著奇怪的手勢、拍手、並用他們的手腳拍跺著。

他們到處鳴鼓，發出城鎮中有人死去的消息。結束後，用溫水洗遺體，給他穿上最好的衣服、戴上手鐲和其他的裝飾品、在他的身旁擺放著他的武器、供他米和酒，所有的東西都留在遺體旁二天。

如果他們不這麼做，據說他的靈魂會生氣，他們同樣會殺一隻豬作供品以供應他漫長的去程所需，之後他們則將遺體交給神，並在房舍前豎立一根頂端附有旗子的長竹竿，旁邊放一大盆水給亡靈沐浴用。

傍晚，所有朋友聚在這裡，而社中絕大多數的男人每個人都拿著一甕酒在這裡相伴。死者最親的親人則躺在遺體旁，並哀悽的訴說著：「你為什麼要死？你為什麼要離開我們？我們對你做了哪些傷害？噢！我兒啊，我可愛的孩子來我們這兒，留著作夥。如果你不願意，帶我們走，因為我們準備好跟你一起死。沒有你，我們該如何是好？你走了之後我們該怎麼辦？」

為了強調他們的悲傷，女人們用腳踩踏著門前中空的水槽發出哀痛的聲音，站在那兒哭道：「聽著，失去這男人，這些樹是如此沉痛。」

這腳踏排水槽的舉動，被他們稱為Smaghdakdaken。

他們也僱了數個女人一直坐在遺體旁哭，偶爾發出悲慟的怨言，唱著他們命名為Temulidid的哀

傷輓歌。

這些女人同樣向神祈禱，死者的靈魂在天國有個好處所、娶新太太和結交朋友。

明清時代

（西元一六六二年～一八九五年）

西元一六六二年，國姓爺擊敗荷蘭人，明朝鄭氏家族進駐臺灣，建立「東寧王朝」，統理臺灣時間橫跨二十多年（一六六二～一六八三年）。直到清朝施琅領命進攻臺島，鄭克塽投降，臺灣島就此正式進入清廷版圖。臺灣的清朝時代，則維持了兩百一十二年的歲月（一六八三～一八九五年），在馬關條約之下，臺灣轉而納入日本政權。

臺島經歷明清兩朝，共有兩百多年的歷史，數以萬計的閩南泉漳廈的移民搭船前來臺灣，歐美各國等外邦人士也以傳教、貿易、觀光之緣由，踏足此島。兩百多年光陰之間，成就臺灣島嶼各處海港、鄉鎮繁華富庶之榮景。

但在人聲鼎沸的熱鬧海島上，隱身於黑海與闇林的眾百妖怪與魔神，也在漢人與西方人的眼前忽隱忽現……

漢人與西方人誌異

海境之章

15 魔尾蛇的詛咒

類別／妖怪　地域／海境

介紹

自古以來，臺灣海峽黑水溝的深海，乃是神祕魔尾蛇的棲身巢穴。

魔尾蛇，身長數丈，遍體花紋。其中又以紅黑條紋的「紅黑間道蛇」、以及擁有雙頭的「兩頭蛇」兩種蛇妖種類最為奇特。據說，每當魔尾蛇巡遊海面，就會帶來巨大風雨。

魔尾蛇的尖長蛇尾經常浮出水面，甚至能綻放六瓣以上彷彿花瓣的奇異觸角，若在海上意外觸碰到蛇尾則會中毒而死，跌落海中被蛇妖吞食。

魔尾蛇
水中有蛇皆長數丈
通身花色尾有梢向上
如花瓣六七出紅而尖
觸之即死

魔尾蛇也擁有召喚死亡的詛咒能力，能吐出腥臭毒霧變化出恐怖幻境，吸引舟船水手失神跌墜海中。

但也有其他傳聞，魔尾蛇並不會食人，只是藉由毒霧的魔力，將人類的噩夢魅引出來，蛇妖再以噩夢為食。噩夢被吞食的倖存者，則會記憶全失。

※《臺灣雜記》——清．季麒光

黑水溝，在澎湖之東北，乃海水橫流處。其深無底，水皆紅、黃、青、綠色，重疊連接，而黑色一溝為險，舟行必藉風而過。

水中有蛇，皆長數丈，通身花色，尾有梢向上，如花瓣六、七出，紅而尖；觸之即死。

舟過溝，水多腥臭，蓋毒氣所蒸也。

※《海東札記．記洋澳》——清．朱景英

船將居澎湖，經黑水溝，乃海水橫流處，深無底，水多青紅碧綠色，勢若稍窪，故謂之溝，廣約百里。

舟利乘風疾行，遲則怒浪夾擊，且水深不能下碇也。

傳有怪蛇長數丈，遍體花紋，尾梢向上，毒氣熏蒸，腥穢襲人。

※《裨海紀遊》——清・郁永河

二十二日，平旦，渡黑水溝。

臺灣海道，惟黑水溝最險。自北流南，不知源出何所。海水正碧，溝水獨黑如墨，勢又稍窳，故謂之溝。廣約百里，湍流迅駛，時覺腥穢襲人。又，有紅黑間道蛇及兩頭蛇繞船游泳，舟師以楮鏹[24]投之，屏息惴惴，懼或順流而南，不知所之耳。

※《重修臺灣府志》——周元文

海蛇浮游於水面，亦颱將至。

24 楮鏹：紙錢。

16 海翁：噴火魚如海中山

類別／妖怪　地域／海境

介紹

現今稱呼「海翁」、「海鰍」，即是鯨魚。

古早時代的臺灣人相信海翁魚，乃是海上王公，也是遠古臺灣海域的神奇碩魚，身長百里，甚至能口吐焰火，吞食巨型船舶，一旦現身就會引起狂風大作。

當海翁魚沉睡之時，能在水面漂停百年，寬廣的魚背甚至會生長出綠色草木，猶如綿延山丘。若有人從海灘沿岸誤登其背，若海翁魚甦醒，便會甩尾浮游遠方，再也不知所蹤。

據說海翁曾與海中龍神纏鬥千日而不敵，最後被天妃所救，所以每逢天妃聖誕，海翁便會浮海來朝拜。

臺灣各地皆有流傳海翁故事，又屬澎湖的民間故事最具特色。傳說海翁欲娶丁香魚為妻，這門親事讓魚族眾皆嘻笑，因為龐大的海翁與嬌小的丁香魚很不相配。甚至在澎湖西嶼流傳〈天烏烏〉的歌謠，也與海翁相關：「天烏烏，欲落雨，海翁娶丁香欲做某，海鳥是媒人婆，海龜送禮大氣吐。蟳牽車，蠘扑鼓，海鼠歕吹嘐嘐哺，蝨擯攑旗叫艱苦，虎魚紅帕帕，牽翼做蠓罩，明年予恁生一个掛臁脬。」（洪敏聰，《澎湖菜瓜》，二〇〇二年）

在黑水洋的海岸上，多傳說巨魚故事，翟灝記載在《臺陽筆記》上的〈大魚〉篇章非常奇特：「福建海壇鎮，擁一沙灘十餘里，歷有年所。舟人漁子，傍宿其上。漸而居民日聚，市貨者往來其間，積久成墟，店鋪羅列百餘家，儼然一小鎮市焉。釘鐵劏耙之類，不無所需，因有鐵匠置爐，錘鍊之聲，日夜不絕。忽一日，水沒沙沉，街民盡溺。方悟存沙之地，即大魚之身。鐵鎚振動，不安其居；少為游移，而沙隨魚去、人隨沙沒矣。」

典文

※《諸羅縣志·物產志》——清·周鍾瑄

海翁，即海䲡，大能吞舟，浮於水面，黑如牛背。俗謂海翁現，則大風將作。

※《臺海使槎錄》——清·黃叔璥

海翁魚如小山，草木生之，樵者誤登其背，須臾，轉徙不知所之。

※《小琉球漫誌》——清·朱士玠

每歲天后三月誕辰，必有海鰍來朝。或潮退偶困泥沙，土人取大木長數丈，直拄其口，競入腹內，割取脂膏數千石；及潮至，仍掉擺尾而去。

※《臺陽見聞錄．海翁魚》——清．唐贊袞

屈大均云：「海鰍身長百里，口中噴火，能吞巨艚[25]。」

予往來廈南，聞諸土人云：每歲天后三月誕辰，必有海鰍來朝。

25 艚：可載貨的木船，有貨艙，並且舵上建有木造房間。

17 金鱗火焰鱷

類別／妖怪　地域／離島、海境

介紹

臺灣黑水域中有海神獸蟄伏，名曰「火鱷」、「火鱗鱷」。此獸周身的金黃鱗甲能散發火焰，也能口吐朱火，築巢礁下，棲游於黑水溝深海，平時難得一見。

在康熙二十二年（一六八三年，癸亥年），火鱗鱷無端爬上澎湖沙灘，嗚嗚叫似乎痛苦難耐。島上居民們很恐懼火鱗鱷的到來，紛紛燃燒紙錢祛除魅氣，並且敲鑼打鼓想要引導火鱗鱷重回海中。儘管火鱗鱷最後順利返回海中，三日之後卻仍然再度上岸，並且橫死於當地居民林英的灶廚之下。

澎湖居民皆謠傳此乃不祥之兆，果然當年施琅率兵攻下臺灣，鄭氏王朝覆滅。因此，清朝官員也盛傳火鱗鱷之猝死，同時象徵了鄭氏運勢的衰亡。但此說法，多半附會，火鱗鱷之死，莫知其詳。

火鱗鱷的幻獸傳說，很廣泛地流傳於臺灣兩百多年，是許多臺灣人議論紛紛的怪譚。但到了日本時代，火鱗鱷故事則逐漸被人淡忘，不再被人談論。而在澎湖西嶼，有挖掘出「潘氏澎湖鱷」的化石，是目前臺灣出土的最古老的脊椎動物化石。

現今在澎湖馬公，有流傳〈金珊瑚的故事〉，與海中鱷魚相關，或許兩者有所關聯？傳說故事如下：

澎湖附近有座美麗的小島。有一天，龍王的公主出來遊玩，看到這座小島很喜歡，便搬到這裡住。後來，在一個颱風天，來了一個躲避風雨的少年，公主很熱情的招待他，結果彼此喜歡上對方。不久這件事情被海龍王知道了，非常生氣，因為他不容許心愛的女兒和凡人交往，所以就強迫兩人分離。但是公主不肯，因為她實在非常喜歡這個少年。龍王因此大怒，就把公主變成金珊瑚，讓她永遠住在海底，又把少年變成醜陋的鱷魚。

但他們還是彼此愛著對方，所以鱷魚時常圍繞在金珊瑚的四周，而且只要有人要採珊瑚，鱷魚就會出來嚇走他們，以保護公主。（姜佩君，《澎湖民間傳說》，聖環圖書出版，一九九八年）

典文

※《臺灣府志》——清・高拱乾

癸亥年五月，澎湖有一物如鱷魚，長四、五尺，步沙而上，鳴聲嗚嗚。居民以楮錢[26]送之下海，是夜登岸死焉。

※《臺灣外記》——清・江日昇

澎湖狂風暴雨，濤湧翻天。次日，波息浪恬，一魚長二丈餘，四足，身上鱗甲金色，邊有火焰奪目，從海登陸。兵民見而異之。國軒率諸鎮暨澎湖安撫司陳謨等，各燒獻冥賓紙錢，金鼓送之下水。越三日，乘夜登山，死於百姓林英之廚下。

26 楮錢：紙錢。

金鱗火鱷

一魚長二丈餘四足
身上鱗甲金色
邊有火焰奪目

18 旱龍：引來旱災饑荒

類別／妖怪　地域／南部、海境

介紹

旱龍，每逢天際星辰黯淡、黃塵飛揚之時日，將從海底翻騰出海。旱龍的燦黃龍身翱翔蒼穹，肆虐大地，為人間帶來無止盡的旱災饑荒。

為了平息旱龍災禍，百姓需設壇舉行祈神降雨，安撫龍神之怒。

孫元衡的〈禱雨篇〉便描述臺南赤炭當地，曾遭受旱龍襲擊之景。當時，孫元衡為了防止旱龍災禍，便命令商船運米賑災，平穩米價，讓臺灣百姓免於饑荒之災。

典文

※〈禱雨篇〉——清．孫元衡

旻天[27]陽道[28]黃塵起，時見旱龍升海底。

天倉[29]嘒嘒[30]天稷暗，太微木入河無冢。

27旻天：天空。

28陽道：二十八星宿中，房宿南二星中間的運行路線。

29天倉：星名，西方七星宿中的婁宿。

30嘒嘒：音「ㄏㄨㄟˋ ㄏㄨㄟˋ」，星光微弱。

19 木龍：船精靈

類別／妖怪　地域／海境

介紹

木龍，龍鱗為棕橙色，是棲息於海船的守護龍神，也是船之精靈。

自古以來，臺灣船夫相信，在海船完工之日，木龍便會誕生於海船的「龍骨」直木之中。龍骨是舟船底部最重要的承重結構，也是造船工程中第一個被建造的部分。

棲居於龍骨中的木龍生性羞赧，平時不輕易現身。若木龍現身，或者呦呦鳴叫，聲如羔羊，即是「木龍叫」、「叫幽泉」。

「木龍叫」，是為了諭示舟船將有災難，警告眾人。

在福建泉州的民間信仰裡，木龍則被視為白鱗之龍。據說媽祖廟中的「林巡檢」神靈，便是專司「木龍」的神明。

木龍
凡海船中必有一蛇
名曰木龍
自船成日即有之

典文

※《赤崁集・颶風歌》——清・孫元衡

海船下用直木稱為木龍，神實棲之，忽有異聲，則云：「木龍叫」，主凶。

※《裨海紀遊》——清・郁永河

凡海舶中必有一蛇，名曰木龍，自船成日即有之。平時曾不可見，亦不知所處；若見木龍，去則舟必敗。

20 鬼蝶：海上告凶預警

類別／妖怪　地域／海境

介紹

船舶行駛於大海汪洋，若遇危難，除了海船的守護龍神會鳴叫提醒，也會有萬千鬼蝶，從天而降。鬼蝶雙翼大如手掌，蝶翼之上，也生有數十眼眸，每回拍翅就會眨閉眼睛。航行臺島海域上的船上水手，若見鬼蝶，則心生恐懼，收帆穩舵，擔憂大暴雨將臨。

典文

※《赤崁集．颶風歌》——清．孫元衡

木龍[31]冥鬱叫幽泉，桅不勝帆柁出位。
閃閃異物來告凶，鬼蝶千群下窺伺。
赤蛇逆浪掉兩頭，白烏掠人鼓雙翅。

31木龍：海船的守護龍神，若鳴叫則預言災禍降臨。

21 澎湖南嶼：鮫人遷居

類別／妖怪　地域／離島、海境

介紹

澎湖三十六島中的南嶼，傳說荒古之前曾有鮫人族棲居，後因風濤太過劇烈而遷游他處，不知爾後所蹤。傳聞若能尋到南嶼的鮫人舊巢，將獲得鮫人遺留之人魚眼珠。

典文

※〈澎湖三十六島歌〉——清・范學洙

南嶼原有鮫人住，後以風濤居始遷。

22 鯊魚變鹿

類別／妖怪　地域／海境

介紹

鯊鹿化變之傳說，盛行於臺灣島明清兩百年之間，翟灝更記錄下春夏時分，曾有鯊魚躍身岸上，三次翻身，終於成功化身為水鹿，並以舌舔舐濕淋毛皮。

典文

※《東瀛識略》——清．丁紹儀

相傳臺鹿皆鯊魚所化，然沿海俱有鯊，即臺地山前亦有之，未見有化鹿事。獨後山鯊魚隨潮登岸，即化為鹿，毛色純黃，其孳生者始有梅花點。

鯊鹿兒
臺灣有鯊魚出則風起
跳海岸上作翻身狀
居然成鹿矣

※《臺陽筆記・閩海聞見錄》——清・翟灝

臺灣有鯊魚，出則風起。每當春夏之交，雲霧瀰漫，即跳海岸上作翻身狀，久之仍入水中。如是者三次，即居然成鹿矣。遍身濕淋，以舌舐[32]其毛候乾，悵望[33]林泉，有射鹿之番取之而去。此蓋天地之化生[34]，而理有不可解者也。

32舐：舔。

33悵望：憂愁觀望。

34化生：出生。

23 鱟妖好淫

類別／妖怪　地域／中部、海境

介紹

鱟[35]，又名「夫妻魚」、「海鴛鴦」。每逢春夏繁殖季節，雌雄鱟魚經常形影不離，身形較大的雌鱟會馱著雄鱟而行。在苗栗縣西南部的通霄海岸，有風鱟山，乃是兩座小山對立，相傳是兩鱟妖所變化。傳說每逢風起海濤時刻，鱟妖會爬行於沙灘海岸，雙雙化身赤裸男女，入海互擁相交，風月無邊，因此名為風鱟。

典文

※《苑裏志》——清·蔡振豐

風鱟山，在通霄灣。兩小山對排，近大海。相傳漁人每朝見有兩鱟行跡連印沙埔；謂鱟性好淫，入海相交，故名為風鱟。自楊桂森豎石燭以後，無鱟行之腳跡矣。

35 鱟，音ㄏㄡˋ，無脊椎動物，屬於節肢動物門，外型奇特如鋼盔，古生代泥盆紀即已經存在。

24 安平妖怪：飛行巨牛

類別／妖怪　地域／南部

介紹

在康熙五十一年（一七一二年，壬辰七月），臺南的安平有異獸現身，其形如巨牛，高可五、六尺以上，面龐如豬，寬大的雙耳有編竹披覆，嘴中牙齒長而尖銳，粗糙皮膚猶如水牛，毛皮有如水獺，四足則像是巨龜之爪，有長尾，甚至能飛行水上。

當地人都很驚恐，爭相用繩索或者木棍攻擊異獸，想捕抓牠，卻是徒勞無功。

最終，異獸奔翔到海岸邊，用後腳直立起身，大聲呼號三次，隨即頹然猝死，當場見聞的人們都驚心膽跳，無人能知異獸來歷。

典文

※《重修福建臺灣府志．卷十九．叢談》

康熙壬辰七月，安平有物大如牛，高可五、六尺，面如豕，長鬣，雙耳竹批，牙齒堅利，皮似水牛，毛細如獺，四足如龜，有尾，飛行水上。

土人爭致之，繩木立碎。

後遂至海岸，竦身直立，聲三呼號。聞者莫不驚悸。

既死，郡人有圖形相告者，究不知為何物？

25 天妃女神護船

類別／神靈　地域／海境

介紹

徐宗幹在道光二十七年（一八四七年），奉命調任來臺灣島。中國自古以來，皆傳言黑水溝凶險，徐宗幹在搭船啟程前也心生不安，因此開壇捻香，祭拜海神媽祖天妃，祈求萬事平安。

隔日，徐宗幹乘舟赴任臺灣，途中莫名遭遇巨大風雨，船隻也有大半淹沒於海下，這時，船隻帆布下方卻突然有燈籠閃耀。

同舟的友人劉沂泉（沂，音一ˊ）倏然見到滔天海浪前方，端坐兩位紅衣孩童，也有兩隻雀鳥現身，一隻立於帆桿上，一隻飛入舟中。

徐宗幹那時正逢暈船，精神困倦，抱著懷中稚兒昏睡的時候，也在迷迷茫茫之間，望見海中有兩名孩童臥坐。當他醒來才知是神佛顯靈的幻象，天妃拯救了一船人命，讓他們能順利抵達臺灣島。

典文

※《斯未信齋文編・浮海前記》——清・徐宗幹

四月初一日，祭海，為文曰：「維某年四月甲辰朔，某敢昭告乎天后聖母、風神、海神之前曰：恭奉詔命，授職東瀛。籲求聖母，慈悲顯靈。諸神保護，穩渡開行。天清日朗，風順水平。出口入口，無懼無驚。誓盡心力，報國安民。天地鬼神，鑒此丹忱。謹告」。祭畢，回館。

……（略）

初二日，登舟。

……（略）

（大風雨），副駕船在後見余舟大半側入浪中，船底高出水上，有綠色燈毬在帆檣上下隱現。沂泉見浪花中坐二小孩，身著紅衣；有雀入舟中，一立檣上、一入舟，翔視眾人而去。余抱兒昏睡時，見有兩兒同臥，皆神佛幻象也。

26 海和尚：海中妖怪

類別／妖怪　地域／海境

介紹

海怪海和尚，出沒於臺灣沿海潮流的水猿，上身猶如猿猴人形，無鱗但有短皮毛覆蓋全身，下身則猶如蝦魚擺尾，或形如八爪章魚，渾身上下是鮮艷的赤紅色，並且背上長有四隻肉翼，退潮時偶爾會停歇於偏僻海灘。

據說，行船時望見海和尚則會有災厄發生，抑或遭遇颶風暴雨，所以需要焚燒香灰，驅趕不吉利的海和尚，否則便會翻船。另外也有傳說，遇到海和尚之時，這種奇異的海怪會向漁人討取漁獲，若違背海和尚的請求，就會遭受厄運。

典文

※《噶瑪蘭廳志》——清・陳淑均

海和尚，色赤，頭身似人形，四翅無鱗。凡行舟遇此者不祥。

※《澎湖廳志》

海和尚，色赤，頭與身略似人形，見人輒笑，見則為颱颶之徵；行舟遇之不祥，必焚香楮而引避之。

27 黑水洋魔巨蟹

類別／妖怪　地域／海境

介紹

翟灝在乾隆五十八年（一七九三年）來臺任職，在嘉慶十年（一八〇五年）離臺。他由澎湖島嶼搭船回返唐山之時，曾在外洋大潮中，望見海流中浮現一隻巨大蟹身，長寬猶如桌面，兩隻蟹螯如同尖銳的巨剪，從北方順流南游。

船中之人都大驚失色，不敢言語，也不敢發出任何聲響。巨蟹浮現片刻，隨即就隱身海潮之中，消失不見，這時候眾水手才鬆了一口氣。因為若是船隻與巨蟹相撞，船底則會被大蟹的雙螯刺穿兩個洞穴，船隻也會淹沒。船夫說明，巨蟹是潛伏在臺島海域中的巨型妖怪。所以，每當在臺灣的海道中望見奇異巨蟹，都要盡力躲避巨蟹，以免發生不測。

黑水洋魔巨蟹
大溜中見一蟹闊如桌面
兩螯如巨剪自北向南順流而來

典文

※《臺陽筆記．閩海聞見錄》——清．翟灝

余乙丑年解組[36]，由澎湖駕艨艟航海。行十三晝夜至彌陀山外洋，大溜[37]中見一蟹闊如桌面，兩螯如巨剪，自北向南，順流而來。舟子[38]各皆失色，寂不敢聲。余適[39]坐船尾上，望之瞭然[40]。瞬息[41]不見，詢之舵工，云船若與之牴[42]，即一夾兩洞，其鋒利如是。故遇之輒避去，無敢向者。

36解組：解下官印，辭官卸任。
37大溜：大水。
38舟子：船夫。
39適：恰巧。
40瞭然：一清二楚。
41瞬息：極短的時間。
42牴：觸撞。

28 人面怪魚：開口嘻笑

類別／妖怪　地域／中部、海境

介紹

人面魚，身軀為大魚，但卻擁有人面雙眼口鼻的臉龐，型態詭異萬分。若人面魚浮立於水面，只要見到人，就會開口呵呵嘻笑，甚至以魚鰭做合掌的模樣。也有人說即是「海和尚」。

在臺灣中部外港，曾有老漁夫出海捕魚時，意外捕獲人面魚，心生恐懼，便燃燒紙錢去除腥穢厄運。沒想到還不到十天之後，老漁夫的釣船在海上翻覆，幸好被同伴所救。因此，老漁夫更加篤信人面魚會帶來災禍。

典文

※《臺灣紀事・卷一・紀臺中物產》——清・吳子光

有老漁者為余言：

人面魚
面目口鼻具體人形
見人則合掌嘻笑

曩結網海濱，獲得一怪物，面目口鼻具體人形，見人則合掌嘻笑，如金裝彌勒佛狀。

按此，即木華海賦所言海童塞路者是也。

時伊心怯甚，因捏金紙替身並楮帛等厭勝之。

不浹旬，釣舟覆，溺於水瀕殆，遇有同伴船相救，吐腥涎升許，良久始獲甦云。

昔人言察見淵魚不祥，信矣。

※《金門志》——清．林焜熿纂，其子林豪續修

康熙元年，大嶝[43]海中有人面魚立水面，見人笑而沒。

43大嶝：原屬於金門，但在一九四九年被中國人民解放軍攻占，蔣中正指揮軍隊撤離之後，成為中國領地。

29 長尾三娘鯊與音樂魚

類別／妖怪　地域／北部

介紹

西元一八八四年至一八八五年之間，由於越南問題，中國清朝與法國兩國終於開戰，法國將軍孤拔（Anatole Amédée Prosper Courbet, 1827–1885）與清朝將領劉銘傳在臺灣島海域展開激烈對戰。

對於法國軍隊來說，儘管曾經一度占領基隆，封鎖臺灣海峽，但仍然是一場艱困的戰役。因為臺灣亞熱帶溽濕的氣候，士兵水土不服，因而有許多將士葬身此海島，最終法軍也被劉銘傳擊退。

在這一場轟轟烈烈的戰爭中，有一名參戰的法國少年士兵，名叫讓（Jean），以信件的形式寫下在臺灣打仗的第一手戰地紀錄，並且寄回給家鄉的母親與朋友。

之後這些書信，便刊載於一八九〇年十月至一八九一年五月間在法國刊行的雜誌《地球畫報》（*La ferre Illustrbe*）。

一百多年後，這些材料經由法國學者石岱（Stephane Ferrero, 1970–）發現，並且翻譯成《當Jean遇上福爾摩沙：一名法國小兵的手札（一八八四～一八八五年）》，其史料價值彌足珍貴。在魏樂富（Rolf–Peter Wille）著作的《福爾摩沙的虛構與真實》也翻譯了一些片段。

法國少年士兵讓，出生於不列塔尼（Bretagne）的布雷斯特港（Brest），此港是面對大西洋的重要軍港。

讓參軍後，便搭船前往遠東，參與了中法戰爭。

讓的紀錄中，他說到自己聽聞臺灣沿海的「長尾三娘鯊」擁有人面邪眼，淡水河也棲息一種能詠唱歌聲的奇妙魚類。此種「鳴魚」，曾記載在龔柴的訪臺記述中，而臺灣烏龍茶之父陶德（John Dodd）也曾經親耳聽聞這種奇異的「音樂魚」。

對於臺灣的各項奇事，讓感到十分好奇與興奮，並在寄給母親的家書中提及這些故事。

典文

※《臺灣與地彙鈔》——清・龔柴

淡水河內生鳴魚，發聲如鼓樂，聞百步外。

※《地球畫報》・一八九〇年——少年法國士兵讓

一八八四年九月二十四日

那裏有一種鯊魚，人們給牠她超乎奇特的名字為「長尾三娘鯊」（tchang-onci-san-niang-cha）……他們說這種鯊魚不只有個女人頭，而且也有邪惡的魔眼，如果抓到牠將會帶來厄運。

……（略）

我還聽說了一件是我必須親眼看見或親耳聽到方能相信的事，就是有一條叫淡水的河，裡面有會唱歌的魚。

母親妳相信這種事嗎？

※《泡茶走西仔反——清法戰爭臺灣外記》——陶德（John Dodd）

大海的確神祕，有次我搭船從淡水到基隆，中途下錨午餐，餐後躺在艙中正想午睡，忽然聽到艙底船板傳來陣陣有規律的聲音，嚇了我一大跳。聲音隔著船舨從海底傳來，像模糊的「咚、咚、咚」鼓聲，每次持續相當久。會不會就是傳說中的「音樂魚」（Musical Fish）？

船長說他常在基隆港內聽到這種聲音，但不曾在別的港口聽過。音樂魚的曲調很美，但節拍缺乏變化，殊為可惜。

30 龍碽：銅砲妖怪

類別／妖怪　地域／海境

介紹

龍碽，乃是銅砲妖怪。

國姓爺在廣東海外望見水中有兩抹異光，打撈起來，一抹異光化為飛龍遁往天空，另一異光則化身為銅砲神物。

每當國姓爺攜帶龍碽上陣打仗，戰無不勝。

典文

※《裨海紀遊．偽鄭逸事》——清．郁永河

龍碽[44]者，大銅砲也。

成功泊舟粵海中，見水底有光上騰，數日不滅，意必異寶。使善泅者入海試探，見兩銅砲浮游往來，以報。

命多人持巨絙[45]牽出之，一化龍去，一就縛。
既出，斑駁陸離，若古彝鼎，光豔炫日，不似沈埋泥沙中物，較紅衣砲不加大而受藥彈獨多。
先投小鐵丸斗許，乃入大彈；及發，大彈先出，鐵丸隨之，所至一方糜爛。
成功出兵，必載與俱，名曰「龍碽」。
然龍碽有前知，所往利，即數人牽之不知重；否則百人挽之不動，以卜戰勝，莫不驗。
康熙十八年，劉國軒將攻泉郡，龍碽不肯行。
強舁[46]之往，及發，又不燃。
國軒怒，杖之八十，一發而炸裂如粉，傷者甚眾。

44碽：音「ㄍㄨㄥ」。
45絙：音「ㄍㄥˋ」，大繩索。
46舁：音「ㄩˊ」，扛抬。

山野之章

漢人與西方人誌異

31 鉤蛇：巨蛇能吞鹿

類別／妖怪　地域／山野

介紹

遠古蠻荒臺灣，魑魅精怪橫行之地，不只黑水洋下有魔尾蛇環伺，深山叢莽也棲息著恐怖駭人的巨蟒長蛇。

居住在臺灣北部與中部山林的巨型怪蛇，名為「鉤蛇」，或曰「修蛇」。怪蛇身長百里，可以用蛇尾將一隻成年水鹿團團捲起，等待鹿隻無力將近窒息之時再張開巨嘴一口吞吃。據說，鄭經曾率領軍隊入山，親眼見識到鉤蛇吞食鹿隻。整隻水鹿已然進入蛇嘴之內，只剩下鹿角還在蛇嘴外劇烈晃動，鉤蛇必須再三仰首，調整姿勢，讓水鹿順勢滑入肚腹之內。

儘管鄭軍有三千人，卻也萬分懼怕蜷曲成山丘般大小的鉤蛇，不敢向前。

傳言鉤蛇喜愛夜鳴，若半夜時分，聽聞遠方傳來急促的鐘鼓響聲，則是鉤蛇夜吼。

典文

※〈長蛇篇〉——明・盧若騰

聞道海東之蛇百尋長，阿誰曾向蛇身量；
蛇身伏藏不可見，來時但覺勃窣腥風颺。
人馬不能盈其吻，牛車安足礙其肮！
鎧甲劍矛諸銅鐵，嚼之糜碎似兔獐。
遙傳此語疑虛誕，取證前事亦尋常；
君不見巴蛇瘞骨成邱岡，岳陽羿跡未銷亡。
當時洞庭已有此異物，況於萬古閉塞之夷荒；
夷荒久作長蛇窟，技非神羿孰能傷。
天地不絕此種類，人來爭之犯不祥；
往往活葬長蛇腹，何不翩然還故鄉！

※〈巨蛇吞鹿歌〉——清・孫元衡

一島三千麋鹿場，甡甡出谷如牛羊。
臺山不生白額虎，族類無憂牙爪傷。
野有修蛇大於斗，颸颸草木腥風走。
氣騰火焰噴黃雲，八尺斑龍入巨口。
九岐璚角橫其喉，昂霄下咽膏涎流。
獰蕃駭獸不相賊，奔竄林莽爭逃鉤[47]。
我聞巴蛇吞象不煩咬，三歲化骨何陰狡。
爾鹿爾鹿甚微細，此蛇得之應未飽。

※《臺灣通志・物產》

北路有巨蛇，可以吞鹿，名「鉤蛇」，能以尾取物。

※《裨海紀遊・卷中》——清・郁永河

雖前山[48]近在目前，而密樹障之，都不得見。唯有野猿跳躑上下，向人作聲，若老人咳。又有老猿，如五尺童子，其箕踞怒視。風度林梢，作簌簌聲，肌骨遇寒。瀑流潺潺，尋之不得，而修蛇乃出踝下，覺心怖遂返。

※《裨海紀遊．番境補遺》

金包里是淡水小社，亦產硫。人性巧智。

臺灣多荒土未闢，草深五、六尺，一望千里。草中多藏巨蛇，人不能見。

鄭經率兵剿斗尾龍岸，三軍方疾馳，忽見草中巨蛇，口啣生鹿，以鹿角礙吻，不得入咽，大揚其首，吞吐再三；荷戈三千人行其旁，人不敢近，蛇亦不畏。

余乘車行茂草中二十余日，恆有戒心，幸不相值。

既至淡水，臥榻之後，終夜閣閣聲甚厲，識者謂是蛇鳴；而庖人嚴采夜出廬外，遇大蛇如甕；社商張大謂：「草中甚多，不足怪也。」

47鉤：即鉤蛇，能以尾取物。

48山：指臺灣中部的「大肚山」。郁永河曾途經此處，對於大肚山很感興趣，想爬上山，看看山後（現在的臺中盆地）有何景色。儘管當地平埔族人勸他不要入山，但他仍舊踏足山腰處，最後還是因為心生恐懼而折返。

32 麞妖：鳴則火災

類別／妖怪　地域／南部、山野

介紹

半屏山，位於現今的高雄、左營與楠梓的交界處，因為是一座「東北—西南」走向的小山丘，形如屏風，故有此名。另外也有人稱呼「半邊山」、「半崩山」、「屏山」。

流傳於半屏山的民間傳說眾說紛紜，大致上可歸類為「兩山比高下傳說」、「美食試人心傳說」、「仙洞出白米傳說」、「二仙爭一女傳說」。詳細內容，可參考彭衍綸《高雄半屏山形成傳說探源》（臺灣文學研究期刊，二〇〇九年二月）。

除此之外，也盛傳妖怪的故事。自古以來，半屏山的山頂居住著四蹄奇獸，外型似棕鹿，擁有一對尖白細長的犬齒獠牙，常隱匿於蘆葦草叢深處，生性羞赧，此幻獸名為「麞」（ㄓㄤ）。

麞若啼鳴，聲音猶如嬰兒啼哭，淒厲萬分，會引來劇烈火災，朱焰延禍百里。

曾有獵人想捕抓麞獸，每次上山卻總是徒勞無功，最終麞獸也不知所蹤。

考察臺島生態，四百年前曾有麞分布於西部平原等地區，但如今已經滅絕。若比對高雄當地民間傳說，古籍中擁有異能的「麞」會替換成「山羌」，只要山羌鳴叫就會發生不可思議的事情。之所以產生這種相通性，可能因為雄性的山羌與麞，都具有一對發達的上犬齒，是其他鹿科動物都沒有的特徵。臺灣山羌，是在一萬年前的冰河期之後，與中國南方的「黃麂」（中國麂）祖先隔離，獨立演化而成。

因此，半屏山附近居民，也稱呼此幻獸為「老山羌」。據說，山羌幻獸經常會游過蓮池潭到龜山去巡遊。當地盛傳，若半屏山的老山羌長鳴，會發生火災，而壽山的山羌長鳴，三日後則會帶來暴風雨。

戰後初期，此幻獸逐漸被民間視為「火神」的象徵，而半屏山居民也曾在土坡上（菪光三村一帶），設立一丈高的滅火神「解山王」，用來阻擋厄火，不過現已拆除。

典文

※《臺陽見聞錄·半屏山》——清·唐贊袞

半屏山在鳳山縣治東北七里，形如畫屏；至蓮花潭山，忽截削數十仞，肖屏風之半，因名。俗相傳，昔有麞在山巔，鳴則在近地火災。獵者捕不可得，後莫知所之。

33 仙狗踏石

類別／妖怪　地域／北部、山野

介紹

仙狗，即為「天狗」，《山海經》記載，是一種像是狐狸、頭是白色的怪獸，能夠御凶，相傳日食的原因就是「天狗食日」。一旦發生「天狗食日」的異象，民眾就必須敲鑼打鼓放鞭炮，用來嚇跑天狗。甘為霖[49]便在《素描福爾摩沙》記錄他在嘉義城的所見所聞：

「他們（漢人）真的很害怕日食、月食的出現，以為那是大難臨頭的預兆。在他們的觀念裡，日食、月食的出現，是因為有巨龍或天狗要進行大規模的破壞，所以一定要用各種方法把怪物嚇走，這樣太陽或月亮才不會被怪物吞掉。以前的皇帝還會下令全國的地方官員，要他們在日食、月食出現時，監督某種吵鬧的習俗是否有在確實進行。我在嘉義時，剛好聽到這個現象要出現了，所以有機會親眼目睹當地奇特的儀式。那次是發生在晚上的月食，知縣大人和他的屬下來到廣場的看台上，底下都是圍觀的民眾。知縣站在供桌後，點了幾炷香，便開始對月亮進行冗長的行禮祭拜。當月亮開始變暗時，知縣的動作變得激動起來，底下的所有民眾則努力敲鑼打鼓、放鞭炮，每個人好像都發瘋似的，一直在那裡大吼大叫。當然，不會有天狗或巨龍受得了這種叫囂，所以過了不久，嘉義的月亮又露了臉，民眾便很安心地去慶祝了，直到下一次日食、月食再發生。」

在日本時代的《民俗臺灣》書頁上，立石鐵臣也曾以版畫的形式，繪畫出在一九四一年九月二十一日發生日食現象，臺灣民眾跪地求拜、敲打盆罐的景象。

據說，在新竹縣的東部，有一處仙狗石，位於石岡子的山上，位處於現今新竹縣關西鎮的石光里。仙狗石極其巨大，高約三公尺以上，周長則有三十公尺以上，石上有仙狗（天狗）之巨蹄痕跡。並且，此巨石也具備預言天氣晴雨的奇妙能力。

臺灣人相信神狗的存在，除了來自於漢族的習俗，但也有可能是源自於原住民與狗隻相處的歷史。根據記載，十七世紀的西拉雅族便會利用狗隻進行狩獵，在揆一《被遺誤的臺灣》也說明西拉雅族「他們最好的衣服，是用狗毛做的。歐洲人為剪羊毛而畜羊，臺灣人也為剪狗毛而養狗，每年剪取狗毛，紡起來織成衣服。他們編製狗毛的帶子，用以裝飾衣服。」並且，在臺灣原住民各個族社，也流傳著許多與狗相關的神話傳說。

典文

※《新竹縣采訪冊》——清．陳朝龍

狗跡石，在縣東三十二里石岡子山半。有石高三丈餘、周十餘丈，有仙狗踏跡宛然可辨。每天欲雨，石罅[50]吐出濃霧。久雨欲晴，石罅亦起黑煙。

49 甘為霖：生於英國蘇格蘭格拉斯哥，長老教會傳教牧師，在一八七一年十二月二十日抵達打狗，來臺灣傳教，時間長達四十五年。

50 罅：裂縫。

34 古樹有邪神

類別／妖怪　地域／山野、中部

介紹

龜佛山位於現今嘉義縣的鹿草鄉，傳說在山腳下有一株千年古樹，有神仙精靈憑附樹身。樹神雖為神靈，卻屬邪惡，會將災禍帶給附近居民。凡是居住在古樹周遭，居民多會染上奇怪疾病，或者小孩夭折而死。因此，眾人皆遷居三里之外，遠離古樹邪神。古樹除了會被邪神附身之外，也有樹神會成為正神信仰。例如，相傳鳳山有一株老樹，有神靈寄宿其中，被稱為「榕將軍」。

典文

※《臺灣府志》——清．高拱乾

西北而小龜佛山，在覆鼎山西南。其形如龜，故名。下有古樹高數丈餘，俗傳有神附焉。鄉民近此居者，多疾病夭折；故農家皆徙三里之外為舍。

35 瘧鬼：惡疾糾纏

類別／鬼魅　地域／山野

介紹

臺灣島內蠻荒野林，向來是瘧鬼族類棲息之地，若意外被瘧鬼糾纏，則會瘧疾纏身，痛苦難當，嚴重者甚至死亡。

臺灣習俗傳說，瘧鬼晝伏夜出，喜愛群居於水澤河川，形體猶如孩童，屬於專門威嚇孩童與病弱之人的小兒鬼。

瘧鬼遊蕩世間，除了在深山沼澤間現身，偶爾也會進出鄉鎮暗巷，纏祟人類，讓人們罹患苦病絕症。

被瘧鬼糾纏之情景，曾經被清朝文人唐贊袞以詩文記錄。當時他在臺南擔任巡撫，意外被瘧鬼附身，雖然痊癒，但瘧鬼陰氣尚未全部驅除。

當唐贊袞卸任往廈門而去，瘧鬼反撲，他與病魔再度纏鬥兩個月，身心痛苦難耐，忽冷忽熱，全身骨節猶如被醋浸泡，痠疼不已。

因此，唐贊袞想以詩文之力，祛魔除魅，並祈求瘧鬼絕跡於臺灣島，不再有人因瘧鬼而受害。

典文

※《臺陽集》——清．唐贊衮

詩序

余在臺南患瘧已痊，解任過廈，瘧忽大作，纏綿兩月，其苦萬狀。瘧魔出祟，作詩驅之，亦昌黎驅鱷意也。

詩文

病痁[51]又忽兩月餘，困人獨與他病殊；
顛倒寒熱分晝夜，有鬼伺隙[52]相揶揄。
忽如寒冰獄中之囚犯，忽如熾炭甕底之罪孥。
三百六十骨節，節節醋浸酥；
四萬八千毛孔，孔孔汗滴珠。
一鬼甫去一鬼來，恨無葛翁[53]之仙符；
壯夫當之猶膽怯，況我脆弱之頑軀！
凡諸苦境我身歷，一日頓止疑神扶[54]。
初無奇方及仙餌，片念絕勝澆醍醐。
人生正如瘧，日與寒熱俱；百年尚可耐，何必爭須臾！
熱吾視之為夏扇，寒吾視之為冬鑪；

達人古今等旦暮，以日抵歲何傷乎！
瘧鬼大悟廢然返，伎倆止此毋庸驅；
我復神旺跏趺坐，鬼已銷聲匿跡鷺島之東隅[55]。

51 痁：音「ㄕㄢ」，患上瘧疾。
52 伺隙：有機可趁。
53 葛翁：葛洪，東晉時期的醫術高超的醫生，也是一名道士，擅長養生仙術。
54 神扶：有神扶助，身體突然好轉。
55 鷺島之東隅：鷺島即是「福建廈門」，而鷺島之東隅，則是指臺灣。

36 疫鬼：降災之鬼

類別／妖怪　地域／山野、中部

介紹

疫鬼，帶來瘟疫之妖鬼，外型渾身墨黑，狀如嬰孩小鬼，卻滿臉皺紋醜陋，猶如野獸。疫鬼經常隱身居住於水域之中，屬於魍魎蜮鬼、小兒鬼。上古傳說，疫鬼與瘧鬼乃是五帝之一的顓頊氏的兒子死後化身。

另外，臺灣傳說，疫鬼是在惡疫發生時死亡的人類陰魂，會幻化成螟蟲、蝗蟲。在日本時代的片岡巖《臺灣風俗誌》便云：「一時流行惡疫，很多人死亡時，相信他們的陰魂都不散，變成螟蟲、蝗蟲等害蟲，來加害農作物。」

疫鬼個性陰險狡詐，時常以花言巧語，誘惑他人，若稍有不順心，則凶暴易怒，天性專橫跋扈，喜愛纏祟於心術不正，素行不治者。據說疫鬼喜愛沿著牆壁移動，所以要盡量避免靠近染疫人家的牆垣。也有傳言，疫鬼害怕紅色的豆子，只要用紅豆粥或者紅色的布簾掛在門楣，都能讓疫鬼退避三舍。

古早臺灣，人們為了躲避疫鬼降災，會招請道士舉行息災賜福之祈禱，稱之為「醮」，藉此驅逐惡疫。臺灣常見的逐疫祭有平安醮（祈安清醮）、瘟醮（王醮）、以及慶成醮（福醮）。這些祭儀都是為了禳災祈安，驅逐瘟疫，消除災難。

如果鄉野發生戰事，兵燹連年。每逢戰事停歇，人們雖歡喜，但天災疫癘隨後會肆虐世間，疫鬼與魑魅魍魎諸多百鬼也會現身，攫人吞食。此時，臺灣百姓會發起「逐厲祭」、「逐疫祭」，建塔禳醮，期望逐退百鬼。林豪的〈逐疫行〉詩中則敘述，陰謀狡詐的疫鬼，在逐疫祭時，為了躲避祭典的威力，而以讒言誘惑官員，擺佈官吏。最終，疫鬼動搖有司官吏的氣節，讓官吏產生邪心，甚至與疫鬼一同作惡，以殘酷手段壓榨災民，強取民脂民膏。

典文

※〈逐疫行・同治丙寅在淡水作〉——清・林豪

炎風煽地如爐烘，妖雲十丈垂天紅。
祝融熾炭旱魃[56]舞，陽亢[57]陰死蒸蘊隆。
十里五里成焦土，五月六月悲三農[58]。
疫鬼跳梁舞而出，白晝攫人入其窟。
十旬[59]大索天亦驚，一城哭聲氣愁鬱。
有司[60]曰噫無他策，諭令爾民且逐疫。
獰獰闖出丈六軀，眈眈四目射妖蜮[61]。
連宵鼓角喧通衢[62]，欲蕩么魔禳此疾。
疫鬼愀然語有司，公今誤矣逐何為。
溯公下車清和節，可有甘雨車前隨。
公心為爐湯沸鼎，煅煉成獄張炎威。

摸金校尉虎而冠，張牙舞爪如鷹飢。
或摧鳳翅曬赤日，或肆狼餐剜膏脂。
或入甕中醉其骨，或納一網敲其皮。
或頭為焦或額爛，大者剝膚小噬肌。
纍纍犴獄如束濕，無辜籲天天豈知。
未免閻左蓄怨毒，上干天怒災乃施。
吾曹[63]戾氣所醞釀，乘時為厲應奔馳。
隨公一氣為消長，氣燄所趨不可醫。
君不見南交吏酷珠盡徙，東海婦冤天不雨。
蝗蝻入境市有虎，毋乃感召由天鼠。
古來青祥黑眚[64]為咎徵，雞禍犬禍[65]隨所取。
山妖水怪有由興，吾曹與公問誰使。
公無杜陵[66]忠愛之胸襟，縱誦子章髑髏能止灾不侵。
誤讀周官效安石，欲遣方相禳氛祲[67]。
執盾揚戈直戲耳，抱薪救火灾愈深。
而況吾曹縱斂手[68]，未必公能舍此現婆心[69]。
區區小民何足惜，飽公之囊果吾腹。
天若愛民不遺公，吾曹為禍公豈福。
不然公如兩袖清風清，吾曹逝矣何庸逐。

有司曰噫無他策，此曹鴟張[70]何能斥。
欲解蒼生命倒懸，安得青天一聲鳴霹靂。

※〈逐疫有感〉——清・鄭鵬雲

逐疫年來更賽神，王爺骨相儼然真。刀光如雪甘心試，太息乩童不惜身。
迎神也達長官知，多少旌旗[71]雜國旗。信士唯餘香一瓣，求須我佛叩慈悲。

※〈流疫歌〉——清・黃贊鈞

大兵之後繼凶年，法寇銷聲鬼哭喧[72]。
陰霾黯黯天無色，魑魅魍魎攫人傳。
慧星初匿跡，閭閻手加額[73]。
謂可致昇平，共相登衽席[74]。
陰陽失時旱潦起，旱苦妖魃潦苦水。
疫癘中人[75]甚蛇蠍，死喪淪亡等螻蟻。
清宵逐厲觀鄉儺，街頭寶塔紛笙歌。
爆竹轟轟陰氣散，人心安定天災過。
天災過，樂如何，
男勤耒耜女勤梭[76]。
交修德，召太和。

56旱魃：魃，音「ㄅㄚˊ」，引發旱災的妖怪。
57陽亢：陽氣極盛。
58三農：居住在山區、平地與水澤的農民。
59旬：一旬是十天，十旬則是三個多月。
60有司：官吏。
61妖蜮：蜮，音「ㄩˋ」，在水中害人之妖怪。
62通衢：道路。
63吾曹：我們。
64黑眚：五行水氣產生的災禍。
65雞禍：雞瘟，每逢水患，雞多疫症。犬禍：與狗有關的變異，是凶兆。
66杜陵：唐朝詩人杜甫。
67祲：音「ㄐㄧㄣ」，預兆災禍之雲氣。
68斂手：束手，不敢妄為。
69婆心：慈悲善良的心。
70鴟：音「ㄔ」，態度囂張。
71旌旗：旗幟，王醮的旌旗會懸於燈篙，掛上燈火，招引天界眾神、孤魂野鬼。
72大兵：光緒十年（一八八四年），法軍侵擾臺灣北部基隆、淡水。凶年：饑荒之年。
73閭閻：音「ㄌㄩˊ ㄧㄢˊ」，指鄉里之人。手加額：把手放於額頭，表示感激慶幸。
74衽席：指臥榻，借喻太平安居之生活。
75中：音「ㄓㄨㄥˋ」，中人，也就是傷害人。
76男勤耒耜女勤梭：男耕女織的平安生活。

37 墓坑鳥：陰間返魂

類別／妖怪　地域／離島、山野

介紹

墓坑鳥，或曰「鬼鳥」，是人類冤死而不散之魂氣，凝聚成尖嘴邪鳥，眼紅如血，惡聲尖戾。相傳墓坑鳥會從獄間飛返世間，帶來不祥，作祟於人。

在金門人口中相傳，「戴勝」即是鬼鳥。這種鳥禽在春季三月是繁殖期，喜愛築巢於土穴、樹洞之中，因此也會營巢於破墓坑穴之間，所以被人們稱為「墓坑鳥」。金門地區經常有墓坑鳥的蹤跡，當地人盛傳此鳥是死神化身，若意外遇見此鳥，則要吐口水，藉此去除晦氣。

盧若騰的〈鬼鳥篇〉詩中敘述，永曆十六年（康熙元年，一六六二年，壬寅年三月），鬼鳥襲擊金門村鎮之奇事。仕紳子弟洪興佐，生性殘暴無良，經常折磨家中一位名叫新兒的女婢，對她殘忍鞭打，甚至以繩索將她捆綁，丟入深潭溺斃，再剝光屍體衣物，掩埋於沙灘上。新兒陰魂含冤，死不瞑目，因而化身為鬼鳥，重返人間。

隔年洪興佐罹患重病，病榻外常有一隻紅眼異鳥聒噪不休，甚至向他飛撲襲擊。村中老巫以神通視之，才知鬼鳥乃是冤死的新兒魂魄幻化。奄奄一息的洪興佐心生恐懼，祝禱上天，懇求悔過。雖然祈福儀式過後，獄鬼鳥飛離村樹，但三日後洪興佐仍舊回天乏術，重病慘死。洪死之日，正是去年殺婢之日。

典文

※〈鬼鳥篇〉——明・盧若騰

詩序

洪興佐，世家戚也。性本凶暴，兼倚勢作威，屢以小過殺婢僕。來寓浯之後洲村[77]，村民徧受毒虐，婢新兒觸怒，榜掠[78]無完膚，復縛投深潭溺而殺之，裸瘞[79]沙中。踰年，興佐病，咯血垂危。有鳥，花色短尾，紅目長嘴，厥狀殊異，來棲興佐屋後樹間，更不他適。

興佐病久，燥火愈熾，求睡不得，而鳥日夜嘲聒擾之。已逕升其堂，視興佐，鼓翼伸爪作啄攫。時有巫能視鬼，召令視之，巫作鬼言曰：「吾新兒也，枉死不瞑，今化為鳥索命耳。」於是家人呼新兒，則鳥隨聲而應。

興佐始惶懼禱祝，鳥去三日，而興佐死。死之日，既去年殺婢之日也。

村民轉相傳述，謂死者有知，人不可妄殺。

余聞而悲之，亦快之，作鬼鳥詩。歲壬寅三月。

詩文

鬼鳥鬼鳥聲何悲，非鴉非鵩又非鴟[80]。

何處飛來宿村樹，晨昏噪聒不暫移。

墓坑鳥
鬼鳥鬼鳥聲何悲
非鴉非鵩又非鴟
何處飛來宿村樹
晨昏噪聒不暫移

忽復飛入病人屋，跳躍庭中啾啾哭。
病人扶向堂前看，張嘴直欲啄其肉。
羣將矢石驅逐去，宛轉廻翔無鷇觫[81]。
假口神巫說冤情，舉家驚呼故婢名。
鬼鳥應聲前相訝，似訴胸中大不平。
病人惶恐對鳥祝，我願戒殺爾超生。
鬼鳥飛去只三日，病人殘喘奄奄畢。
知是冤魂怨恨深，拽赴冥司仔細質。
年來人命輕鴻毛，動遭磔剁如牲牢[82]。
安得化成鬼鳥千萬億，聲聲叫止殺人刀。

77浯：即浯洲嶼，簡稱浯嶼，便是現今的金門。後洲村，位於金門的榜林村西。
78榜掠：鞭打折磨。
79瘞：音「一ˋ」，掩埋。
80非鵩又非鴟：鵩，音「ㄈㄨˊ」，形狀似貓頭鷹。鴟，音「ㄔ」，形狀像黃雀，嘴短而彎。
81觳觫：音「ㄏㄨˊ ㄙㄨˋ」，因為恐懼而顫慄。
82磔剁：磔，音「ㄓㄜˊ」，宰割之意。牲牢：豢養的牲畜。

38

赤虬：掌管風雨之龍

類別／妖怪　地域／天界

介紹

赤虬，是一種渾身赤煉的有角蛟龍，掌管風雲雨露。此龍能引發洪水，興風作浪，喜愛與電電之神在雲間嬉鬧遊玩。

陳肇興的詩中記述，一八五四年（甲寅年），曾有赤虬乘黑雲而來，引發猛烈風雨，濁水溪洪水暴漲而改道，沿岸氾濫成災，百間屋舍慘遭淹毀，稻田也一片汪洋。

典文

※〈大水行〉——清．陳肇興

黑風吹海使倒立，百川水從內山入。
排雲駕雨鞭蛟龍，白浪高於天一級。

※〈捒中[83]大風雨歌〉——清．陳肇興

橫吹黑雨捲山來，飛灑如麻亂相撲。
鞭策百怪驅蛟龍，電公曦母紛相逐。
半空純是金甲聲，時有赤虯[84]飛貼肉。
使風挾雨雨倒吹，駕雨助風風更速。
朝南暮北一旋轉，有若天輪迴地軸。

83 捒中：貓霧捒，臺灣中部臺中盆地，範圍包括：豐原、東勢、石崗、新社、大雅、與臺中北屯與西屯。
84 虯：有角之龍，其角呈現螺旋狀。

39 麒麟颶：風中火雲

類別／妖怪　地域／天界

介紹

麒麟颶，或稱「火麒麟颶」、「麒麟暴」，龍首馬身，周身鱗甲散發火焰，是一種居住於臺灣山間之奇獸。臺灣在夏秋之際時常出現的焚風，便是麒麟颶造成的異象。

中國麒麟踏蹄則草生，但臺灣島的麒麟卻截然不同。每當山上的麒麟颶乘雲下山，將產生灼熱之火燒風，高溫滾燙的旋風會席捲人世，讓綠草植物枯死，甚且引發大火延燒大地。

若高山冰雪被麒麟颶的四蹄所踏，山雪也將融化造成雪崩，引發洪水氾濫。

典文

※《東瀛識略》——清・丁紹儀

有時風愈烈，燥熱愈甚，風過草木皆焦，名「麒麟暴」，謂風中有火雲。

麒麟之颶火爲妖
颮颮惀惀如焚燒
麒麟颶

※《赤崁集・颶風歌》——清・孫元衡

又有麒麟之颶火為妖，⿺風屯⿺風屯惀惀如焚燒。

黃發遺民一再見，闔門堅壁逃蒸熇。

青青者黃、黃者黑，死海破塊山枯焦。

飛廉狂癡肆其虐，祝融表裏夫誰要。

※〈鹹雨嘆〉——清・林豪

噫嘻乎悲哉！

狂風刮浪吹為颱，麒麟之颶挾火來。

青青草樹變焦赤，四野[85]得雨翻成災。

85 四野：四處。

40 蛇首族：飛天妖魔

類別／妖怪　地域／北部、山野

介紹

傳言，臺灣東北部海岸或附近某處離島，有蛇首人身妖怪棲居，面容如猙獰蛇頭，吐舌嗤嗤，名為「蛇首族」。

蛇首族能以背上肉翼飛翔，性喜食人。

清朝時，福建將領萬正色（一六三七年～一六九一年），身形魁梧，聲如洪鐘，曾率領船艦東行日本。船隊途經臺灣北部海域時，遭遇洋流牽引，船舵不受控制，停泊於臺灣島基隆山附近某處無名海岸。萬正色命令四名士兵下船查看，探詢路徑，卻驟生意外，被當地的蛇首族發現，其中一人被抓獲，遭眾妖怪吞食，其餘三人驚嚇逃離。返回船艦的途中，他們又在林野之間，遇見同為遇難之人，與他一同返回船上。

遇難者說明，蛇首族世居此地，生性凶暴殘虐，他的同伴們也都被蛇首族所吞吃，唯獨剩他一人。而他之所以能逃過蛇首族魔爪，乃因他身上所繫的囊袋藏有雄黃，蛇首族畏懼雄黃辛辣，不敢近身。

萬正色眾人聞言欣喜，連忙將船內的竹編箱子打開，取出百多斤的雄黃，分發給船上每人。這時，數百蛇首族也飛身來到，卻因為懼怕雄黃異味，始終不敢靠近。眾人趕緊揚帆起舵，急速遠離此岸。

蛇首族
雞籠山後某地
山中人蛇首猙獰
能飛行畏雄黃

典文

※《重修臺灣府志》

陸路提督萬正色，有海舟將之日本，行至雞籠山後，因無風，為東流所牽；傳臺後萬水朝東，故其舟不勝水力。

抵一山，得暫息。舟中七十五人，皆莫識何地。

有四人登岸探路，見異類數輩疾馳至，攫一人共噉[86]之，餘三人逃歸。

遇一人於莽中，與之語，亦泉人。攜之登舟，因具道妖物噉人狀。

莽中人曰：「彼非妖，蓋此地之人也。蛇首猙獰，能飛行，然所越不過尋丈。往時余舟至，同侶遭噉，惟余獨存。」

問何以獨存故，則舉項間一物曰：「彼畏此，不敢近耳。」眾視之，則雄黃也。

眾皆喜曰：「吾輩皆生矣！」出其簏[87]，有雄黃百餘斤，因各把一握。

頃之，蛇首數百飛行而來。將近船，皆伏地不敢仰視；久之，逡巡而退。

逮後水轉西流，其舟仍回至廈門。

乃康熙二十三年[88]甲子八月間事。

86 噉：吃。

87 簏：竹編箱子。

88 康熙二十三年：一六八四年。

41

瀨口大牛

類別／妖怪　地域／南部、山野

介紹

在康熙六十年（一七二一年）三月，臺南再度出現奇牛異獸的蹤影。當時大雨傾盆，巨型奇牛冒雨從河口下水，在經過城鎮、柴橋頭，縱跳入海，往港外奔游而去，就算以小船追尋，也莫知所蹤。

典文

※《重修福建臺灣府志．卷十九．雜記》

康熙辛丑三月二十八日，大雨如注。六月六日始晴，山摧川溢，溪澗閼塞，田園沙壓。瀨口[89]有大牛，冒雨儻騰，下岸入水。過三鯤身登陸，由鎮城從柴橋頭入海，向大港而出，小艇追之，不及而還。

此不知為鱷、為鯨、為水牛，或兆鴨母之亂，旋即殲滅乎。

89 瀨口：河口。

42 東北暗澳山：鬼魅國

類別／鬼魅　地域／東部、山野

介紹

臺灣東北部，有一處暗澳山（或曰「暗洋」），是千萬鬼怪棲居之地。

許久以前，西方人（荷蘭人或西班牙人，或其他外域種族）曾經搭船經過暗澳，停泊此處，上岸後看見天空渾沌，日夜不明，無人居住，但卻奇花異草遍山遍野，猶如仙境。

因此，船長決定派遣船上的兩百蠻夷水手駐紮在此，並且留下足夠維持一年的食物。

但是，當隔年再度前往暗澳山，山中卻是一片漆黑，黑夜常闇，駐留之人毫無蹤影，猶如神隱。

於是他們點火搜尋，才發現有石碑留字，寫下詳細情況：「此地一到秋天就昏天暗地，到了春天才有白晝。一旦入夜，暗澳山中皆是恐怖鬼怪。」山中鬼怪會殺害生人，因此，停留山中的人數逐日減少。

暗澳魔山，原來是一年一晝夜。

此傳說遍載於臺灣的清代古書，是當時極為盛行之魔山奇譚。

典文

※《蓉洲詩文稿選輯．東寧政事集》——清．季麒光

暗洋，在臺灣之東北。

有紅彝舟泊其地，無晝夜，山明水秀，萬花遍山，而上無居人。謂其地可居，遂留二百人，給以一歲之糧，于彼居住。

次年再復至，則山中俱如長夜，所留之番已無一存。

乃取火索之，見石上留字，言：「一至秋即成昏黑，至春始旦；黑時俱屬鬼怪。」其番遂漸次而亡。

蓋一年一晝夜云。

43 鰍魚精

類別／妖怪　地域／南部、山野

介紹

恆春縣的東部山丘，有一處洞穴名為「雷公窟」。窟中有碧藍水潭，潭中有碩大石柱，傳說有鰍魚精居住在水潭深處。某日，風雲四起，狂瀾暴雨中有雷電擊中石柱，從此之後再也不見鰍魚精蹤影。據傳，在恆春的二重溪橋旁「出火」景觀處的附近平台，有一塊中間裂縫的大岩石，便是當初被雷電擊中的痕跡。

典文

※《恆春縣志》——清．屠繼善

雷公窟，在縣東二里。

窟深六、七尺，水清澈，上有石如砥柱，相傳有鰍魚精在窟中。

一日黑雲四起，雷霆交加，大雨中霹靂一聲，擊去石柱，以後怪遂絕。故名為雷公窟。

44 制風龜：颶風止息

類別／妖怪　地域／山野

介紹

制風龜，臺灣島嶼荒古幻獸，平時棲巢於山谷淵潭深邃處，偶爾也會下山遊歷，現身於海港水濱。制風龜出遊時，其四足之下會有四小龜，負載制風龜身軀。據說，制風龜擁有異能，只要現身山野間，或者吼叫，便能讓大風停息。

雖然制風龜平素難見，遑論捕捉，但某年在臺南的安平港，曾有制風龜意外深陷漁網，被漁翁所擒。某位王姓官員眼見奇龜有趣，便以銅錢購買，但隨後漁翁夢見龜族神靈託夢，驚嚇醒來，便趕緊找尋王姓官員要贖回異龜，再將祂放生回水中。

制風龜

出時四小龜載其四足而行
過大颶風是龜出即止

典文

※《臺遊日記．光緒十八年六月》——清．蔣師轍

過惠庵齋，禹門亦至，為余述一異云：

「往歲，臺南安平港有漁翁網得一龜，大可六寸，足踏四小龜而行。司榷王君以緡錢[90]數千得之。漁翁夜夢神示異，驚悸而醒，仍從乞還，置諸水濱，蹣跚而去。不審何怪？」

※《雲林縣采訪冊》——清．倪贊元

制風龜，產山谷中。

出時，四小龜載其四足而行。

遇大颶風，是龜出即止，故名制風龜。

樵夫曾望見之，究神異不可得。

90緡：音「ㄇㄧㄣˊ」，吊繩。緡錢：指成串吊繩的銅錢。

45 巨蘆鰻精怪

類別／妖怪　地域／北部、山野

介紹

在新竹地區的東部，有一座石壁潭（現今位置是新竹的芎林鄉石潭村）。石壁潭的潭水清澈碧綠，旁邊的石壁則高立千丈，在石壁旁則有一個石穴，岩壁上有千萬綠藤攀附，碧潭巖穴，猶如水神的宮殿所在。

每逢天氣陰暗，大雨傾注，則會有壯觀大浪從潭中湧現，猶如龍神張牙舞爪，目睹者都驚恐萬分，據說，潭中有巨蘆鰻精怪棲息。

典文

※《新竹縣采訪冊》——清・陳朝龍

石壁潭，在縣東二十五里石壁潭山下。

壁立數仞，下有深壑，其水碧色。旁開一穴，若巖。攀藤俯注，如瞰馮夷[91]之宮。

每當雨晦天陰，浪從中噴，恍若蛟螭攫物狀，觀者莫不驚怖欲絕。

或言，中有巨蘆鰻云。

91 馮夷：水神、河伯之名。

46 旋風蛟：狂風過境

類別／妖怪　地域／北部、南部、山野

介紹

旋風蛟，棲息於臺灣南部山澗深處的古代幻獸，雙翼拍盪會引來迴旋颶風，橫掃千里。

光緒四年（一八七八年），有一旋風蛟從臺南郊外現身，引來狂風大作。旋風蛟拍翼撲飛，片刻之內便從臺南飛抵臺北，消隱於山巒間。旋風蛟翺翔經過之境，皆是滿目瘡痍，城鎮毀壞，屋舍傾倒，森林大樹遍皆折斷，尤其是嘉義縣內的政府官署，受創最為嚴重。

典文

※《嘉義管內采訪冊》

光緒四年四月二十一日戌時，有蛟龍從臺南震動，狂風甚大，數刻之間，直抵臺北而沒。所過之城邑市鎮，屋宇被風掃倒，大樹飄飛，難以盡舉。惟城內文武官衙，受摧折尤甚，各處皆然。令人莫解，此為大異也。

47 婆娑鳥：臺陽妖鳥

類別／妖怪　地域／中部、山野

介紹

據聞，乾隆五十一年（一七八六年），有百姓目睹妖鳥現身，二十幾日之後，妖鳥才不見蹤影。

妖鳥歇停時，若啼鳴，便吸引百鳥來朝，甚至會引來體型比牛馬還巨大的海鳥來朝拜。百鳥會銜抓蟲食魚蝦獻給妖鳥，就算妖鳥飛往他樹，百鳥也隨後跟從，如同將帥指揮士兵前行。

典文

※《無稽讕語．臺陽妖鳥》——清．王蘭沚

至秋將盡，復講稱彰邑有鳳凰來，余不信，遣役往視。

反命曰：「有海鳥數千，集李氏廢園中，大者倍于牛馬，小者如啁蟬，中一鳥大纔如鵞，形如牝雞，毛羽灰黑色，不聞其鳴，立必居中。群鳥環衛之，且爭啣魚蝦之屬置其前，俟黑鳥食已，然

婆娑鳥
妖鳥大如鶯身五色
集處百鳥環繞啣物獻之
飛集他樹百鳥亦隨而環繞之

後眾鳥敢食。營將率兵已火鎗擊之，轟然高舉，不能中其一，兵退復集，凡三日始去。」

余曰：「鳳九苞而修尾，聲中律呂，此特海中之妖鳥耳，何足異耶？」

然私心耿匕，殊懷杞憂，密遣幹僕往彰偵探。

覆云：「彰之東境地名大里杙[92]，密邇番界，居人數於戶，皆林姓，內林爽文向為族眾推服，今將應清溪鳳見之兆，謀不軌。」

※《彰化縣志》——清．周璽

乾隆五十一年夏四月，柴坑仔莊有妖鳥棲於樹，二十餘日乃去，不知所往。

妖鳥大如鶯，身五色，集處百鳥環繞，啣物獻之，飛集他樹，百鳥亦隨而環繞之；若士卒之衛帥然。

是冬十一月，林爽文作亂。

92大里杙：現今臺中市大里區。

48 傀儡山之雲龍

類別／妖怪　地域／南部、山野

介紹

雲龍，渾身墨黑，能招引風雨，棲息於臺灣南部的傀儡山峰。

在乾隆三十七年（一七七二年），有一尾雲龍從傀儡山竄旋舞而出，帶來徹夜大雨，並且為山下的南路港帶來洪水災禍。

雲龍顯現龍身，前兆常有彗星引路。

典文

※《福建通志臺灣府》

乾隆三十七年七月，臺灣彗星見。

數日後，南路港東里大水。

先一日巳刻，傀儡山雲中有物，頭角鱗爪畢具，蜿蜒隱見數刻，大雨徹夜不止。

※《臺灣采訪冊》——清．陳國瑛

乾隆，彗星散曜之年月，數日後，南路港東里遂有洪水之災。

先一日巳刻，傀儡山黑雲四布，望之如墨雲，中有物，頭角鱗爪畢具，蜿蜒隱現，如世所畫雲龍狀，不數刻，大雨如驟，徹夜不止。

49 鼠尾雲：鼠妖作祟

類別／妖怪　地域／山野

介紹

鼠尾雲之妖，又稱「鼠尾」、「鼠尾妖」，形狀如大鼠，喜群居，竄爬在萬丈高雲之上。若仰望天際雲層，常可見鼠獸的黑尾從雲縫間垂下，其尾可蜿蜒百里之長，有時伸長有時收縮，有時細如鼠尾，有時又如同巨大的牛尾搖擺。眨眼之間，數十條、數百條鼠尾晃動，逐漸成團，擾亂雲氣，並且製造出瀰天漫地的暴風暴雨。

每當鼠尾妖攪動雲層，揮出狂風，就會以細長鼠尾捲起路上行人。曾經有轎夫被鼠尾捲飛上空，丟擲在樹木頂端，大聲呼救。若船夫行船時，望見墨黑尾鼠在雲下竄動，便心生害怕，希望快點逃離鼠尾捲掃範圍。

古早時代，臺灣林野之間的鼠類體型碩大，尤以「竹鼠」為最，翟灝記載在《臺陽筆記》上的〈竹鼠〉篇章，有此說明：「臺灣隨地皆竹，居民種之作牆，以蔽內外。竹林出鼠，大如貓，露門牙二，剛利無比，食竹根為活。以之供廚，肥美加於別味。然不易得。余在龍岩時，曾獲二頭。後不見有售者。」

※《福建通志臺灣府》

臺灣青天白日，忽黑雲四布從遠岫起，人見之有尾在雲際，蜿蜒不知何物，曰「鼠尾雲」。

初見在雲腳間，或伸或縮，如絲如鼠尾，再睹則如繩如牛尾矣。少頃間，小者、大者數十條，更有廣至數圍，漸漸逼近，風遂暴起。

每風起，直捲人上至天半，而不致害命。

嘗有一人坐肩輿及兩輿夫被鼠尾捲去，自空而下，剛在樹杪，大呼救命。眾駭見而無如何。

忽前輿夫力不支墜地，後輿夫亦尋墜，坐輿人傍徨四顧，半晌亦墜下，皆無恙。又聞人被鼠尾風捲上，只茫茫然不知所以然。

既而風漸靜，則徐徐而下至地，呆立不動，片刻間始能行。計所止之地，距騰空處相去十有餘里矣。

※《臺灣采訪冊》——**清・陳國瑛**

青天白日，忽黑雲四布，從遠岫起。人見之，有尾在雲際蜿蜒，不知何物，咸稱之曰：「鼠尾」。

嘗上北路，至灣裡溪，渡中流，見一物，在雲腳間，或伸、或縮，初見如絲、如鼠尾，再睹則如繩、如牛尾矣。少頃間，小者、大者數十條，更有廣至數圍，漸漸逼近，風遂暴起。舟子驚曰：「鼠尾起矣！」不速至，必被淹沒，舟人大恐，甚有哭者。幸到岸，急風大至，與輿夫俱蹲竹下，有頃，風止乃得行。

50 大肚山：巨妖所棲

類別／妖怪　地域／山野、中部

介紹

中部的大肚山，又稱「大肚臺地」。最高處約為海拔三百多公尺，被稱為「望高寮」，是因為西望可遠觀臺灣海峽，東望可以俯瞰臺中盆地的夜景。雖然地勢不高，但周圍皆屬平緩地勢，故立足此山，能將八方景致一覽無遺。

世居臺中大肚山腳的耆老傳言，有一巨妖被斬首斬尾，死後骨骸，化作大肚山。因此，大肚山有如人形躺臥於丘壑之間。但詳細故事，莫知其詳。

巨妖雖只剩空殼皮囊，但其殘存的精氣血脈卻流滲周圍，孕養森林植被，涵納萬物生長。草木吸收巨妖血氣，因而散發奇味異香，人民百姓也在此建立鄉鎮。

大肚山地靈人傑，也有奇異物種居住其間。根據「特有生物研究保育中心」的調查，除了在苗栗與嘉義有「石虎」的蹤跡之外，在臺中龍井的大肚山西南側森林，也有石虎的身影。

早期的大肚山紀載，可以參考萊特的記述，他說明了大肚山南側的「大肚溪」被西班牙人稱為「耐心河」的原因：「離Middag（大肚）北方約七個里格（Leagues），離海邊約四個里格處，有座『大肚臺地』，此山因為難以攀登而被稱為此名。這山像方桌，勻稱平坦簡直如藝術品，根本不像是天然形成的地形，同時它還擁有鄰近平原環繞的例軸（Brambles）叢生。在南部的山腳下，有一條湍急的河流[93]，就算是最強壯的土著（他們同時也是體格強健的男人），也不敢任意涉水而過。若要涉水而過，他們至少要二、三十個人，手緊握著手才行。因此西班牙人開玩笑地稱此河為Rio Patientia（耐心河），因為要通過這湍急的河流不僅要大量的勞力，也需要一些耐心。」[94]

清朝時代，郁永河的《裨海紀遊》曾記錄此地，說明當時彰化以北的地域少有漢人足跡，是十分危險的地區，甚至可能遭受原住民獵殺：「十二日過啞束社[95]，至大肚社[96]，一路大小積石，車行其上，終日礧蹬殊因，加以林莽荒穢，宿草沒肩，與半線[97]以下如各天。至溪澗之多，尤不勝記。……十三日，渡大溪[98]，過沙轆社[99]至牛罵社[100]，社屋隘甚，值雨過，殊濕，假番室牖外社埸，緣梯而登，雖無門欄，喜其高潔。……前山實為藩籬，不知山後深山，當做何狀，將登麓望之。社人謂：『野番常伏林中射鹿，見人則矢簇立至，慎毋往！』余頷之，乃策仗披荊，拂草而登，既陟顛，荊莽繆結，不可置足，林木如蝟毛，連枝累葉，陰翳晝冥，仰觀太虛，如井底窺天，時見一規而已。」

時至十八世紀、十九世紀，大肚山周圍地區逐漸被開墾，諸多漢人移入此地。清朝官員秦士望[101]便寫詩〈肚山樵歌〉，吟詠此地風光：「山高樹老與雲齊，一徑斜穿步欲迷。人踰貪隨巖鹿隱，歌聲喜和野禽啼。悠揚入谷音偏遠，繚繞因風韻不低。刈得荊薪償酒債，歸來半在日沉西。」

嘉義詩人賴雨若（一八七七～一九四一年）也曾賦詩〈肚山觀海〉：「平地焉知海闊何，欲寬眼界上嵯峨。縱觀始信難為水，極目汪洋萬頃波。」

早年，大肚山是土匪強盜盤據之地，若有商人要路過大肚山，前往西側的塗角窟港、梧棲港，都恐懼盜匪襲擊，甚至流傳俗語：「若要搶人，即到大肚。」根據傳聞，丘逢甲[102]在乙未年六月（一八九五年七月）曾暫宿臺中大雅張家的「學海軒」私塾，隔日在張家協助下，躲避大肚山土匪「紅炮」秋猛的劫掠，順利前往塗角窟搭船渡海。

大肚山，也有一地區喚為「王田」，據傳是大航海時代的荷蘭東印度公司墾田之處，將土地貸給平埔族、漢人來耕種。

中部鄉野傳說，大肚的王田也是鄭軍與荷蘭軍交戰之處，許多荷蘭人戰死此地，成為孤魂野鬼。每當天氣轉壞，即將下起傾盆大雨，大肚的鄉間田野，就會傳來「咻！咻！」的怪聲，是荷蘭鬼魂在古戰場上集體哭泣。只要聽聞這種怪聲，三日之後，就會出現大風雨。

※《臺灣紀事．卷一．紀諸山形勝》——清．吳子光

大肚山，無首無尾，如人臥地上，只一副腰腹空殼，別無精神血脈之留。山以大肚名，肖甚亦陋甚。

山長三十里有奇，寬二十里有奇，有村，有市，有田畝。有果蓏，多秀色，有草木，多異香。臺山之最膏腴者也。

93 河流：即是「大肚溪」，此溪水又稱「烏溪」，河長一百公里以上，是現今臺中市與彰化縣的界河。在十九世紀，烏溪的入海口處，曾有繁榮一時的大港口「塗角窟港」，但在一九一二年已因大洪水爆發而淹沒於水底。

94 此段文章，摘錄自《初探福爾摩沙．福爾摩沙筆記》，原著：大衛．萊特，翻譯：葉春榮。

95 啞束社：大肚溪南岸的平埔族社。

96 大肚社：社址位於大肚溪的下游流域。

97 半線：現今的彰化市。

98 大溪：大肚溪。

99 沙轆社：臺中市的沙鹿。

100 牛罵社：臺中市的清水。

101 秦士望：西元一七三六年來臺，就任臺灣府彰化縣知縣。

102 丘逢甲：曾參與臺灣民主國的抗日行動，兵敗後，他避於「學海軒」，題寫〈離臺詩〉：「宰相有權能割地，孤臣無力可回天；扁舟去作鴟夷子，回首河山意黯然。」

51 酒桶妖：山中怪物

類別／妖怪　地域／北部、山野

介紹

在新竹縣尖石鄉和苗栗縣泰安鄉的中間，有一座酒桶山，形狀有如大酒桶，山形圓柱，寸草不生，凡人難以抵達。

此山也就是現今稱呼的「大霸尖山」，位於雪山山脈的北稜線，是臺灣著名百岳，屬於雪霸國家公園。耆老傳說，在酒桶山的某處山腰，有一座石洞，曾經有一名原住民打獵時經過，看見洞中出現一名恐怖妖怪，略具人形，齜牙咧嘴想要食人，原住民因而懼怕逃走。

典文

※《臺灣紀事．卷一．紀諸山形勝》——清．吳子光

酒桶山在新竹縣境，山形如酒戶炊桶，故名。

徑路險絕，謝客屐齒[103]所不到處也。故老相傳，山腰有石洞，昔有野番射獵到此，遙見一物具體人形，目眈眈似怒似罵，意欲搏人而噬之者，番急拚命走避，遂以此地為畏塗[104]云云。

103 謝客屐齒：傳說東晉時代的文人謝靈運，曾經發明一種特殊的木屐，可以拿掉木屐的前齒，方便上山時讓身體重心平衡。下山時，則可以捨去木屐的後齒，便於下山時保持身體平衡。

104 畏塗：恐怖的道路。

52 獠人族：鳥爪三指人

類別／妖怪　地域／山野

介紹

臺灣島內域深山，有「獠人族」居住。奇形異狀，雙手是三指鳥爪，尖銳無比，擅長飛盪於森林樹叢之間。獠人族會在樹顛打造木造屋舍，居住其中，並且也精通耕種粟米，會將收成穀穫珍藏在高聳的樹洞之內。並且，獠人族通達弓弩箭術，一旦敵人靠近他們的樹國領域，便會在樹梢以弓箭攻擊，讓任何人都無法靠近。

典文

※《澎湖臺灣紀略》——清・杜臻

或盛言封畛遼闊，獠人錯居，多奇怪。

有三指人，爪銳如鳥，跳躑山林如猿玃，居於樹顛。樹絕大，其顛平廣可置屋。

其人亦能耕穫，得穀輒徙置樹上。

又善弩人，迫之輒注矢下向，終莫能近也。

53 長髯矮人

類別／妖怪　地域／山野

介紹

傳說，臺灣丘陵凹地之間，居住長鬍鬚的矮人族。

矮人族個性多疑聒噪，無論男女老幼的型態都像是矮小孩童，髮鬚都會長過腰腹。矮人族個性活潑熱情，喜愛惡作劇，居住在地勢險峻的山谷或水道深處，在某些傳說裡則有吃人的習俗。

典文

※《澎湖臺灣紀略》——清．杜臻

有長髯矮人，僅如十歲小兒，而鬚皆過腹。

54

烏蝶妖怪：蔽日遮天

類別／妖怪　地域／山野

介紹

烏蝶，乃是出沒於臺灣平野的奇形妖怪，形體大如茶盃，若群起而飛，甚至能遮蔽太陽，呈現白晝夜景的畫面。

每當烏蝶妖怪群飛遮日，便是預告將有不吉祥的凶事發生。

典文

※《樹杞林志》

光緒六年，有烏蝶大如茶盃，群飛蔽日而南。

咸豐四年，烏蝶重見二次，地方皆不寧。

55 西班牙白馬幻影

類別／妖怪　地域／北部、山野

介紹

羅伯特．史溫侯（Robert Swinhoe, 1836–1877。或譯為郇和、斯文豪），是英國人，出生於大英帝國統治下的印度加爾各答。他是一名英國外交官，在一八五六年來臺灣島作短期的考察，在一八五八年曾搭船環繞全島一周。史溫侯在一八六一年到一八六六年之間，擔任英國駐臺領事，負責英國與臺灣的各種外交事宜，但他最為人知的功績，則是作為一名博物學家，研究臺灣島嶼的生物。

他回國後，曾在英國皇家地理學會、倫敦民族學會、倫敦大展進行演講，介紹臺灣島嶼特產、種族、鳥獸生態等等風貌。一八六二年，史溫侯發表論文〈福爾摩莎哺乳動物學〉（*On the Mammals of Formosa*）描述了臺灣黑熊、臺灣獼猴、臺灣雲豹等哺乳動物的生態紀錄。

史溫侯喜愛在臺灣各地旅行，記錄當地的生態物種，在某次的北部歷遊時，他來到了棕櫚島，也就是

■羅伯特．史溫侯。

白馬幻影
棕櫚島西班牙城堡廢墟
白馬靈影護守牆下珍寶

現今稱呼的和平島，位於基隆港東北方的一座島嶼。最早，島上的原住民巴賽族稱呼此島為「Tuman」，十七世紀時漢人稱呼為「社寮島」，西班牙人抵達此處，稱呼「棕櫚島」，並且在島上建築城牆，稱為「聖薩爾瓦多城」，現今則稱為「和平島」。當史溫侯在兩百年後來到此島，西班牙人建築的城堡早已傾頹，只剩下斷瓦殘垣，並且聽見當地居民告訴他，古城廢墟常有白馬幽靈徹夜徘徊，彷彿暗示牆下埋有寶物。

典文

※《英國皇家地理學會學報・第十期第三號・一八六六年・福爾摩莎記行附錄》——史溫侯

我們走遍在港口一個小島的大部分地方。那島叫做棕櫚島（Palm Island），如此命名是由於在其山丘表面顯眼處長著小棕櫚樹（Phoenixsp）。

此島內部的一角仍可見到西班牙城堡的廢墟，有一道很長但已傾頹的矮牆，上面布滿植物，圍住約三英畝的土地，面對內港的一角。

在隆起的地面上，聳立著廢墟殘骸。同島的最高小山上，有一座曾一度居高臨下，對著島嶼入口、朝向海面的小城堡，現在只留下幾塊石頭。

隨我上島的當地居民，很確信地告訴我，約三十年前，可見到一匹白馬的幻影，幽靈每天傍晚都站立在此城堡上，似乎表示牆下藏有寶物。

移墾者趕到那地點，拆毀城堡來尋找，結果什麼也沒找到。

鄉里之章

56 五通：偽神求香火

類別／妖怪　地域／南部、鄉里

介紹

五通，或曰「五妖」，原為中國江南地區的山魈鬼族，從宋朝至明朝，江南民間常有祭祀五通之祠廟。事實上，五通原形為邪魔外道，只是披上神明假皮，藉此謀取香火。

清朝時，五通信仰流入福建等地，後因閩人渡臺，五通也藉機隨船而行，竄入臺島。

姚瑩擔任臺灣知縣時，聽聞某位姓許之人在病重之際，被五妖強行索求祭祀，其兄長因此趕緊籌措資金，傾家蕩產，製作五妖的神像並且隆重祭拜。

姚瑩因此大發雷霆，為了遏止民間祕密祭祀五通，便禁止淫祀淫祠，並開庭審判此魑魅妖言惑眾。姚瑩甚至遣人拘捕來五通的神像，以棍棒擊碎，將殘骸投於火堆之中。

典文

※《東溟外集．卷四．焚五妖神像判》——清．姚瑩

閩俗好鬼，漳、泉尤盛。小民終歲勤苦，養生送死且不足，輒耗其半以祀神。病於神求藥，葬於神求地，以至百事營為不遂者，皆於神是求。

愚民之情，亦可哀矣。

然皆求福而祀，未有害虐我民如五妖者也。

稽爾五妖，本五通之遺孽。昔在三吳為祟，撫臣湯以天子命驅除之。吳民至今安堵。妖頑不泯，竄入閩中，以至海外，爾宜造福此方，即潛匿民間，竊血食，有司體皇帝愛民之意，豈不爾容？

胡乃怙惡不悛，肆其兇慝！

臺灣民人許某者，兄弟和愛，負販養親，年未三十，鄰里咸稱謹愿。

昨者無故體病，謂爾五妖責求祭祀。

其兄貧莫措，爾益為厲，以致於死。

許某將死，語兄若不祀爾者，且禍一家。其兄大懼，因稱貸毀家，作爾像，盛禮迎祀，闔郡喧然。

吾既為天子守土宰，境內之事，吾得主之。

今爾敢虐吾民，肆為妖妄，豈可容縱？

且人之死生有命，非爾魑魅所能擅權。

不過適見許某將死，爾欺愚民無知，遂憑之為祟耳。

惑世誣民，莫此為甚！

今遣役械縶爾像，公庭鞫爾。

爾之妖妄已著，是宜杖碎投火，絕爾妖邪之具，開吾赤子之愚。

儻[105]爾有靈，三日內降禍吾身，使吾得聞諸上帝。

此判！

105 儻：音「ㄊㄤˇ」，如果。

57 鬼哭明倫堂，雷起大成殿

類別／鬼魅　地域／中部、鄉里

介紹

彰化著名傳說，咸豐十一年（一八六一年），彰化孔廟之內的明倫堂突然傳出鬼聲，數十日哀號不絕，讓人心驚膽跳。隔年，天降大雷霹靂，劈落於孔廟的正殿大成殿前方。

當時，正逢戴潮春起兵作亂，因此民間盛傳此乃災厄前兆。日本時代的知名作家賴和，曾在〈我們地方的故事〉中，敘述了這則傳說，提及孔廟左側的明倫堂曾經被當作監獄，有將近七百人喪命其中。

典文

※《東瀛紀事．災祥》——清．林豪

辛酉年秋，彰化明倫堂[106]鬼哭數日，聞者驚悚。

越明年春，雷起彰邑孔廟，人以為孔道僨事之徵云。

106明倫堂：位於孔廟內，作為教學講經之教室。

■彰化孔廟內的嘉慶年間所製銅鐘。

■彰化孔廟外觀：彰化孔廟建於清雍正四年（1726年），由彰化知縣張鎬所倡建。孔廟主祀至聖先師孔子，是清朝初年臺灣學宮體制最完善的學府，過往臺灣四大書院之一的白沙書院，便是設置於此地。

■彰化孔廟的大成殿：奉祀孔子與十二哲人，殿前有平台，稱為月台，是祭孔大典時會使用的神聖空間。

58 老猴魅：賢者鎮妖

類別／妖怪　地域／南部、鄉里

介紹

方邦基，曾任職鳳山縣（今高雄市、屏東縣）知縣、臺灣府海防補盜同知。在乾隆十二年（一七四七年），方邦基因為政績，升任為臺灣府知府。

傳聞方邦基任內功德愛民，除了賢能著稱，同時也以高超的道士仙法聞名。他在鳳山為官時，曾聽聞居住於鳳山的某婦女被妖邪作祟纏身，甚至被盜取褻衣。方邦基為解救民難，因而在城隍府前設壇祭醮，頌咒祈神，一時之間風雲呼嘯。

最終，妖邪不敵，被天神雷電擊中，魔身遭破，翻滾倒身於地穴之內，因此現出原形，原來是妖怪「老猴魅」，是一種危害鄉野的恐怖妖怪。

方邦基將妖怪的屍身從地穴掘出，鳳山從此不再受「老猴魅」為禍。

老猴魅
民婦被祟闔室騷擾
方邦基禱於神
妖被震死
掘之得猴子髑髏

典文

※《續修臺灣縣志》——清・薛志亮

方邦基，字樂只，號松亭，杭州仁和人，雍正庚戌進士，保舉來閩，署閩清邑篆，補沙縣令。踰年調知鳳山縣，請減重賦，免浮糧，民番感之。有貧不能娶者，妻母欲令其女改適，訟於縣，為擇吉捐資，相其夫往迎之，遂得完娶。

又有民婦被祟，即暮見形如人似犬，闔室騷擾，莫可奈何。即為齋戒牒告城隍，忽雷震、怪走入地，掘之得猴子髑髏，有血濡縷，怪遂絕。

※《東瀛識略》——清・丁紹儀

臺灣以賢守稱者，為仁和方邦基。乾隆初，官鳳山縣，請免浮糧蘇民困。民婦為妖祟，禱於神，妖被震死。

※《東瀛識略》——清・丁紹儀

臺灣縣志述鳳山有民婦被祟，暮即見形，如人似犬，闔室騷擾，邑令方邦基為牒告城隍神，忽雷震怪走，入地掘之，得死猴一，祟遂絕。巨蛇啖人、老猴成魅，世亦閒有，所稱蛇首而人身，則近乎怪矣。

59 罪鬼：鄉里為厲

類別／鬼魅　地域／南部、鄉里

介紹

邑厲壇，祭祀鄉邑之厲、無主魂魄之場所。

在鄭氏王朝，興隆莊有一處拘禁犯人的監獄，亡於其中的罪人魂魄，會成為「罪鬼」。因死靈多聚集於此處，附近鄉里常受到孤魂野鬼的驚擾，因此王國興建立邑厲壇，用來鎮住罪鬼。

典文

※《重修臺灣府志》

邑厲壇，在興隆莊。又一在淡水港東。

偽[107]時安置罪人所，鬼頻為厲。

康熙五十八年，知縣李丕煜令淡水司巡檢王國興建祠祀之，以後不復為厲。歲時，俱鄉人祀。

107偽：偽政權，指明朝鄭氏時代。

60 贔屭神獸：白蓮聖母

類別／神靈　地域／鄉里

介紹

清乾隆五十一年（一七八六年），林爽文在臺灣中部起義發兵，攻下了彰化、淡水（約現今的新竹等地區）、鳳山（現今的高雄）等地方。而在乾隆五十三年（一七八八年），清軍終於擒獲林爽文，結束戰禍。

清高宗乾隆視此為「十全武功」之一，並且為了警惕此事，更下令製作贔屭（ㄅㄧˋ ㄒㄧˋ）碑碣，示功儆民，在石碑刻以五篇滿漢文字書寫的「御製文」。而這一篇〈御製勦滅臺灣逆賊生擒林爽文紀事語〉，便是其中一篇文章，刻在花崗岩的石碑上，由神獸贔屭石龜馱負。

在清代的《欽定四庫全書》中，收錄北宋的〈營造法式〉，曾詳列「贔屭鰲坐碑」的營造法式，例如形制與尺寸：「造贔屭鰲坐碑之制：其首為贔屭盤龍，下施鰲坐於土襯之外，自坐至首，共高一丈八尺。碑身：每長一尺，則廣四寸，厚一寸五分。鰲坐：長倍碑身之廣，其高四寸四分，駝峰廣三寸。」而乾隆下令刻製的十座贔屭碑，碑高都大約三百一十五公分、碑寬一百四十公分左右。

不過，當十座石碑與贔屭石獸渡海來臺時，上岸之際，其中一座贔屭卻墜落於海，遍尋不著。犯錯的官員為了讓此事瞞天過海，便製作了一隻贔屭仿冒品，並且將此仿製品與一座石碑（刻有〈命於臺灣建福康安等功臣生祠，詩以志事〉碑文的石碑）送往嘉義。此尊「馱負真石碑的假贔屭」，目前矗立於嘉義公園內。

當那隻「真贔屭」失蹤之後，歷經滄海桑田，地方民眾經常在夜裡看到魚塭水面發光，而且魚隻還無故減少，卻不知為何如此。結果請教保安宮的王爺之後，才得知原來水底有贔屭，吃魚顯聖，而魚塭便是當年贔屭的墜海之處。

眾人將贔屭石獸打撈上岸之後，便將石獸安置於南廠的保安宮。

據說，在水中韜光養晦、吸收日月精華的贔屭，擁有奇異的靈能。廟方在原本安置石碑的凹槽中，注滿了清水，此水具備不可思議的力量，能夠治癒眼疾，所以地方民眾也尊奉贔屭石獸為「白蓮聖母」。

※《御製剿滅臺灣逆賊生擒林爽文紀事語》（乾隆五十三年）——清高宗乾隆帝

蓋自康熙二十二年平定臺灣之後，歷雍正迨今乾隆戊申，百餘年之間，率鮮周歲寧靜無事；而其甚者惟朱一貴及茲林爽文。

朱一貴已據府城，僭年號。林爽文雖未據府城，然亦僭年號矣。

朱一貴雖據府城，藍廷珍率兵七日復之，不一年遂平定全郡。

林爽文雖未據府城，亦將一年始獲首渠，平定全郡，則以領兵之人有賢否之殊。故曰：人在人為，不可不慎也。

※《命於臺灣建福康安等功臣生祠，詩以志事》（乾隆五十三年）——清高宗乾隆帝

近年以各省建立生祠，最為欺世盜名惡習；因令嚴行飭禁，並將現有者概令毀去。若今特令臺灣建立福康安等生祠，實因臺灣當逆匪肆逆以來，荼毒生靈，無慮數萬。福康安等於三月之內，掃蕩無遺，全郡之民咸登衽席。此其勤績，固實有可紀。且令奸頑之徒觸目警心，亦可以潛消狼戾。

61 嘉邑女鬼：復仇奇譚

類別／鬼魅　地域／中部、鄉里

介紹

在十九世紀中葉，嘉義地區有一名富商巨室，姓王，藉由向政府捐給錢糧，獲得了爵位官職。當王某意氣風發，正要前往廣東任職高官時，王某的母親卻突然重病而逝。過了幾天，病死的母親卻死後還魂，向王某說話：「你也即將要隨我前往地府陰間，因為地府有四百多起指控你罪狀的起訴，尤其是五名女鬼，對你積怨更深，我必須前去聽候質詢。在地府的衙門被控訴，可沒有任何私情門路可以逃避。」說完之後，其母再度死亡。

王某聽聞之後，被戳中事實，良心不安，隨即脖子罹患大瘡，喉嚨閉塞無法進食，七天之後也猝逝。過了幾天之後，王某死後復生，向眾人說話：「地府的刑罰嚴厲，我的兩膝跪在炭火鍊條上，被火灼傷潰爛，疼痛難耐。」觀察王某的膝蓋，果然潰爛見骨。

王某又繼續說：「我的雙眼被刺，鼻子被挖掉，臉頰被釘子貫穿。」說完之後，王某的臉龐皮肉也隨後脫落，甚至他還說著顛三倒四的鬼語：「你毀壞我的香火，所以我也要斷絕你的子嗣！」王某的兒子頓時罹患重病。

家人大悟，過往王某建築自宅的花園，將附近祭祀兵災而死的殉難者祠廟大忠祠毀壞，想必在地府中那些殉難者的鬼魂也控訴了王某惡行。因此，王某家人趕緊前往大忠祠舊址，重新焚香祭拜，這時，王某兒子才逐漸病癒，但王某卻回天乏術，再次猝死。

鄉里的百姓皆傳言，王某生前作惡多端，曾寵愛一妾室，妾生兒子之後，將妾扶正為妻。王某的元配不允許，就被王某趕出家門，原妻心有不甘，上吊死亡。爾後，王某為了慶祝其妾生子，還在家門前請來戲班演戲一個月，鄉人都不敢對他說閒話。

並且，王某也經常姦汙鄉里的幼女，將幼女送回家時，本來說好要賠償金錢，卻會誣告幼女非處女，藉以減低賠償金額。據說被他姦汙過的女子有八十人之多，而被他凌虐而死的妻妾不知凡幾。

典文

※《斯未信齋雜錄．君子軒偶記》——清．徐宗幹

嘉邑王某者，巨室也，報捐通判。

將分發粵中，其母猝病，越日而甦曰：「兒亦將同往陰司，控狀四百數十起，女鬼五人，結冤更深。我并須去候質，彼處衙門不能稍徇私情。」言訖而逝。

王某覺有人批其項，旋生瘡，喉閉，絕飲食七日而歿。亦越日，復甦曰：「刑重難受，兩膝跪火鍊皆爛。」啟視之，果然。

又曰：「刺吾目、劓吾鼻、釘吾腮。」言未已，肉皆脫落。又作鬼語云：「爾絕吾香火，吾亦絕爾嗣！」某之子亦病。

蓋附近有大忠祠，祀張逆案內之殉難者，骸骨并瘞[108]於下；某建花園，盡平毀之。其家人聞之竦然，即赴其所，許以修祠造冢，以時祭享。子疾乃瘥[109]，而某死矣。

里人傳言：某嘗寵一妾，生子立為妻。其妻弗許，某責而逐之，休回母門，妻自縊死。而賀妾生子演劇彌月，亦無敢訐告[110]者。又漁獵幼女奸汙之，復還其家，先許以重貲，卒誣其非處子而減與之；無敢置辯。或云被汙有八十餘人。其妾婢凌虐至死者，人皆不知。

某年纔三十餘，豪富莫敢誰何！而鄉評又素諛美，蓋財勢動人也。乃於其將死而盡露其罪狀，自作孽而自言之，與犯人過堂無異。

108 音「ㄧˋ」，掩埋。
109 瘥：音「ㄔㄞˋ」，病痛痊癒。
110 訐告：告發。訐，音「ㄐㄧㄝˊ」。

62 鬼鬥聲：陰兵造反

類別／鬼魅　地域／南部

介紹

有一位名叫顧開泰的唐山人，來到臺灣的鳳山地區任職，卻意外遭逢林恭等人發起的戰亂，陷落在戰爭中。顧開泰在戰變中流離失所，等到戰爭平息後才回到鳳山署。據他所言，在戰爭前夕，曾經在半夜時刻，聽聞鬼兵戰鬥聲響，事後回想才得知，那是陰兵造反叛亂的前兆。一旦出現陰兵造反的「鬼鬥聲」，就代表未來的戰事無可避免。因為有此前兆，他趕緊逃離，才免於被流匪所殺。

典文

※《斯未信齋雜錄．癸丑日記》——清．徐宗幹

顧開泰，如皋[111]人，向游幕鳳署，不及於難[112]，孑身外竄。事平至署，言鳳山事甚詳。亂將作前數日，夜聞鬼鬥聲，俗云：「陰兵造反」，此劫數之不可逃歟！

111 如皋：又名雉皋、雉水，在中國江蘇省東部、長江岸口。
112 難：戰難。咸豐三年（一八五三年）四月，林恭、洪泰等起事，陷臺灣、鳳山兩縣，徐宗幹與民兵奮力守禦，防勦兼施。

63 殭屍：油蹄貓跳過而變

類別／妖怪　地域／鄉里

介紹

臺灣島習俗傳說，若人死後，停屍期間，屍體遭逢貓隻跳過，屍體則會復生，成為恐怖的殭屍，即為「屍變」。殭屍會起立行走，一看見人就會抓抱住對方，若遇到門檻或被路上的物品妨礙，則會跌倒。因此，子孫在停靈期間都會守靈，除了盡孝心，也是要預防不測。

據說，跳屍之貓，以白蹄貓、油蹄貓（無利爪之貓，另一說則是蹄有魔氣之貓）跳過，最為靈驗。

典文

※《雲林縣采訪冊》——清・倪贊元

屍忌貓，俗傳貓跳過，屍即起行如生，逢人緊抱不脫，過門限或被物衝礙則倒。故子孫夜睡於屍側，曰守鋪；一以盡孝心、二以防不測。

64 觀音大士壓孤魂

類別／神靈　地域／中部、鄉里

介紹

在嘉義縣，每逢七月一日，城街便會掀起邪風，眾鬼哭啼，讓城中百姓驚嚇不已。某年，百鬼夜哭之時，有一名觀音大士神威顯靈，喝退眾鬼。觀音大士高有一丈，頭頂生有雙螺角，身穿紅色甲冑，青面獠牙，吐舌則常有一尺以上，舌面燃燒如火。百鬼只要望見觀音大士現身，便噤聲不語，悄然撤走。

嘉義的百姓眼見觀音大士為他們解除鬼災，紛紛欣喜道賀，感謝大士神靈之助。觀音大士，即是「大士爺」。

並且往後每逢七月，便會用紅緞塗製大士的神像，奉祀禮拜，並且延請僧侶，為孤魂野鬼誦經超渡。祭典過後，便將大士神像焚化。

而嘉義縣在七月二十九日，則會實行「童子普」，是為了祭拜童子孤魂。

某年，停止祭祀，結果當月妖氛四起，眾多童子鬼哭於沿路，城中的許多孩童也相繼號哭不安。此時，也以觀音大士神像鎮壓，延請僧道祭拜童子鬼，因此才停止鬼哭聲響。

典文

※《嘉義管內采訪冊》

七月一日，打貓頂街，自乾隆年間設此觀音大士。當其未設之先，迨七月一日起，每日下午陰風慘淡，撲人面目。嘗聞鬼聲啼哭，人人畏懼，戶戶驚惶。

時有觀音大士，屢次顯身，俾街中人共見之。高一丈餘，頭生雙角，身穿紅甲，青面獠牙，火炎舌舌，吐出一尺餘長。

若見大士，陰風輒止，鬼聲皆息。

人知大士足以壓孤魂，由是眾街祈禱必應，威靈顯赫，街中眾舖戶公議：「每歲七月一日，用紅緞塗大士像一身，奉祀壇中。」

又延僧侶五人，誦經懺三天，超度孤魂，普醮陰光。

迨初三晚，搭一枰，高六、七尺，曰孤枰。上置米飯、牲醴、菜料、生豬羊，並應用物件許多，以祭孤魂。

祭罷之時，將大士像焚化。

總之，大士之威靈，先則由近及遠，不特堡內人民被其恩澤，即闔邑人等，共沾神惠也。

是以，男女如雲，皆到壇前焚香、禮拜。

迨咸豐年間，緣七月時，大雨淋漓，欲到壇禮拜者，嘗被水阻隔。故包香火，分設大士。如大埤頭莊、梅仔坑、古民莊、崙尾莊等處，各設大士，或普一日，或普二日，無定例。

※《嘉義管內采訪冊》

七月二十九日，下街有童子普。

此舉自道光年間始設，推其未設之由，因街內眾童子嬉戲，公捐多少錢，買些少物件，在孤杆腳致祭童子孤魂。連祭二年。

一年不祭，遍街路下午時鬼聲啼哭，悉屬童子之聲。陰風陣陣，哭聲不絕。街內童子，多不平安。

公議塗大士一身，延僧道士五人誦經懺一天，超度童子孤魂，遂為定例。曰「童子普」。

■十九世紀的漢人僧侶手持法器的照片。（荷蘭國立博物館，1875年）

65 陰陽雞妖

類別／妖怪　地域／北部、鄉里

介紹

每逢天地變異，便有陰陽雞妖現身。例如，在光緒二十一年（一八九五年）的秋天，在樹杞（現今臺灣新竹縣的竹東鎮）曾有母雞變化為雄雞的事情發生，晨起啼叫，且不再產卵下蛋。兩年後的冬天，怪雞又再次轉變為母雞。

典文

※《苗栗縣志》——清・沈茂蔭

同治元年[113]春，地大震。二月，大甲堡雄雞生卵。

※《樹杞林志》

光緒二十一年，大旱。

同年秋，樹杞林莊某家牝雞化為雄。

至光緒二十三年冬，原雄又化為牝。

113 同治元年：西元一八六二年。

66 人面牛：預言能力

類別／妖怪　地域／中部、山野

介紹

臺灣島自古傳說有妖牛，口說人話，能預知未來。但這種妖牛所言，經常是災禍凶險，因此人人畏懼聽見牛的預言。據說在一八六二年，臺灣中部的四張犁（現今臺中市北屯區）有牛隻口出人語，預告無田可播種。四張犁怪牛的預言，極其靈驗，準確預測到當年四張犁的戴萬生（戴潮春）起兵叛亂，中部百姓因此遭受兵燹波及，倉皇逃命，荒廢了許多耕田。

典文

※**《東瀛紀事・災祥》——清・林豪**

相傳壬戌[114]年春，四張犁有牛作人言云：「免咻有田，播無稻收」。按是事不知真偽。殆即漢書五行志所謂牛禍，亦咎徵也。

又，大甲有雄雞生卵之異。

114壬戌年：西元一八六二年。

人面牛
四張犁有牛作人言云
免咻有田，播無稻收

67 冤魂陳守娘

類別／鬼魅　地域／南部、鄉里

介紹

在清朝時代，流傳「臺灣四大奇案」，分別是「周成過臺灣」、「陳守娘顯靈」、「林投姐」、「呂祖廟燒金」。

陳守娘，乃是清道光年間的烈婦，因枉死而成冤魂。

陳守娘居於臺灣府城的臺灣縣經廳巷口（現今的臺南市北門路一帶），為林壽之妻。林壽歿後，守娘守節不嫁，沒想到守娘的婆婆與小姑卻勸守娘賣身，守娘抵死不從，婆婆與小姑因此經常口出惡言詆毀守娘，甚至以暴力凌虐守娘。最後，母女兩人將守娘強押於凳上，以尖錐刺穿其下體致死。

鄉里之人對她們的惡行難以容忍，便上報官府，縣令王廷幹想息事寧人，竟說沒有驗出傷痕。

鄉民群起激憤，以石塊砸毀王廷幹的轎子，縣令倉皇逃跑後，才判決婆婆與小姑兩人有罪。

此後，臺灣府城屢被守娘冤魂作祟，銀錢化為紙錢，夜半鬼聲啾啾，府衙物件莫名飛騰，鄉民皆認為是守娘顯靈，紛紛前來祭拜位於山仔尾的守娘墳墓（現今南門路、府前路一帶）。官府為了平息此事，乃將守娘改葬他處。

現今在臺南孔廟的節孝祠中奉有守娘之牌位，以紅底金字寫上「欽褒節烈邑民人林壽妻陳氏守娘神位」。

典文

※《海音詩》——清・劉家謀

詩文

闡幽郡伯有傳文，
吳女沉冤得上聞。
我向昭忠祠外過，
披榛空訪守娘墳。

詩註

陳守娘，郡城東安坊經廳巷人；夫歿守節，姑強令更適，不可。

姑之女常譖[115]之，百端凌虐，肌無完膚。

一日，母女共縛守娘於凳，以錐刺其下體而斃。

里人嗚諸官，臺灣令某欲寢[116]其事，檢屍曰：「無傷也。」

眾憤，毀令輿。令懼，乃定讞。

此道光末年事也。初葬昭忠祠後山仔尾，屢著靈異，祈禱者無虛日。

官以其惑民，為改葬之。

115 譖：音「ㄗㄣˋ」，毀謗、誣陷。
116 寢：停止。

68 雲林水鬼：彌陀降伏

類別／鬼魅　地域／中部、南部、鄉里

介紹

水鬼，即是溺死於水中之人，化身為鬼，會在死去的水域徘徊。

水鬼為了要進入輪迴，必須尋找替死鬼。只要水鬼能讓人溺死，就能前往陰間接受閻羅王的裁判。所以，為了要「抓交替」，水鬼會採取各種手段抓人入水。

在雲林縣城街的東邊，有一條黯溪，有一名孩童溺死在溪中，便化身為水鬼，多年來總是埋伏在溪底，等待路人經過溪邊，再伺機拖人下水，要抓交替。

在嘉慶三年（一七九八年），一位名叫王福基的人路過此地，被水鬼抓住雙腳，沉入水中幾乎滅頂，無法脫身。這時，王福基趕緊口唸阿彌陀佛，祈求神佛保佑，水鬼聽聞神咒，鬼身不敵，只好鬆手。

王福基心有餘悸，回返城中告訴眾人，並且也在溪邊立石，一來作為警告，二來感謝神佛保佑，希望這塊岩石也能幫助鎮壓惡鬼。

五年之後，附近居民都會在黃昏的時候，看見溪邊立石發出奇異火光，彷佛有神佛顯靈，因此便聚資興建寺廟，奉祀彌陀佛。

這塊石頭，也就是「石佛公」，當地居民會在每年正月十五和八月十五進行祭拜。

關於水鬼的故事，也有西方人記錄下臺灣漢人的水鬼信仰，並且親眼目睹了「水鬼冤氣」。

在一八七一年九月，美國人艾德華．葛利（Edward Greey, 1835–1888）在美國每週出刊一次的《法蘭克．萊斯里圖解新聞報》（*Frank Leslie's Illustrated Newspaper*）中，連續發表了一系列他來臺灣遊歷後寫下的〈臺灣：福爾摩莎〉文章，讓美國讀者得以一窺神祕的福爾摩莎東方世界。此文摘選自中文譯本《風中之葉：福爾摩沙見聞錄》，作者蘭伯特（Lambert van der Aalsvoort），由林金源翻譯。

書中的其中一篇文章，寫下他的臺南安平旅遊紀事。文章描述，他與一名當地漢人途經媽祖天后宮前的小溪，意外在溪面發現水鬼吞吐冤氣的現象。

隨行導遊一臉驚恐，叫他趕緊屏息，停止呼吸片刻，用手帕遮住口鼻。並且漢人導遊也去買了一串鞭炮施放，燃燒紙錢消除魅氣。

典文

※《雲林縣采訪冊》——清．倪贊元

彌陀寺，在街東，一拜亭、一堂，祀阿彌陀佛。相傳前因溪有溺兒，每於白晝現形，曳人落水，街民恐懼，視為畏途。嘉慶三年，王福基由此經過，為鬼所困，幾瀕於危，朗誦阿彌陀佛數聲，鬼遂隱。乃告街眾立石焉。

後五年，居民於黃昏時，每見石現火光，遂鳩資建寺。同治五年，增廣生鄭來臣等勸捐重修，頗著靈應。

※《法蘭克・萊斯里圖解新聞報・一八七一年九月・福爾摩莎島》——艾德華・葛利

安平的南門外有一座供奉媽祖的天后宮，廟前有一條溪流。

如今此溪顯得死氣沉沉，成為失意賭徒或厭世者聚集的所在，數百名不幸的百姓在此結束自己的生命，其靈魂似乎將永遠在水邊遊蕩。

當我數年前造訪此地時，曾發現水底不斷冒出氣泡來，原以為這是魚的活動所造成，於是詢問同行的中國翻譯，這裏的人是否會食用池塘中的魚。

我指著水面的氣泡向他提出疑問，出乎我意料之外的是，他不但沒有回答我的問題，神情反倒像是警覺到什麼似的，先示意要我和他一樣甩動雙手摀住口鼻，然後以相當不符中國民情的反應，快速地離開現場。

我的舉動想必看起來很可笑，但我認為他一定有充分的理由要我這麼做，我以手帕掩鼻呼吸，直到他回來之後才鬆手，而他卻攜帶一大半的鞭炮和祭拜用的香，神情嚴肅地將它們點燃，其間還不忘以手掩住口鼻。

看他舉著鞭炮高掛在水面上的表情真是令我感到驚訝，從爆竹的煙幕和氣味來看，他簡直就像是在美國國慶日當天放鞭炮慶祝似的，當最後的鞭炮燃盡之後，他終於拿掉阻礙呼吸的東西，並深深地大嘆一口氣說：「這下可真的擺平了！」

他告訴我，這些氣泡是那些投池自盡的「冤魂」所造成的，只要有人不小心聞到氣，便將與他們落得同樣的下場。

我的朋友大概花掉兩百銅錢（約合美元二十分），這在當地可算是一筆為數頗大的錢，這位朋友為的就是不讓我步上自戕之路，除此之外，他本沒有其他的動機可言，因為當我要付錢給他的時候，竟然遭到他憤怒地回絕。

69 媽祖天妃

類別／神靈　地域／海境

介紹

媽祖天后，是臺灣島民信仰最虔誠的海上女神。據聞天后現身拯救海中遇難船隻時，必會見到媽祖座前紅燈籠浮現水面上。

據說，在媽祖座前，有千里眼與順風耳兩位神將護持。千里眼可看到數千里外之事，順風耳可聽到數千里外的談話，然後向媽祖報告。媽祖的傳說，在臺灣各地廣泛流傳，並且不同的廟宇，也有獨特的媽祖故事，例如臺中市南屯區的國家三級古蹟萬和宮流傳「廖二媽」的故事。

萬和宮奉祀湄洲天上聖母，一般尊稱「老大媽」，據說聖像是在康熙二十三年（一六八四年）從湄洲恭請來臺。為了方便信徒迎請祭拜，在嘉慶八年（一八〇三年）又特別增塑「老二媽」神像一尊，並且傳說是廖姓少女的魂魄成神，故又稱「廖二媽」。根據日本昭和七年（一九三二年）的南屯公學校所編寫的《南屯鄉土調查》（孟祥瀚編註，許世融翻譯，臺中市政府文化局出版，二〇一五年），記載此事：

「西屯大魚[117]廖某的女兒，自幼事親至孝，待人極為親切，心境就如同觀音、聖母般，是個美麗的年輕少女。年雖及笄，但並未出嫁。某日沐浴著畢衣服後，安坐仙逝。不過同日，西屯某位吳福商販[118]，卻在西屯、南屯間的道路遇見她，她交代商販說：『你的帳款放在我家的簳仔[119]當中，你請我母親替你取來，我正要從此處前去看犁頭店的媽祖開光。』商販某到她家時，其母正泣不成聲，商販某將此話轉述，大家都驚呼不可思議，搜尋簳仔當中，果然出現兩枚銀幣；再根據商販描述該女所穿的服裝，與逝去時完全相同。這位仙逝的女子正是南屯萬和宮的二媽，此後每三年一次，西屯的廖姓會將此媽祖迎回。」

典文

※《使琉球錄．卷下．附舊書錄》——明．夏子陽

航海水神，天妃最著。天妃者，莆陽人；生於五代，封於永樂間。以處子得道，以西洋顯蹟；莆人泛海者輒呼為「姑娘」，蓋親之也。

使者往還，每值風發，必有先徵：或為蜻蜓、蛺蝶，或為黃雀、紅燈籠，令人得豫為之計。然亦頗標其奇；信之不篤者，往往受其驚恐。

※《臺陽見聞錄．天后廟》——清．唐贊袞

北港有天后廟，間數年，必請神像來拜郡城天后。屆時香火之盛，日數千人。

按天后，湄洲人。海舟遇風，呼籲天后，見紅燈來則生。

■臺中市南屯區的萬和宮：萬和宮供奉天妃媽祖，正門懸掛清光緒十二年的木匾，其上書寫「德媲媧皇」。

117大魚：西屯的大魚池。

118商販：南屯地區更流行的說法，則說這名商販是一名「雜細郎」，走踏各街庄，販賣針線、花妝品。

119簸仔：簸，音「ㄍㄢˋ」。臺灣婦女放置縫補針具的竹籃子。另一說為廖姓少女指示的地點，是在家門前桂花樹下埋有龍銀二一圓。

■千里眼與順風耳：萬和宮文物館中珍藏的神像，左為順風耳，右為千里眼。

70 仙人山：仙者下棋

類別／神靈　地域／南部

介紹

臺灣島嶼南部的沙馬磯頭（現今的墾丁到鵝鑾鼻一帶）有一座仙人山，山頂高聳入雲，巍峨壯觀。仙人山之名，乃因山巔經常有兩位紅衣與黑衣的仙人對坐持弈。山上仍安穩端放著一座石棋盤以及棋凳，隨時等待著兩位仙者下凡，繼續未完的棋局。有傳聞說，仙人山便是今日墾丁的「大尖石山」，但缺乏證據佐證，眾說紛紜。自古流傳的仙人山正確位置，已經無人知曉。

典文

※《臺灣府志》——清．高拱乾

在鳳山治西南，離府治五百三十餘里。其山西盡大海，高峻之極。山頂常帶雲霧，俗傳此山有仙人衣紅、衣黑，降遊於上；今有生成石磴、石碁盤在。

※《重修臺灣府志》

仙人山，在沙馬磯頭。其頂常帶雲霧，非天朗氣清不得見也。故老言：時有絳衣、縞衣者對弈；說近無稽。然生成之石棋盤、棋凳猶存。

※〈臺灣紀巡詩〉——清・夏之芳

仙山縹渺闇斜曛，石上棋枰舊印紋。
沙馬磯頭人罕到，爛柯樵子話煙雲。

※〈仙山謠〉——清・卓肇昌

天姥出東南，崔嵬雲霄隔。
地逐形勝高，不見雲影坼。
上有洪崖井，峰前許仙宅。
逍遙登絕巔，來往仙人跡。
或馭青牛騎，或控飛鶴白。
朱霞散九光，珊珊顏瘦瘠。
三素乘之下，六銖衣九襞。
杉松鬱虬龍，雙仙坐危石。
仙童三四人，環觀相對弈。

楸枰玉指分，輕敲金韻擲。
飱以百煉丹，啖以青田核。
斯須聞玉笙，山陽銕笛作。
揮手忽停之，相看棋忘著。
五峰何岃岩，靈草生根萼。
但有青鼯啼，長林孤月落。
山中局未終，人間幾猶柞。
千載倘歸來，不復知城郭。

71 關帝廟之神

類別／神靈　地域／離島

介紹

關帝廟，又名武廟、武聖廟、文衡廟、恩主公廟，祭祀三國時代的名將關羽之廟。關帝稱號，來自於明朝皇帝授予關羽的「關聖帝君」封號，在臺灣多有祭祀關羽之廟宇，百多年來也曾有各種顯靈神蹟。

據說，在金門的烈嶼有一座關帝神像，某夜有海賊進犯島中，關帝神隨即顯靈斥退惡賊。此後島民信神愈篤，遷居至臺灣鳳山時，也在當地建立關帝祠廟。

典文

※《臺灣府志》——清・高拱乾

關帝廟在鳳山縣者：

一在安平鎮，廟宇新建，堪稱弘麗。

一在土墼埕，其像先在烈島。有賊犯島中，居民震恐；是夜，見神青巾綠袍、大刀駿馬巡海馳擊，賊遂逃去。

後島民來臺洪姓者，鳩眾立廟祀之。

72 竈神

類別／神靈　地域／天界

介紹

竈神，即為灶神、灶君，主管灶廚和飲食之神明，並且司職於監察人間民情之職責。因此，竈神之神位與香火，是設置在自宅廚房的爐灶旁側。

因為竈神身負監督職責，自古以來，臺島人民很懼怕祂向天公稟告壞話，所以會隆重地祭拜祂，虔誠供奉竈神畫像，或用紅紙書寫「司命灶君神位」字樣，祭以肉、酒。

人們也會以飴糖等甜食往香爐薰劃，向竈神祈求，希望祂回返天庭時能向天公多說好話。

農曆年底的送神日，便是竈神離開廚灶，前往天庭向天公稟報主人家一年功過的時日。

典文

※《臺陽集》——清．唐贊袞

◆詩序

癸巳歲除，祀竈神；署舊例，亦古禮也。宋汴京故事，謂之醉司命，至謂竈神朝天白一歲事，故前期禱之。

◆詩文

不敢操刀枉薦羊，整衣再拜爇鑪香。
天公若問貪官事，日日廚頭野菜香。
廚門淨掃上鍋鐙[120]，爆竹聲中待漏興。
莫笑狂憨無媚態，使君風骨尚稜稜。

120 鐙：就是「燈」，除夕習俗，會在鍋中點鐙，謂之鍋鐙。

73 國姓爺：大鯨轉世

類別／神靈

介紹

國姓爺，原名鄭森，世稱延平郡王，乃是海中大鯨轉世而誕生。

鄭森的母親為日本長崎之人，名為田川氏，在明朝天啟四年（一六二四年）夏季，在日本的平戶島誕下鄭森。因為鄭森乃是上古鯨鯢所凝魂，所以誕生時刻，平戶島上異象驟起，有雷光從土窟中破閃而出，狂風大作，天崩地裂，金光閃爍天際。這時，島民競相奔走竄逃，並且眼見島外海波有大鯨幻象，才恍然大悟田川誕下嬰兒的原身，是一尾千年鯨鯢。

當鄭森成人後，率領南明抵抗軍反攻清人，清人莫可奈何。爾後，鄭森航舟東渡，荷蘭人在幻夢中，望見一男子冠帶素衣，騎鯨而來。果然之後，鄭森率軍攻下臺南。

清人煩惱於鄭森之禍，詢問懂得占卜算卦的陰陽師，對方則預測鄭森若往東行，必定會迎來敗亡的結局。最後，現實如同陰陽師的卜卦，鄭森入駐臺灣的隔年便病逝，並且在臺灣建立的東寧王朝，也只繁榮鄭氏三世，共二十二年。

鄭森名字繁複，少年時名為「福松」，成人後字「明儼」、「大木」，隆武帝時被賜姓朱，名「成功」，世稱為國姓爺、延平郡王、朱成功。

鄭森在清朝時被喚為「鄭成功」，是清人為了貶低他的明朝人格，而從此臺灣民間也依照此稱呼。事實上，國姓爺在世時，從未有人喚其名為鄭成功。

典文

※《重修福建臺灣府志．卷十九．叢談》

鄭成功起兵茶毒濱海，民間患之。有問善知識云：「此何孽肆毒若是？」答曰：「乃東海大鯨也。」問何時而滅？曰：「歸東即逝。」凡成功所犯之處，如南京、溫、台並及臺灣，舟至海水為之暴漲。順治辛丑攻臺灣紅毛，先望見一人冠帶騎鯨，從鹿耳而入；隨後成功將舟由是港進。癸卯成功未疾時，轄下夢見前導稱成功至，視之，乃鯨首冠帶乘馬，由鯤身東入於外海。未幾，成功病卒，正符「歸東即逝」之語。則其子若孫，皆鯨種也。

※《臺灣紀事．卷一．鄭事紀略》——清．吳子光

鄭成功，倭產也。

誕降之前一日，天晴霽無片雲。薄暮，忽有雷破土竄而出，煙霾漲天，人對面不可辨。

少頃，狂風疾雨，拔古木且盡，屋瓦皆飛，平地水深數尺。

正錯愕間，空中有聲，如天崩地裂，繞郭顛簸不止。

眾相驚以地震，曰：「弗去懼壓」，則皆走，亟覓山村避之。

天明，諜者[121]言島中有鯨鯢長數十丈，夭矯起波間，金光閃爍，噓氣如雷鳴，風濤暴漲，隱隱有金戈鐵馬之聲不絕，舟航糜碎，溺入海盡死，竟夜哭聲震天。

雞鳴風始定，魚亦不見。相譁以為妖怪云。

是夕，成功生，人奇之。

自成功生後，倭視翁氏禮加謹。

及長，據金廈，兵敗勢蹙，將以海外為逋逃藪，乃決計東行。

時臺地屬荷蘭左賢王，忽夜夢一偉人盛服騎鯨魚入鹿耳門，侍衛甲兵甚眾，道無阻者。及寤，異之。未幾，報鄭兵至矣。

121 諜者：探問情報之人。

74 施琅：虎精轉世

類別／神靈

介紹

施琅（一六二一～一六九六年），福建省泉州人，曾為明朝鄭氏部屬，後來降清，封為三等靖海侯，謚襄莊，贈太子少傅。在康熙二十二年（一六八三年）六月，施琅指揮清軍水師，先行在澎湖海戰對明鄭水師迎戰，獲得勝利，隨後順利攻下臺灣，讓臺灣正式納入清朝版圖。

當施琅接受清朝的指令，率領軍隊東渡黑水溝的時候，海軍占領澎湖嶼，過程非常順利。當施琅暫歇軍務，進入媽祖澳的天后宮參拜時，意外發現天后神像發汗，衣衫濕淋淋。

這時，施琅推想，原來方才進軍之所以順利，乃是天妃媽祖相助，因此施琅趕緊焚香祝禱，感恩媽祖神威。

臺灣除了流傳天妃襄助施琅軍隊的傳說，也流傳當年施琅仍在鄭軍時，曾經率領軍隊於野林中迷路，突然有數隻虎獸現身，為施琅軍隊導引出路，因此臺灣民間也傳言，施琅乃虎精轉世。

典文

※《泉州府志．拾遺》

施侯琅幼時，入里中定光庵，詣神稽首，見神像隨之拜起。崇禎癸未，隨族父武毅伯福軍中。時主兵者募壯士，置鐵鼎中庭，重千斤；集健卒數千人，莫有舉者。琅奮袂舉行數十武，徐置其所，容色無異。唐王時，嘗統偏師迷入榛莽中；有群虎前行引導，得與諸軍合。識者以為虎精云。

※《重修臺灣府志》

天后廟，在媽祖澳。

康熙二十二年，水師提督施琅克澎湖，入廟見神像面有汗，衣袍俱濕；知為神助。事聞，特遣禮部郎中雅虎致祭，祭文鐫額懸於堂。各澳皆有廟。

75 元帝神入夢

類別／神靈　地域／海境

介紹

臺南的元帝廟，名為「開基靈祐宮」，建築於明鄭時期，祭祀玄天上帝（另名玄武大帝、北極大帝），位於臺南市中西區，俗稱為「小上帝廟」。傳說在康熙三十七年（一六九八年），總兵張玉麟調任來臺，海上遭遇暴風雨，有神明顯靈，散髮赤腳，從船桅降臨，以法力平息風雨，隨後隱身消失。總兵上岸後，入元帝廟看見神像，才知海上神明為玄天上帝，因此虔誠信奉，重新修建廟宇。

典文

※《臺灣府志》

元帝廟，即真武廟，在東安坊。康熙二十四年，知府蔣毓英修，高聳甲於他廟。一在鎮北坊。

總鎮張玉麟渡臺遭風，夢神披髮跣足[122]自檣[123]而降，風恬抵岸，因重新之。

122 跣足：跣，音「ㄒㄧㄢˇ」，赤腳。

123 檣：，音「ㄑㄧㄤˊ」，船隻的桅桿。

76 保生大帝

類別／神靈

介紹

在鳳山地區，有一座慈濟宮，祭祀保生大帝，相傳其神像乃是從海上漂流而來，民間百姓便虔誠供奉。

保生大帝本名吳夲（ㄊㄠ），為北宋的閩南人，生前為神醫，德行無數，為了救治鄉人，登山採草藥時失足墜崖，因而羽化成仙。其名為保生大帝、大道公、吳真人、醫神。

臺灣島上的保生大帝寺廟內皆有藥籤，信眾若遇頑疾則可擲筊求籤，祈求身體安康健全。

典文

※《重修鳳山縣志》——清・王瑛曾

慈濟宮或稱吳真人廟、或稱開山宮、或稱保生大帝廟、或稱大道公廟，皆斯神也，在興隆莊萬丹港口。創建舊，尋圮，乾隆二十八年重修。

相傳海岸上漂流神像於此，鄉民立廟祀之。

77 嬰兒守護神：床公與床婆

類別／神靈

介紹

臺灣島嶼的小嬰兒出生，皆會被床神保佑，也就是床公、床婆（或曰床母）。嬰孩患病，或者被惡鬼纏身，需要向床公、床婆祭拜，請求祂們保佑嬰孩。若要檢驗嬰孩是否被鬼神所作祟纏身，可以請老婦人端來一碗清水，放上三根竹筷。若是鬼神作祟，竹筷便會站立，需要焚香祈禱。

在每月的初一以及十五日，需要將一、兩碗的菜餚搭配白飯一碗，放置在小嬰兒的臥床上，讓小嬰兒膜拜，要請床公、床婆用膳。若是心靈虔誠，祭儀不斷，則小嬰兒將會平安長大，不染疫疾。

臺灣民間傳說，嬰兒的臀部有青色痣斑，就是「床婆做記號」。因為床婆會在孩子入睡時，帶領孩子們的靈魂出去遊玩。因為帶領一大群小孩，哪一個靈魂應該回歸哪一個軀體，唯恐混淆，所以才要在每個嬰孩的身上做記號，以便辨識。

當小孩子在睡夢中微笑、哭泣，都是幼兒靈魂在床婆帶領下，出去遊玩造成的影響。一旦將熟睡孩童的臉龐抹黑或抹白，會使床婆無法辨認，孩童靈魂無法回歸，孩童就會死亡。所以，女孩子在入睡之前，都不能在臉上抹粉。

典文

※《斯未信齋雜錄．退思錄》——清．徐宗幹

臺地小兒猝有病，老嫗[124]取水一碗，而以三箸立其中，祝之云：「如神鬼為祟，當立為豎柱。」試之果然，焚紙錢禳之即愈。

朔望日[125]早餐，無論腥蔬肴饌，未經人食者，取一、二并飯一盅，置小兒所臥床上，令小兒拜之，曰床公、床婆也。

久之，無疾病，亦屢驗。

124老嫗：嫗，音「ㄩˋ」，老婦人。

125朔望日：每個月的初一為「朔」，十五為「望」。

78 祈雨之神與龍神

類別／神靈

介紹

臺灣天后宮的神官之中，四海龍王、風神、雲神、雷神、雨神都屬於祈雨之神。若遭逢久旱，可向這些神明祈求天降甘露。

龍神，則是專門掌管雲雨海水之龍王。

臺灣第一座供奉四海龍王的神廟，建立於清朝康熙五十五年（一七一六年），位處臺南市的東安坊，隨後，淡水、彰化、大甲、澎湖等地也建有龍神廟。

臺灣島沿岸的漁民，皆信農曆十月初十為龍王誕辰，四海的龍蝦水族皆會前往龍宮祝壽，所以海中將無魚蝦，不會有漁獲，所以此日是漁民的休息日。

典文

※《臺灣日記與稟啟》——清．胡傳

初六日，黎明而起，詣天后宮設四海龍王、風、雲、雷、雨神位，虔誠拜禱，求甘霖及時多降。

初七日，大風雨。至午，風止而雨仍未止，徹夜不息。

初八日，具太牢酬謝四海龍王、風、雲、雷、雨。申刻雨止。

※《臺灣南部碑文集成．重修龍神廟增建更衣亭碑記》

龍神者，水靈之精，司雲雨，普惠澤於蒼生者也。

國家崇德報功，祀典特隆。臺當開闢之始，建廟郡南，明禋永煥。

臺邦瀛島蓬洲，環壖皆海，龍神之呵護綏福，尤感而易通。

79 義民忠魂

類別／神靈

介紹

臺灣的義民，指稱義勇之人民，是在械鬥、民變、各種戰亂中，因保衛家鄉而犧牲生命，忠靈因而成為義民。全島各地區，皆可見義民祠、義民廟、忠義祠來祭拜這些戰亂英魂。

臺灣每年農曆七月二十日，是為「義民節」。

而在道光年間，徐宗幹身為清朝官員，某夜噩夢，夢見有披頭散髮的鬼兵鬼卒行軍，相繼用鈍刀在地上磨擦砍劈，發出尖銳刺耳的聲響。他也在夢中，望見路畔的百年古碑上，閃現著數行意義不明的字句。

那一陣子，徐宗幹正倡導要修建昭忠祠、義民祠，用來祭祀感謝以往在臺灣民變戰爭中殉難死去的萬千士兵們，才知曉原來夢境正是義民鬼卒顯靈預兆。

典文

※《臺灣南部碑文集成．重建義民祠碑記．嘉慶十一年》

郡城鎮北坊有義民祠。

自乾隆五十一年林[126]逆謀為不軌，郡人趨義，戮力疆場，不顧身家，隨軍殺賊。蕩平後，大憲奏請褒獎，建祠崇祀。

前陞府楊又捐俸買祠旁店屋二間，置田七分，年收租息以資歲祀。凡義民之歿於王事者，俱入列焉。所以妥忠魂，昭國典也。

※《斯未信齋雜錄．君子軒偶記》——清．徐宗幹

夜夢士卒多人磨鈍刀於地，又見殘碑忽顯字數行。時方倡修昭忠祠、義民祠，祀臺地往年官兵士民歷次殉難者，此其兆歟！

126林：林爽文，民變首領。

80 天行使者：厄神化身

類別／神靈　地域／南部

介紹

陳永華（一六三四～一六八〇年），字復甫，諡文正，福建人。

陳永華獲得國姓爺的賞識，成為鄭軍的「諮議參軍」，並且是國姓爺之子鄭經的老師。陳永華的隱藏身分，相傳就是明末清初的天地會總舵主陳近南，武藝高強，足智多謀。

在明朝鄭氏時代，有一名流浪行客，自稱「天行使者」，拜訪位於臺南安平鎮的陳永華住宅。身為鄭氏王朝軍師的陳永華，雖然疑心，仍然盛情接待此人。沒想到自稱天行使者的過客，卻是厄神化身，造成城鄉惡疫流行。從此之後，東寧王朝逐漸凋零破敗。也有說法，此神乃「瘟神」，陳永華稱之為「池大人」。

典文

※《臺灣府志》——清・高拱乾

辛酉年，疫。

先是，有神曰「天行使者」，來居陳永華宅，永華與相酬接。

自是，鄭之主臣眷屬，凋喪殆盡。

※《臺灣外記》

永華退居無事，偶爾倦坐中堂。左右見永華起，揖讓進退，禮儀甚恭，似接客狀；賓主言語，唯唯應諾。徐而睡去。逮覺，即喚左右，將內署搬徙，讓客居。

左右問其故，永華曰：「瘟使者欲借此屋，吾業許之。」

左右曰：「瘟使者欲何為？」

華曰：「到此延請諸當事者。」

左右曰：「誰？」

華曰：「刑官柯平、戶官楊英等，餘尚有不可言者。」嗟吁而已。

數日，永華死，繼而柯平、楊英等亦死，悉如華言。

81 白髭鬚：神仙老者入夢

類別／神靈

介紹

清朝時代，福建人陳淑均來臺灣，擔任宜蘭地區的噶瑪蘭書院講課。每當陳淑均遇到難事煩心，就會在夢中夢見一名清瘦老者。兩人對話討論一番之後，陳淑均醒來，便會靈犀一點通，獲知了難題的解決之法。

他尊稱神仙老者為「白髭鬚」，但對於神靈來歷，不知其詳。

典文

※《噶瑪蘭廳志．卷八》——清．陳淑均

詩文

憶承恩命感慚俱，洊歷升階眷獨紆。鞅掌卅年因偶步，暱皇一念凜公趨。
緣深瀛海頻經度，夢契臞仙屢仗扶。差喜精神猶滿足，卑官雅稱白髭鬚。

詩註

予以丙午渡臺後，每遇疑難事，即夢與清臞老人對話。

82 石頭公

類別／神靈　地域／南部

介紹

石頭公，位於恆春半島海口港的西南方海邊，為珊瑚礁石，形狀有如人形，傳說有神靈附焉。全臺灣各地區，皆有石頭公傳說，是臺灣民眾非常普遍的神靈信仰。各地的石頭公，各自都有獨特的歷史與文化故事。

典文

※《恆春縣志》——清．屠繼善

石頭公，在車城海口，危然特立，高數十尺，望如人形。鄉人之有不豫者，禱之即痊。又無一索之占者，祈之可得。故每年春秋佳日，士女往叩者，相望於道。旁有小廟一椽，顏曰：「石頭公廟」。

83 姑娘廟的仙女娘

類別／神靈　地域／北部

介紹

姑娘廟的廟宇名稱有「三姑娘媽廟」、「仙姑娘廟」等稱呼，但最常出現的廟宇名稱大多是「玉女宮」、「清華祠」、「奉仙宮」、「春川宮」、「慈玲宮」……等名稱。

不只是廟名紛雜，姑娘廟的神靈稱謂也繁複，諸如「仙女娘」、「姑娘」、「孤娘載」、「仙姑」、「聖媽」、「春娘娘」等詞語。

關於姑娘廟的詳細研究，可參考黃萍瑛〈臺灣民間信仰「孤娘」的奉祀：一個臺灣社會史的考察〉（中央大學歷史研究所碩論，二〇〇〇年）。

在馬偕的回憶錄中，曾經記載臺灣的姑娘廟傳統。在十九世紀，一名病死的淡水少女，被奉為「仙女娘」，信眾將她的屍身置於廟中，日夜朝拜。

典文

※《福爾摩沙紀事：馬偕臺灣回憶錄》——原著：馬偕，翻譯：林晚生

一八七八年，有一個住在離淡水不遠的女孩因肺病身體日虛，最後死了。住在那附近有個人，似乎比別人更知道各種事，指說那裏有個女神仙。於是，那個死了的女孩立刻變為眾人皆知，大家並稱她為「仙女娘」，並立了一座小廟以供人膜拜她。

她的屍體也以鹽水浸泡一段時間，然後被人放坐在一張扶椅上，又在她雙肩包上紅布，且給她戴上一頂新娘帽，從玻璃櫃看進去，她黑黑的臉，微露的牙齒，看起來很像埃及的木乃伊。在她前面燒著冥錢和上香，若有人來看，就告訴他們有關她的故事。而因為這些人對於傳說有能力去助人或害人的任何神都願意拜，就這樣，開始了對這位新女神的膜拜。

過不了幾個星期，就開始可看到好幾百台轎子抬著參拜者，特別是婦女，來這小廟膜拜，有的一來再來。

有錢的人就送禮來裝飾小廟，並向這位女神懇求。但有的信徒卻感到失望，因為擲杯筊後沒有得到明確的答覆。

原住民世界

噶瑪蘭族

噶瑪蘭族，自古居住於宜蘭、羅東、蘇澳一帶，古稱「蛤仔難三十六社」。後來，因為漢人的武裝屯墾，開始遷徙他處，所以蘭陽平原上的噶瑪蘭族群已經十分稀少，在花蓮豐濱鄉的新社村、立德部落，是目前規模較大的噶瑪蘭部落。

噶瑪蘭人信仰萬物有靈，族內有巫師（metiyu）主持各種祭儀，並且會替族人占卜，傳達神靈的指示。

經過牧師馬偕在十九世紀的宣教活動，噶瑪蘭族接受了基督教的信仰。在馬偕的回憶錄中，也記載了許多關於噶瑪蘭族的文化風情。

84 祖靈：前往快樂的獵地

類別／神靈

典文

※《福爾摩沙紀事：馬偕臺灣回憶錄》——原著：馬偕，翻譯：林晚生

平埔蕃原本和一般住在山地的蕃人一樣是拜自然界的，所以沒有廟宇、偶像或祭司。他們並沒有專屬私有的神的概念，而只相信許多已既存的神靈，並認為應設法來贏得這些神靈的喜愛與幫助。

他們對於已逝的祖先離去之靈極為尊敬，就像美國印地安人的觀點一樣，認為祖靈已經去到「快樂的獵地」。

他們有一般蕃人所有的迷信，而且在一些尚未被馴服的山地部落裡，仍舊施行一些饗宴和狂舞的儀式。

原住民世界／

阿美族

阿美族居住於花東縱谷平原、海岸平原，是臺灣人口數最多的原住民族。阿美族的宗教傳統，以祖靈信仰為主，相信「超自然的存在」（Kawas）、「宇宙主宰馬拉道」（Marahtoo）、「魔神」（Salo）、「惡靈」（Kariax）等等神鬼觀念。

關於阿美族的宗教信仰，最早的紀錄，由燈塔員喬治・泰勒（George Taylor）所寫下。

喬治・泰勒是中國海關稅務局職員，一八七七年在澎湖的漁翁島擔任燈塔看守人，在一八八二年調任於臺灣南部的南岬（鵝鑾鼻）。同年六月，擔任A級二等燈塔員的泰勒接管南岬燈塔的職員，包括兩位歐洲人、清朝海軍陸戰隊的士兵，以及數位廚師等。他在一八八七年十一月離職時，已是主任燈塔員。南岬燈塔，即是現今墾丁的鵝鑾鼻燈塔。

喬治・泰勒居住臺灣期間，勤學當地語言，精通漢語、原住民語，除了積極融入當地原住民社會，更參加南岬附近部落的聚會、儀式，蒐集諸多阿美族、排灣族、卑南族的傳說故事，研究範圍包含自然史、歷史、語言學、地理學，並且將這些旅遊見聞寫成文章。

可參考中文譯本《一八八〇年代南臺灣的原住民族：南岬燈塔駐守員喬治・泰勒撰述文集》（謝世忠、劉瑞超翻譯，行政院原住民族委員會出版，二〇一〇年）。

85 阿美神的拐杖

類別／神靈

介紹

阿美族的創生神話，有許多版本，例如「神降說」、「石生說」、「高山洪水說」等等說法。在喬治·泰勒的調查中，他則聽聞了「竹生說」與「海上渡來說」。

典文

※《中國評論或遠東記事與詢問·第十四期·一八八六年·福爾摩莎的原住民》

——喬治·泰勒，翻譯：謝世忠、劉瑞超

阿美族相信原初一個神（Being）將一支拐杖種下，長大後，變成一棵竹子。竹子冒出兩個竹筍，經過相當時間，演變成一男一女兩個人。他們的腳依然留在一個叫Arapanai[127]地方的大石頭上。這對夫妻首次定居該地，他們的後代就住在今天的猴仔山（Cowahsan），石頭上還可以看見族人所認識的各種動物腳印，但他們的祖先到底如何生活，卻無

人可回答。

除了猴仔山的大社外，也占有許多其他村莊，位於東海岸往下到南岬的各突出點。知本族和排灣族的村莊都離海岸有段距離。阿美族則盡可能靠近海，多半時間用於捕魚和農耕。

根據原住民的傳說，阿美族的祖先是一艘在海岸邊遭難的大船上的船員。他們性命獲得赦免，並准許與當地人通婚，但條件是他們及其後裔，永遠都要自認為異族，臣屬於真正的原住民。現卑南阿美族雖已太強大，不曾聽命於其他部族的酋長而約束自己，然即便如此仍有既虛構的宗主與從屬關係存在。

阿美族人從不認為自己能跟其他「野蠻人」有平等的地位。在所有慶典上，當各部族雜聚時，阿美族必須等到其他的人都用過餐才輪到他們，也得另坐別桌。

127今臺東縣知本鄉美和村一帶。

86 天神馬拉道

類別／神靈

介紹

喬治．泰勒記錄下阿美族原住民的神祈信仰，他們信仰「馬拉道」天神。

此天神居住於九霄雲外的宇宙上空，當人們遭遇困難之際，便會商請女巫與天神聯繫，祈求馬拉道降下福祉，以神力解決人們的困難。

典文

※《南臺灣原住民族小記》——威克翰．梅爾（Wickham Mayer）

卑南地區信仰一種叫馬拉道（Marahtoo）的最高神，人們按時祭祀。祂被認為是生活在「人世以外的天上」。貧乏困難的時節，人們會同祂乞求協助。崇拜或祈求的儀式，係由女祭司或女巫，以及一些祈禱者共同執行，過程中，她們會將一些玻璃珠和小片豬肉拋向天空。

※《中國評論或遠東記事與詢問．第十四期．一八八六年．福爾摩莎的原住民》

——喬治．泰勒，翻譯：謝世忠、劉瑞超

阿美族他們相信一種叫做「馬拉道」的最高神祉，並按時敬拜，認為此神應存於地球之外。族人在困難時，向祂求助。由女巫師代為祈禱，闡明神的意旨。

靠近南岬處，顯然距離淡化了此信仰，因為在那裡，他們採納了排灣人的神靈崇拜。

87 阿美族的惡靈

類別／鬼魅

介紹

十九世紀的阿美族原住民，相信人死後會進入某種類似陰間的場所，靈魂會被判決，並且在空氣之間遊蕩，成為惡靈作祟人間。

典文

※《中國評論或遠東記事與詢問．第十四期．一八八六年．福爾摩莎的原住民》

——喬治．泰勒，翻譯：謝世忠、劉瑞超

阿美人堅信有死後世界，是由個人在此生的行為所決定。對陰間的信念也很明確，但認為那與其說是個地方不如說是個環境。

靈魂會被判決，因為贖罪，而在大氣中遊蕩。

在此種狀態時，靈魂據說會成為惡靈，因此大家都有必要使其息怒，並盡可能地避開。

88 日月星神靈

類別／神靈

介紹

十九世紀的阿美族原住民，相信日、月、星是由兩種神靈造成。而太陽每天繞著平坦世界旋轉，夜晚則降入地底。

典文

※《中國評論或遠東記事與詢問・第十四期・一八八六年・福爾摩莎的原住民》——喬治・泰勒，翻譯：謝世忠、劉瑞超

阿美族人說，太陽、月亮、星星是由Dgagha和Barrcsing兩個神靈造成的。太陽每天繞著平坦的世界旋轉，夜晚則鑽進地底下。

89 山谷的回音靈

類別／神靈

介紹

回音靈，一種在山谷中製造回音的精靈，喜愛複述他人言語，但同時也擁有預言福禍的能力。十九世紀的阿美族原住民，相信山谷中有這種精靈，而山谷中之所以會出現回音，則是這種精靈造成的現象。

典文

※《中國評論或遠東記事與詢問．第十四期．一八八六年．福爾摩莎的原住民》
——喬治．泰勒，翻譯：謝世忠、劉瑞超

阿美族人傳說，精靈住在峭壁或高地的洞穴裡，且是造成山谷產生回音的原因。

回音的地點被認為是神聖的，人們在此進行迷信的儀式與魔法。凡部落有戰事或疾病盛行等關鍵時間，必會舉行這些儀典。

女祭司執行儀式時，只有村裡老人得以靠近。她扭動著自己，並逐漸激動到一種恍神的樣子，最後暈厥或假裝要昏倒。在最後一刻，她必須離開，隔天才會回到村子裡，並獲知精靈的旨意。

回音靈
阿美族傳說
高地洞穴中有精靈
呼喊造成山谷回音

90 雷神與閃電神

類別／神靈

介紹

根據喬治．泰勒的說法，十九世紀的阿美族人，相信打雷與閃電乃是「Kakring」、「Kalapiet」這兩位夫妻神靈造成的現象。在阿美語裡，雷聲是「kakereng」，閃電是「kalapiyat」。

典文

※《中國評論或遠東記事與詢問．第十四期．一八八六年．福爾摩莎的原住民》

——喬治．泰勒，翻譯：謝世忠、劉瑞超

阿美族對閃電打雷的解釋是Kakring和Kalapiet兩位神靈打鬥的結果，他倆是夫妻。雷神對家中的布置不滿意，於是開始踢倒家具，所聽到他弄出來聲響就是雷聲。他妻子找不出充分的字眼來防禦與攻擊，於是在高處脫光衣服以為報復，於是引起閃電。阿美族女性會以脫掉衣服來表示憤怒、嘲笑、藐視，阿美族女性認為暴露是表示最高程度的鄙視與輕蔑。

風和雨也被認為是由神靈所控制，但無法解釋是如何控制。

原住民世界

排灣族

排灣族，族群居住於臺灣島南部的山區、平原一帶。

喬治·泰勒曾經居住於恆春半島，並且記錄了當地排灣族的文化風俗、傳說故事。

例如，十九世紀的南臺灣佳平部落，相信高山上有勇士化成的神靈，並且相信泉水中有精靈棲息。此外，排灣族也流傳「天神玩球」、「森林精靈」、「巨水牛」、「草叢小魔鬼」、「蛇妖」等等傳說故事。

91 佳平部落的山中神靈

類別／神靈

典文

※《中國評論或遠東記事與詢問・第十四期・一八八六年・福爾摩莎的原住民》

——喬治・泰勒，翻譯：謝世忠、劉瑞超

在排灣人的北邊邊界外住著一個掛單的部族，即佳平部落（Caviangan）。他們的住處在山脈的某些地帶，此山脈在向北叫萬金庄（Ban-cum-sing）的頂峰聚集。佳平部落的人從各方面看來都跟其所住地一樣的狂野。他們就像多數的山民一樣，也非常迷信，相信高山上住有死去勇士的神靈。

92 泉水精靈

類別／神靈

典文

※《中國評論或遠東記事與詢問・第十四期・一八八六年・福爾摩莎的原住民》

——喬治・泰勒，翻譯：謝世忠、劉瑞超

在排灣北方的邊界處，有一奇特的部落，名為佳平。他們對精靈的看法，也相當奇特。佳平族人只有在某個時間才能去泉裡汲水。必須先讓精靈有充分的時間汲水，不然泉水會變得混濁，要不就會乾涸。

在山上行走時，必須不斷地用樹枝敲地，告知有人到來。讓精靈有充分時間恢復隱形，不然闖入者就會遭受嚴重的疾病或災難。

93 天神玩球

類別／神靈

典文

※《民間故事期刊．福爾摩莎南部原住民的民間故事》

——喬治．泰勒，翻譯：謝世忠、劉瑞超

講故事者很喜愛的主題之一，是某個自天上落下者的歷險記。此故事依其最初的版本，應如下述：

有位住在天界之上的年輕男子，在玩一個球，而球不幸滾進一個頗深的裂縫。他就拿了一支長槍去撥弄，設法將槍頭塞入那球，結果太用力了，反把球推穿天際，自己也失去平衡，隨著球翻滾下來。

那時有兩個女孩正在鋪粟米，好讓太陽晒乾。聽到奔騰聲響，以為快下雨了，而跑去將穀收藏入屋。然當她們向天望時，卻見到一男子和他的球正落下來。

這陌生人觸地後，便走向那兩女子，問她們是否能指示球的落處。

女孩說不知道，要他去問在造房子的工匠，工匠又叫他去找割藤者，這些人又把他推到一群賭棍處，那些人又建議他去問漁夫。後者很誠實地叫他回頭去從開始處找，並說他要詢問從距離那麼

遠的地方掉下的球落何處，實是極其愚蠢。

他於是回到那兩女子處，再次請問她們。

兩女子嘻笑了一陣子，然後提出小小的要求，要此陌生人答應幫她們提水、擣米、拾柴，做了這些事後才告訴他球落何處。

年輕人接受了這些條件。

此物既如此受重視，兩女子對其用處頗感好奇，纏著要他示範一下這球是怎麼玩的。

他馬上開始把球拋來拋去。他表現的技藝如此奇妙，大家從各地趕來看他敏捷的身手。

當他玩球時，其他人仍在進行當天的勞動，清除森林樹木以備種植大麥，他仍繼續展現其靈活技巧達五天之久。

別人砍伐樹木時，這陌生人忙著在樹頂端跳來跳去，把樹枝綁在一起，同時一直愉快地唱歌，很是自得其樂。這引起別人憤怒。

人們工作完返回時，便告狀說他是個懶惰無用的人，大家辛苦工作時他只知玩樂。女主人於是狠狠地把他罵了一頓。

他僅表示要稍有耐心，就會看到他的那塊地會是最早犁清。

第二天一大早，他就去在其中一棵樹上綁上繩子，用力拉扯推搖，而使那棵樹以及所有與之相連的樹根都鬆搖了。然後他又掀起一陣大風，把地都掃得乾乾淨淨。

這之後，他又借來一百隻鶴嘴鋤，由隱形的手操使，瓜的種子也以同樣的方式播種。瓜成熟了，掉下來，滾到穀倉裡，裡面滿裝大麥。每個瓜還有本領，除了真正的主人外，還會躲開別人的掌握。

在狩獵時，雖將他派到最差的山口，這陌生人總會獵到最大一袋子的獵物，屋子裡很快就裝滿死在他弓下的鹿角。

他只要喊一個字就能把水變成酒。他很大方地邀請大家，分享他所提供的豐盛美食，然仍為鄰人憎恨，想找個藉口把他殺掉。

他得知此事，認為該是離開這群不知感激者的時候了。因為他們之中，除了一位老人外，無人曾善待他。可是在大家公開展示敵意之前，他又不願對兩女子食言。

有一天，他大宴眾人，邀請所有的客人先玩遊戲。

他以鹿皮鋪地，約五百碼長，其上灑滿圓的豌豆。他向大家挑戰，看誰能跑完全程而不滑跤。好幾個試過，都做不到。可是他卻很輕鬆地跑到底線。這讓旁觀者大怒，公開威脅他，想在該時該地就把他殺了。

他聽到後，就將所有的鹿角拿出來，豎成梯子，最上端隱入雲中。

然後他就跳上梯子，開始往上爬。

敵人見他逃走，就以斧頭砍鹿角，但每砍一刀，斧頭就會落空，操刀者反而受傷，這讓攻擊者很快就打消念頭了。

當此天神回到家後，天界的人都認不出他來，以為他是闖入者。

94 森林裡的精靈

類別／神靈

典文

※《民間故事期刊．福爾摩莎南部原住民的民間故事》

——喬治．泰勒，翻譯：謝世忠、劉瑞超

這則故事證實當地原住民相信有精靈或類似之物存在：

有個年輕的牡丹族人（Botan）對族裡一位年輕女子的愛變得太熱烈了，而遭女子的親戚殺死。族長為了警告族人要將熱情侷限在適當的範圍內，因此將他的七個兄弟放逐，藉以警示。

他們被放逐到森林的深邃之處，在一塊新土地上遊走一陣子後，越過一小塊犁清的土地，見到一個小女孩，身高只有一柞寬[128]，正坐著削馬鈴薯皮。

他們問道：「小妹妹，你怎麼到這兒來的？你家在哪兒啊？」

她回答說：「我不屬於家，也不屬於父母。」

吃驚的問話者又再問她是否可為他們指點一條通路。

她以下面這種謎語般的方式回答說：「要是發現劍繫在右邊，那就在正確的路上。要是在左邊，就走錯路了。」

被搞得很迷惑的兄弟搖頭不解，再度進入森林。有俾格米矮人[129]的歌聲伴隨他們：

「你們認為我無父、無母，又矮小，

缺乏雙親給予的智慧；

尚無父無母之時我已然存在，

人類被遺忘之時我仍將存有。」

他們走了沒多遠，就看見一個矮小的男子在收割甘蔗，右方更遠處有個看來頗奇怪的房子，房子前邊坐著兩個身材極小的婦人，正梳著頭髮。一切看起來太怪異了，這些旅人對是否再走近些很是遲疑不定，但又急於找到通路以出森林。他們既陷此絕境，於是決定向這些怪人問路。

那兩個婦人被問時，猛地反轉身來，眼睛閃現紅光，再往上看，眼睛又變得晦暗、發白，並立刻奔入屋內，屋子的門和窗馬上就消失了。整個地方看來如一空曠的巨礫。他們見此，嚇壞了，趕緊離開。

第二天來到森林的邊緣，進入一個肥腴的山谷，那裡住著一群很溫和的人。他們最後就在該地定居下來。

128 一拃寬：手掌張開，拇指尖與小指尖距離，約九英寸之長。

129 身高不滿五英尺的矮小人種，分布在中非、東南亞、大洋洲及太平洋等島嶼。

95 巨水牛

類別／妖怪

典文

※《民間故事期刊・福爾摩莎南部原住民的民間故事》

——喬治・泰勒，翻譯：謝世忠、劉瑞超

很早以前有個傳說，說在某處可看到一個極龐大的水牛，黃昏時四處遊走，像是在覓食。見到巨牛的人，會覺得自己的頭逐漸腫起來，而肚子也脹得鼓鼓的。那些受折磨的目擊者自然總盡快逃離該地。

96 獰笑的天花鬼

類別／妖怪

典文

※《民間故事期刊．福爾摩莎南部原住民的民間故事》——喬治．泰勒，翻譯：謝世忠、劉瑞超

原住民有無數的迷信。他們生活在咒語、巫術、鬼怪的氣氛裡。任何無法解釋的事情發生，就將之歸因為邪靈設法誘使那些沒防備者上當。

鬼怪從森林的陰暗洞穴中冒出來，而造成飢荒、疾病與死亡。

有人曾告訴我：「潘文杰（Bunkiet）[130]妻兄的表弟在採薑黃時，不是見到獰笑的小魔鬼從甘蔗叢往外窺視嗎？恰巧那一年，天花[131]不就奪走該部落兩百人的性命嗎？」

130 潘文杰：瑯嶠十八社的總頭目。

131 天花：由天花病毒引起的傳染病，原住民相信是「天花鬼」帶來。

天花鬼
瑯嶠十八社傳言
甘蔗叢中有獰笑鬼
曾奪部落兩百人命

97 動物化人形

類別／妖怪

典文

※《民間故事期刊．福爾摩莎南部原住民的民間故事》

——喬治．泰勒，翻譯：謝世忠、劉瑞超

動物在白天應是不能轉為人形的。這個信念與西方國家所謂的「半夜三更巫師出沒的時刻」有些相仿。當地原住民流傳以下故事：

有隻淡水蟹與一隻猴子結為拜把兄弟，夜間兩者都化為人形。

螃蟹的變身很完美，但猴子卻無法去除自己的尾巴，也總很難把尾巴藏起來（福爾摩莎土著的全裝是在前後繫上一條短圍裙）。

當白天他們原形未變時，住處附近有個漂亮的女孩慣常打那裡經過。螃蟹與猴子都對那女孩很著迷，於是晚上化為兩個活潑的年輕男子去探訪她。

一天，螃蟹提議，為了要讓他倆的魅力變得無可抗拒，就應到某處，採集夠多的某種漿果，做成頭環戴在頭上。猴子同意了。

螃蟹既然無法爬高，就讓猴子爬上去，把漿果丟下來，由螃蟹收集起來。可是他並未如此做，因被貪婪征服，漿果一丟下，就將之吃了，直到猴子對螃蟹還一直回答說數量不夠感到訝異，就爬下來。

他馬上看到朋友的所作所為，於是兩人互相指責。

螃蟹在當時知道自己不是猴子的對手，就一直謹慎地往後退到一個小裂隙去。而當猴子在盛怒之下向他衝去時，他悄悄躲開，讓攻擊者盡量冷靜下來。

天就要暗下來了，猴子急於轉為人形，去探訪那美麗的少女。

每在他們去求愛拜訪時，猴子總坐在那個大米磨上。螃蟹記得這點，決定要報復，在猴子到達之前就藏到他同伴慣坐的座位底下。

那個假冒的年輕男子來了，照常坐在自己的位子上，開始挑逗女孩，但是螃蟹爬上去，找到那捲縮在背後遮布下的尾巴，狠毒夾剪。

假冒者大叫躍起，在吃驚的女孩和她家人面前現出整整有一碼長的毛尾，末端還掛著那螃蟹。

他當然被大家嘲笑趕走，而螃蟹感到極大的滿足，曳曳橫行，回到自己窩裡。

98 蛇妖戲弄

類別／妖怪

典文

※《民間故事期刊．福爾摩莎南部原住民的民間故事》

——喬治．泰勒，翻譯：謝世忠、劉瑞超

有兩個外貌美好的年輕勇士，他們放在個人修飾上的注意力，還遠比做為社群一員應盡的義務更多。這當然讓那些較不為自然偏愛的人不滿。

然我們的主角太沉湎在自我陶醉中，而未注意到這點。

有天他們穿戴著華麗的羽毛及有流蘇裝飾的腰帶沿路走著。兩條蛇見到他們大搖大擺的，決定要挫挫兩人的焰氣，而化成兩位美麗女子的外形，走近跟那兩勇士搭訕。

她們把自己描述為遠方一部落酋長的女兒，在自己族裡找不到足夠英俊而配做丈夫的年輕男子，於是決定要到處走走，直到能找到心目中理想的美男子。

她倆承認現已找到遠超原所期望的，而請兩男子跟她們一起坐一會兒，看看是否能達成共同的協議。樂陶陶的男子當然很高興地同意了。

這兩位女子既對挑逗顯得一點也不嫌惡，兩男子當然很高興地同意了，兩人也就更加熱切求

愛。

事情進展得如此順利，他們終於試想在那噘起的誘人雙唇上偷個吻時，突然發現自己正抱著兩條溜滑扭曲的蛇。

蛇很快鑽進大石塊的縫隙裡去。那兩個又失望又氣憤的情郎朝蛇身後大吐口水。然此事已為眾人所聞，並大加戲謔，讓此場騙局的主角從此捨棄個人修飾，而回到每天辛苦工作的行列去。

※《民間故事期刊．福爾摩莎南部原住民的民間故事》

——喬治．泰勒，翻譯：謝世忠、劉瑞超

當地原住民對一般的蛇，且特別是對百步蛇的痛恨，所給予的解釋，及對此物種的懲罰等，讓人仔細思考此故事，發現其中幾個重點，很奇怪地都與《創世紀》第三章[132]的某部分相符合。

據說，有條百步蛇愛上一個年輕女子，他以年輕英俊求婚者的男子模樣出現其前。為了避開她父母的嚴格防範，蛇直等到進入屋內才轉成人形。

她後來生了一個孩子。讓眾人驚訝的是，小孩只有在腰以上是人形，以下則是蛇形。

父母知道她在村裡的男人間並無愛人，自然懷疑這是超自然。

他們於是想到常見一蛇在某時刻爬過院子，但因其無害，並未加以干擾。然現在他們留心守候，蛇出現時就把牠殺了。

由於此舉太不吉利，而決心以後再也不殺蛇。但更糟糕的事情是，人類此舉造成蛇群的報復情緒，群起發誓永以人類為敵。

靠女祭師的協助，蛇被剝奪轉形的能力，因此也限制了牠們危害的力量。

然而自此以後，被百步蛇咬到就一定致命。還有許多其他的蛇類也造成很大的不幸。

在此再補充一點：當一個人被百步蛇咬到時，附近一帶全會遭搜索，他們將找到的第一條蛇綁在受害者身邊。如果這人死了（幾乎總是這樣的），那麼蛇就會被烤死。然若將傷口的毒吸出而人康復了，蛇就被釋放。

132《創世紀》第三章：亞當與夏娃在伊甸園的故事。

原住民世界

山中原住民

在十七至十九世紀，漢族文人也記錄了許多關於臺灣原住民的文化風俗。不過，在很多奇譚記載裡，欠缺詳細的族群介紹，所以無法分辨這些傳說屬於何族何社。只能判斷這些傳說，來源於山中的原住民部落。

99 山火鳥：穿梭火山中

類別／妖怪

介紹

荒遠傳說，在臺灣北部深山中，某處原住民部落附近有一座火山，白天時多有煙霧，夜晚則有火光。千年以來，火山中棲居著神祕的山火鳥，渾身赤羽，禽眼如血，能通靈，來往於火煙之間。當地部落傳言，若是目睹山火鳥，將會立即斃命。

典文

※《臺灣雜記》——清・季麒光

火山，在北路野番中。晝則見煙，夜則見火。有大鳥自火中往來，番人見之多死。

100 五色鳳：月出飛天

類別／妖怪

介紹

在臺灣中央山脈的玉山，傳說有玉石在山中發光。其山高聳，凡人無法攀登。

在月明之夜，玉山通體發亮猶如瑩玉，在山巔上有一座巨大芋樹，根筋盤結，茂葉成寬闊樹林，高度有一丈以上。

在玉山芋樹頂稍，築有鳥巢，巢中神鳥的羽毛五色斑斕，名為「五色鳳」。

在明月將出之時，有兩隻五色鳳鳥會拍動寬長羽翼，一飛沖天。

因為附近的原住民族人都很害怕五色鳳鳥，所以才動身移居到山下的族社。

典文

※《臺灣雜記》——清・季麒光

玉山，在鳳山野番中。山最高，人不能上。月夜望之，則玉色璘璘[133]。其上有芋一棵，根盤樹間，葉已成林。有鳥巢其上，羽毛五色，大於鸖鶴，土人俱指為鳳。

※《臺灣府志》——清・高拱乾

鳳芋：鳳山縣大呂覓山上，相傳大呂覓番原居此山，有芋一叢，高丈餘。月將出時，有二物如鳳凰，從芋下奮翮[134]振羽，騰飛戾天[135]。其番驚怪，始移居社內云。

133璘：玉的色彩、光澤。

134翮：音「ㄏㄜˊ」，翅膀。

135戾天：達到天際。

101 瑯嶠靈貓：陰陽眼

類別／妖怪

介紹

「瑯璚」、「瑯嶠」、「娘嶠」、「琅嶠」，是恆春的古地名，是排灣族語「Longkiauw」的漢文音譯，其字義為「蘭花」，因為恆春一帶遍生蝴蝶蘭。

在臺灣的恆春瑯璚山區，古代以來，當地的原住民族社會飼養一種擁有「日月眼」的奇貓。奇貓一眼碧綠、一眼晶藍，是陰陽眼，據說深夜能辨鬼物，也有傳聞乃是靈貓妖怪。

瑯嶠貓後尾如麒麟短尾，全身斑紋猶如虎獸的皮毛，雖然大小與一般貓相同，但叫聲可達二十里之遠，將老鼠盡皆驅趕。

居住於恆春半島的原住民族有排灣、卑南，現今已經無法得知是何處部落有飼養瑯嶠靈貓的習俗。

瑯嬌靈貓
雌雄眼麒麟尾虎斑色
長叫一聲二十里鼠皆遯

典文

※《臺陽筆記．閩海聞見錄》——清．翟灝

臺灣鳳邑之南，有山曰瑯嶠[136]，相隔海面八十里，陸路不通。其地皆生番。番社有貓，雌雄眼，麒麟尾，虎斑色，大小一如常貓，惟長叫一聲，二十里之外，鼠皆遯去。余以二十金得一頭，試之果然。後與別貓亂種，則只能捕鼠，而不能避鼠矣。

※《臺陽見聞錄》——清．朱士玠

瑯嶠山生番所居產貓，形與常貓無異。惟尾差短，自尻至末大小如一，咬鼠如神。名瑯嶠貓，又名番貓，頗難得。

136 瑯嶠：音「ㄌㄤˊ ㄐㄧㄠ」，屏東縣恆春，又名琅嶠，排灣族音譯。

卷參

日本時代

（西元一八九五年～一九四五年）

甲午戰爭之後，清朝簽訂馬關條約，臺灣因此成為日本屬地。

日本人渡海來臺之後，驚詫於島嶼奇山險地，同時之間，蠻荒野林中的百諸妖物也對來者虎視眈眈……

漢人、日本人與西方人誌異

海境之章

102 五使嶼：生人

類別／妖怪　地域／離島、海境

介紹

五使嶼，據說是鄰近臺灣島東部外海的某處奇異魔島，天氣晴朗的時候，可以從蘇澳登高遠望到此島。

五使嶼島上氣候與臺灣本島相類似，離海岸三里處有瓦屋，房中的物品陳舊，彷彿是百年古物，一旦碰觸就會馬上灰化碎裂。

島上有一種似人非人的巨型怪物，名叫「生人」。

曾有英國、瑞典船隻途經此島，中國官員本想將島嶼納為己有，尋找島嶼的先行船隻卻毫無消息傳回，此島地點始終縹緲未知。

※《雅堂文集》——日・連橫

五使嶼，蘇澳隔帶水，天空海闊時，望之在目，而基隆漁者時一至。嶼屹立海中，環可百里，有灣五，二可系舟，餘則礁石錯立，風浪湍湃，舟觸輒破，唯竹筏可入。

山川氣候，略同臺灣。有草狀如龍須，紉可織席。丹荔成林，實大而甘。行三四里，見瓦屋數椽，室中器具似數百年前物，觸之灰化。歸途遇一怪物自林中出，似人非人，散發垂肩，面目黎黑，猙獰可畏。漁者大驚走，怪物逐之。急駕舟逃歸，述所見如此，而名怪物曰「生人」；故基人謂無賴者為五使嶼生人云。

先是有英船偶至其地，測繪地圖，名「阿美島」。已而瑞典之船自打鼓[137]航日本，亦過其地。其所言與漁者頗相似。光緒十年，上海《申報》載其事，且言地適[138]臺灣，應速收入版圖，移民闢土，為臺外府。若為外人所得，狡焉思啟，實迫處此，終必為臺之患。

醇親王見之，下詢北洋大臣李鴻章，命臺灣巡撫派員考察。巡撫示所屬有能至者賞。

潮人李錦堂為西學堂教習，曾得英人圖，上書請行。

巡撫大喜，見之，命駕南通行。錦堂固未至，及基隆，求鄉道。

有漁者應募，請千金。錦堂許以六百，不可。而南通俟[139]之久，乃自駕往，數日不能得，以浪大船小為解。巡撫命待命，月給薪米銀三十兩。將調北洋兵艦再往。而荏苒[140]數年，竟無消息。

或曰：是嶼也，宋時楊五使居之，故名。

137打鼓：高雄的打鼓地區。

138邇：靠近。

139俟：音「ㄙˋ」，等待。

140荏苒：時間漸漸過去。

103 鴟尾：旋風之龍

類別／妖怪　地域／南部

介紹

鴟（ㄔ）尾，引發旋風之蛟龍，或稱「旋風蛟」、「鼠尾風」。如果鴟尾旋游海上，捲起海水，就會造成「龍柱」景象。

曾經在光緒三年（一八七七年），鴟尾從臺南安平飛起，越街而去，所過之境皆被大旋風吹折，甚至將一名漁夫憑空捲起，挾帶到幾百里外的阿里山上。

典文

※《雅堂文集》——日・連橫

旋風，臺人謂之「鴟尾」，沿海漁人每於海中見之。其水矗立，高與天齊，謂之「龍柱」。

光緒三年六月初三過午，有旋風起自安平，由南勢街越城入，向北去。

郡人翹首望，但見一物行極速，閃爍如銀，或以為龍也。

旋風過處，屋瓦盡撤。鎮渡頭之古榕，被拔數十丈外。演武亭屋蓋，亦飛舞空中。

時喜樹莊人某漁於海，為風所卷，人筏俱去。眾以為死矣，其家設靈，朝夕奠。越十餘日，某忽歸。眾來問訊。某言，被風時昏迷不知，及醒，則已在山中，古木甚茂，唯聞鳥聲。已而腹飢，覓路行，見炊煙，喜就之，是番人屋。男婦數人聚語戶外，亦不諗其為野番否。向之乞食。番能漢語，問何事至此。具告之。番驚愕，謂此為阿里山，距府城二百餘里。

留宿其家，款待備至。又數日，炊乾芋，充糗糧[141]，送之出，故得無恙。

141 糗糧：乾糧。

104 吳賽嶼的怪物

類別／妖怪　地域／離島、海境

介紹

臺灣的清朝時代，劉銘傳任職臺灣巡撫時，曾有南部商船遭遇颶風，漂流到臺灣東部海域的一座荒涼海島。

海島上有吃人怪物，狀如巨熊，會誘騙人類進入山洞中，再伺機吞食人類。

典文

※《臺灣日日新報．一九一〇年一月二十三日（明治四十三年）．照身鏡「吳賽嶼」》

——十八甯馨

劉省三[142]任臺撫時，有南部商船，途遇颶風，漂流至臺灣後一荒嶼。

繫纜登岸，忽見一怪物自山上來，首足皆人形，惟全身青黑，不著衣袴，狀殆類熊。

見人不作搏噬狀，惟招以手，意似將引之入山者。諸人遲疑不敢進，獨船長某甲以為可。据云日來常虔禱于天妃，昨蒙天妃示夢，謂不日必大吉利，此必神將千里眼無疑，宜從之吉。

眾心動，於是各皷勇而前，怪物亦戢戢然前導之。行里許，至一石洞，怪物止立其傍，似欲讓諸人之先入。眾恐中有變異，先投石以試之，良久寂然。眾乃爭先而入，入既盡，眾方議窮探之，倏覺洞中驟暗。回顧之，則怪物已舉巨石塞洞口。

眾急穴其傍竅，然窄甚，僅足容一人。一時急不能擇，爭馳出。乃一人甫探其首，竟被怪物攫之去，即自洞外裂食之。眾始知已陷死地，皆股慄。

俄而裂食既盡，怪物亦不他適，惟偃臥以防守之。然審以狀似甚醉飽，少頃即鼾聲雷鳴，狀類僵矣。眾因思得死中求生之法，先度怪物所臥之方向，共推巨石就壓之。幸而果中，物亦死。其血青紫，味尤腥臭。

眾急捨命逃歸船中，甫上船，又見一怪物追而至，狀亦類前。既見眾招之不來，遂浮海直前。眾大呼曰我輩生死在此一舉，宜各出刀斧刺殺之，不宜餒也。

語次，物已近船，手攀左舷欲上，一水手急舉斧斫斷其一指。

物負痛，始大嗥逃去，後眾皆生還。

入滬尾口，有安徽人劉某，時寓艋舺吳仁甫茂才隣舍，聞此事大異之，為言于劉巡撫，會劉巡撫開拓後山，方馳心于域外，聞之喜。

立命劉某駕兵輪往尋其處，凡數日抵一地，亦孤島，登岸行數里，所見風景，與前舟人所言者略同，但不見有何怪物焉。

復至一小山，嗅其氣殊怪異，或瘴氣盛故也。

然一行以為必有毒蟲猛獸在焉，相戒勿深入，遂止。

据劉歸所語人，其地似距臺灣後不遠也，因以其間有青色之怪物，證以吳賽嶼青人（蓋罵人不通事理如未經教化之原人者）之臺諺。頗疑其地或即吳賽嶼也。

此事乃吳茂才舉以語余，其言殊鑿鑿，惜乎自是不聞有再探者，遂不能一見廬山真面目也。

142 劉省三：劉銘傳。

105 海棘獸：臺灣近海怪獸

類別／妖怪　地域／海境

介紹

在日本的《朝日新聞》，一九〇九年記載了一則怪獸奇譚，英國汽船途經臺灣近海，船上眾人目睹海平面上有一隻巨大海獸，獸背上有明顯的一排棘刺，眾人嘖嘖稱奇，因為從未在海上見識過此種奇異怪獸。

典文

※《東京朝日新聞・一九〇九年三月五日（明治四十二年）・臺灣近海怪獸》

前天三日，英國汽船「蘇丹號」（Sultan）從新嘉坡經過香港進入橫濱港口，船長哈佛（Harvard）敘述，航海途中通過臺灣近海之際，約二十點不久，隔著海面，有一隻不可思議動物，高約十五呎、長約二百呎，在海平面上游泳，所有船員皆感詫異。並且描繪圖像，怪獸背上有一排「棘刺」（トゲ），像是這樣的海中怪獸，未曾見識。

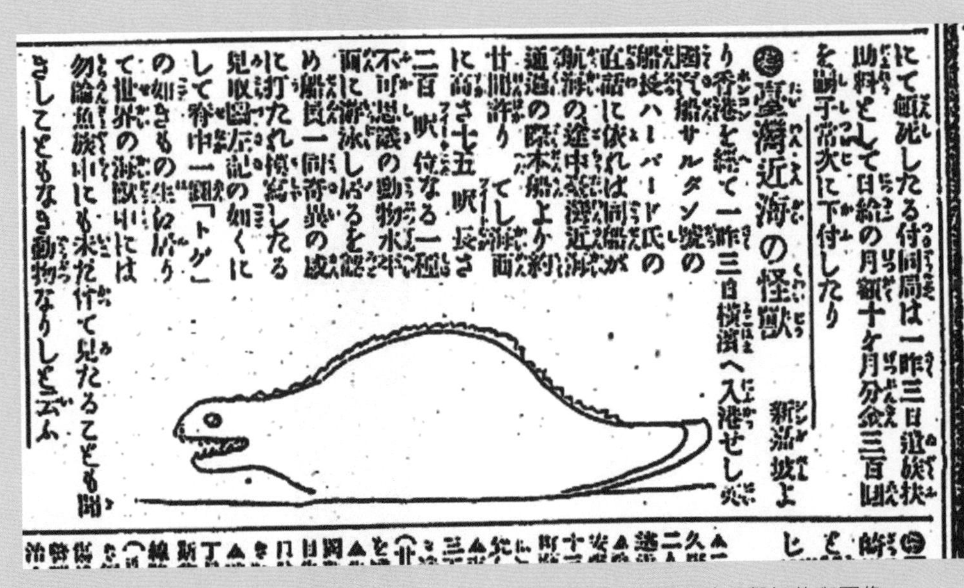

にて餓死したる付同局は一昨三日遺族扶助料として日給の月額十ヶ月分金三百圓を嗣子常次に下付したり

◎臺灣近海の怪獸

新嘉坡より香港を經て一昨三日横濱へ入港せし英國汽船サルタン號の船長ハーバード氏の直話に依れば同船が航海の途中臺灣近海通過の際本船より約廿間許りにして海面に高さ七十五呎長さ二百呎位なる一種不可思議の動物水面に游泳し居るを認め船員一同奇異の感に打たれ模寫したる見取圖左記の如くにして脊中一體「トゲ」の如きもの生じ居りて世界の海獸中には勿論魚族中にも未だ曾て見たることも聞きしこともなき動物なりしと云ふ

■《東京朝日新聞》明治四十二年三月五日，記載了臺灣近海怪獸的目擊記錄與圖像。

漢人、日本人與西方人誌異

山野之章

106 白猿妖

類別／妖怪　地域／南部、山野

介紹

傳說，古早時代的高雄岡山，四處都生長茅草，故稱「竿蓁林」。在岡山的山野林地，也有白猿妖棲息。

典文

※《雅堂文集》——日．連橫

岡山[143]之上有白猿，人曾見之。

143 岡山：位於高雄縣。

107 蛇郎君

類別／妖怪　地域／山野

介紹

蛇郎君，自古以來，流傳於臺灣島上的奇異妖精故事。

據說，某莊中老叟，育有三名女兒，某日途經高山中的花園看見杜鵑花朵艷麗，摘取而下想送給女兒，豈料花園主人乃是變化成美男子的蛇精蛇郎君。

蛇郎君對老叟說，必須要將他的女兒嫁給他，否則他會毀滅老叟之家。老叟懼怕，最後逼不得已，只好將小女兒嫁給蛇郎君。

沒想到蛇郎君雖然是妖精化變，卻對新妻疼愛有加，贈以巨室珠寶。

但之後，小女兒的大姊因為不滿小妹獲得美滿幸福，謀殺其妹，想用相似小妹容顏的自己來替換小妹。

沒想到小妹冤魂化為青鳥，向蛇郎君啼音報信，大姊將青鳥殺掉之後，埋著鳥屍的地方又長出青竹。大姊將青竹砍掉做成竹椅，可是當大姊坐上去的時候都會跌倒，大姊又將竹椅拿去燒掉。灶灰的魂魄又附上了紅龜粿，被鄰居阿婆拿回家，蓋在被子裡，紅龜粿竟然化身為小女兒的真身。

最後，透過鄰居阿婆，蛇郎君才知道了真相，並且咬死了大姊，與小女兒過著幸福快樂的日子。

蛇郎君的故事在臺灣各地皆有流傳，並且也有各種不同的版本。在日本時代，除了連橫記錄蛇郎君的故

蛇郎君
某處有蛇久而成怪
化爲美男子往來村中
村人稱之爲蛇郎君

事，在《臺灣むかし話》、《七娘媽生》、《臺灣教育》也有記載，故事情節略有不同。

※《雅堂文集》——日·連橫

臺灣童謠有蛇郎君一節，事頗奇異，為載其略。

某處有蛇，久而成怪，化為美男子，往來村中，村人稱之為蛇郎君。

聞某翁有三女，均未字，遣媒議婚，願以千金為聘，否則將滅其家。

翁固貪利，又畏暴，命長女，不從，次女亦不從。少女年十七，見父急，慨然請行。

既嫁，蛇郎君愛之，居以巨室，衣以文繡，食以珍羞，金玉奇寶恣其所好，而翁以締婚異類，遂不複作貧兒相矣。

108 鸚哥妖與龜怪

類別／妖怪　地域／北部、山野

介紹

在臺灣北部，有鸚哥石妖鳥作祟，能吐出彌天毒霧。
鄭氏軍隊途經此處，向鸚哥石開砲，擊碎妖怪頭首。
雖然鸚哥妖怪斃命，但其石仍有異毒殘留，不可靠近。
並且，在附近三峽的飛鳶山，也有妖怪作亂，鄭氏曾砲擊其怪，並且留下砲擊痕跡。
除了鸚哥、飛鳶傳說外，據說龜山島也曾經是一隻巨大妖龜，因為國姓爺的攻擊而死亡，化為海中島嶼。

典文

※**《雅堂文集》——日．連橫**

鸚哥石在淡水海山堡，今為鐵路往來孔道。

鸚哥與龜怪
鸚哥石在深山能吐毒霧
龜怪浮於噶瑪蘭外海
傳說皆被鄭軍擊殺

石大數丈，屹立山頭，自下視之，酷肖鸚哥。
相傳此石能吐毒霧，大可蔽天。鄭氏興軍至此，迷失道，開砲擊之，遂斷其首。
又曰：此石有異，人不敢觸，觸之則疫，六畜多斃，至今相戒無敢近者。
對面有山曰「飛鳶山」，當三角湧[144]之衝，往時亦能作怪，鄭氏擊之，斷痕宛然。

※《臺灣風俗誌》——日・片岡巖

北部地方有肉鳶山。山形像鳶嘴。從前這地方上的人以為到這山時，會被怪鳥啄死，所以無人敢去。後來鄭成功部隊到這裡來，而每一夜消失一個兵員以至於全滅，再派兵亦無一人生還。鄭成功非常氣憤，在草鞋墩安置大砲時，砲座不能穩固，令兵將脫去草鞋堆積做砲座後，發砲擊碎鳶下顎，鳶終以死亡不再傷害人。堆積草鞋的地方，後來成為草鞋墩的地名。

※〈國姓爺北征中的傳說〉——日・黃得時

過了劍潭的國姓爺，經了小憩之後，越過三貂嶺，進攻噶瑪蘭（現在宜蘭一帶）方面去了。恰巧這時候，一望無際的太平洋上，有個巨大的黑物，很傲慢地在那兒吐霧。傍邊還有兩個白色的東西，或浮或沉的跟著滾來。

頃刻間，那個怪物，似乎由茫茫的海上，漸漸迫近這邊來了。

「喔，那是什麼怪物？」

全軍莫名其妙都驚呼起來了，只因這個怪物，把全軍都嚇得戰戰兢兢，毛髮也直豎起來了。

一直到了那個怪物逼近了來，大家纔認知那是烏龜精，白色的東西就是牠所產的卵。

「龜精，好大的烏龜精！」一番囂囂的議論，由兵卒的中間騰起了。

看這情勢的國姓爺，坐在馬上，不慌不忙的，按鎗照準，向那龜精射去，只聽得「碰！」的一聲，接著一陣震天動地的轟動，早已把那龜精打沉海裡去了。

未幾又浮起來，但是牠的甲上已被炸得個洞穴，同時霧也不會吐了，只死靜靜的浮在那裏。

後來這個被炸死的龜精，經過年深月久，遂成個山島，大家便稱牠做「龜山」。

那被炸的洞穴，也形成個小湖，湖裡也貯滿了澄清的水。

未幾就有許多人，移到這個海上的龜山住居。

144 三角湧：現今的新北市的三峽。

109 煞神

類別／妖怪　地域／山野

介紹

流竄於臺灣暗夜之凶神，名為「煞」，若意外冒犯凶神，則曰「犯煞」，會讓人死亡、生病、破產。

在《臺灣日日新報》也記載了煞神奪人性命的真實故事，最終造成三人死亡。

根據報上記載，煞神現身時，猶如一團黑煙，若被煞神詛咒，則會暈倒，全身出現黑色斑點，最後通體焦黑而死。

典文

※《臺灣語典》——日・連橫

犯煞。

煞，凶神也，犯之而不祥也。

※《臺灣日日新報・一九〇六年（明治三十九年）一月三十日・煞神連殺三命》

本島人迷信最深，而于煞氣尤甚。中如嫁娶一事，有犯煞氣者，必或死或重病或破產不等，故須以星士卜其日時。一至于再，彼蓋信嫁娶中途一遇煞氣，人必立死，通體焦黑如火燒。今次煞神連殺三命一大椿事，据本島人間之所傳說，實別有理由在焉。是亦采風上之一助也，故記之。

由今一週間前，錫口街五秀才之家，新嫁其女于中庄某氏。循例以黑布密纏花轎，其上並為種種裝飾，不使洞見，以防煞氣。

不幸是日轎甫入門，新郎忽犯煞氣卒倒，通體徧生斑點，翌日即死。當花轎之出王家也，途次有小兒數輩，固為種種惡戲。

其後又有一小兒約十歲許，在轎傍跳舞，且向轎裡窺伺，亦為煞氣所沖，通體焦黑而死。

又有送嫁婆于新孃出轎之際，代扶新孃出轎，瞥見轎中有黑團，亦驚悸而死。

中一死者，其遺族以為煞神使然。嫁娶者不可不任其咎，經請損害賠償矣。

1

2

3

4

1 清朝年間的臺灣花轎：臺中的南屯萬和宮文物館，珍藏一件清光緒十三年（1887年）製作的花轎，雕工極其精美。

2 花轎正門的兩側對聯書寫婚嫁之喜。

3 花轎左右兩邊的花窗可以前後推動。

4 清朝年間的臺灣花轎細部圖。

110 黑狗妖

類別／妖怪　地域／北部、山野

介紹

新莊地區流傳，山上有「黑狗妖」，自稱「黑山大王」，生性淫亂，喜愛美豔人婦，常在黑夜中爬上婦女床鋪，與女交合。

最後，眾人在山下挖掘到狗骨，以油鍋煮燒，才杜絕禍害。

但也有傳說，「黑狗妖」乃是懂得掩身術的術士所變化而成。

典文

※《臺灣日日新報．一九一一年（明治四十四年）四月二十九日．照身鏡「山妖」》

——十八甯馨

前年新莊坪頂，有農家婦頗少艾[145]。

適夫外出，夜獨宿，忽夢與人交，醒而捫[146]之，果一人臥榻上，大驚欲呼。

其人急止之，自言為「黑山大王」，因與卿有夙緣，若祕勿宣，當錫汝以福。婦信之。

無何往來漸穩，往往笑聲達于戶外。妯娌覺其異，潛往窺之，尤果有人，于是竊竊議其私。其姑聞而怒詰之，婦直言無隱，群嗤其妄，婦慚憤而退。

入夜其人忽不至，婦疑或從此斷跡矣。

天既明，諸妯娌皆憊不能興，共言有疾。其人夜又來為婦言，始知諸妯娌皆遭汙，局部並高腫也。

其姑詰諸婦，不得已微露其隱，乃共嘩以為妖。一面延術士厭勝，一面逐婦歸甯。

其兄嫂素不信邪，頗加冷誚，乃夜亦被汙。自此無敢與婦同宿者。

後百方祈禳，于山下掘犬骨一片上有毛長二寸許。

投之鼎鑊，妖始息。

或云是必非妖，殆術士能掩身術者余則曰健盜為近。

145 少艾：年輕貌美。

146 捫：撫摸。

111 蟾蜍山：食人之山

類別／妖怪　地域／北部、山野

介紹

在臺北公館一帶的蟾蜍山，又名「內埔山」。相傳古時候，山中有一隻蟾蜍妖怪，經常危害百姓，吞食當地百姓。當劉海仙翁來到此山，曾經在山上和蟾蜍妖怪鬥法，最後順利殺除了妖怪。

另外，在新竹橫山鄉的觀光勝地內灣風景區附近的油羅溪，也有「石蟾蜍」的妖怪故事。《新竹縣采訪冊》記載：「蟾蜍石在縣東四十六里油羅溪口。其大如屋，前仰後俯，狀類蟾蜍，口眼畢肖。近時鐵路石料多取於此，雖經穿鑿，其形猶略具云。」

根據當地傳說，光緒年間有打石業者至油羅溪尋覓石材，有一人在蟾蜍石上撒尿，蟾蜍石竟移動身形，嚇壞眾人。數日後，村內一隻水牛失蹤，村民尋至蟾蜍石周邊，石蟾蜍突然張開血盆大口，吞食數十人，唯有一人逃走。

之後，村民聘請法師以狗血加火藥，將石蟾蜍下巴炸掉，石蟾蜍從此就不再作怪。

典文

※《臺灣日日新報・一九一五年（大正四年）五月二十一日，傳說之山，食人之山：蟾蜍山》

蟾蜍山，位於臺北附近的總督府農事試驗場正後方[147]，形似蟾蜍，正是令人聞風喪膽的妖怪。

147 現今臺北市公館。

112 溪畔女鬼現形

類別／妖怪　地域／北部、山野

介紹

日本時代，阿緱廳的農民洪在之女，在淡水溪意外溺死後，曾在溪邊現形多次。此女鬼雖屬鬼魅，但並沒有害人之舉，與一般水鬼會「抓交替」的行為不符。或許女鬼現形溪邊，只是為了與父親道別。

典文

※《臺灣日日新報．一九〇六年（明治三十九年）三月二十四日．亦一怪物》

阿緱廳下，頭前溪庄農民洪在，有壹女，年十六七，適某庄某甲為妻。伉儷之間，時多詬誶。客秋某日，夫妻又復反目，女竟夤夜歸寧。行次淡水溪，時霖雨初晴，溪流漲滿。女急於歸家，褰裳而涉，跬步間旋遭滅頂。而地僻人稀，竟無援者。

及旦屍浮，村人共知為女，乃急報在，收屍瘞之。
不意女怪異特甚，日在溪畔現形。
行人駭懼，相戒無敢過此。
日前，在獨駕牛車，沿溪小憩，見女粧束如常，攀車而上。見在，連呼：「阿爹！」
在慘然大慟，方致研詰，忽人語暄騰，女竟湮然滅矣。

113 香魂女鬼

類別／鬼魅　地域／北部

介紹

黃玉階（一八五〇～一九一八年），是日本時代的知名漢醫師，致力推動臺灣社會現代化，曾在一九〇〇年創立臺北天然足會，鼓勵廢除臺灣女子纏足習慣。

某年，黃玉階前往水返腳（汐止）演講，在中秋月夜，與朋友在溪畔遭逢香魂女鬼。黃玉階為了超渡幽魂，口誦大悲咒，香魂女鬼才永絕形影。

典文

※《臺灣日日新報・一九一四年（大正三年）五月八日・香魂》

臺北宣講社，係黃玉階先生，自壬午年創始。先生原籍彰化，自少持齋禮佛，慨然以濟世為懷，來北籌設善社，宣講聖訓格言。世道人心，賴以維持不少。

嘗至水返腳天后宮演說善書，迨夜將半，邀講友陳茂才時夏及陳有源等，將往宮後陳某書齋投宿。時居中秋，萬籟無聲，一輪耀色，三人步月而行。

忽覺絲香撲鼻，其臭如蘭，咸相詫異，謂此地何得有此？

比到陳某塾中，亟以詢之，陳某搖手曰：「勿言勿言。」眾堅叩所以，乃曰：「敝齋近溪，溪旁有巨石，月夜若聞香氣 有一女鬼，踞坐石上，以惑行人，或被擲瓦礫，人皆視為畏途。」

陳茂才素豪放，笑曰：「如此良宵，若欲結緣，香可再出。」言未竟，齋中午氣襲人，倍加濃厚。

陳某蹙然曰：「君等明日歸去，予在此獨宿，若來纏擾，奈何。」

黃先生見其怖甚，曰：「君能招之使來，不能魔之使去，予雖無伏魔之力，卻有辟邪之方。」於是趺坐合掌曰：「何處幽魂，來此何事，須知陰陽異路，不得在此迷人祟人，致干陰律，宜速懺悔，投生富貴家，永受人間之幸福，敬誦大悲咒一卷，藉以超度。」

誦畢，覺一陣陰風，飄香而去，自是石上之美人香魂，永絕形影。

陳茂才曰：「今夜韻事，不可無詩以紀之。」

乃各即事賦詩，猶記黃先生七絕二則云：

「宣罷聖經下講臺，良朋步月共徘徊。幽香陣陣飄何處，疑是散花天女來。香魂竟化異香來，苦海沉迷劇可哀。為誦佛經開覺路，從茲轉世脫輪迴。」

續諧氏曰：鬼之為厲為祟，前生多因冤恨而死，靈魂鬱結不散，如彭生之報冤，精衛之填恨是也。若女鬼之飄泊無依，何不投生，而乃現形迷惑？殆如妓女之沉溺苦海，不知回頭歟。得黃先生之當頭一棒，渡出迷津。是其平生之正氣，足以感化邪魔，不然雖誦大悲咒千百遍，恐未必見功也。

114 大甲溪的鬼火

類別／鬼魅　地域／中部

介紹

臺灣鄉野墳地，經常出現燐火，即是「鬼火」。在中部則有傳說，每夜大甲溪上，都會有鬼火閃爍飄浮。大甲溪除了有鬼火傳聞，也有女鬼故事流傳。

根據《東勢鎮客語故事集》（胡萬川、黃晴文編輯），曾採錄一則大甲溪女鬼的故事。據說，在清朝時代，大甲溪是用石頭鋪在河底做橋，當時來往的商人旅者，經常看到一位美麗的女子坐在河岸的苦楝樹下。這名女子，經常會叫人揹她過河。

當人們將她揹到河流湍急的地方時，女子就會將舌頭伸長，臉龐化為醜陋的鬼臉，讓人嚇一跳而掉進大甲溪裡溺死。

所以，一旦揹起女鬼，就絕對不能回頭看她，不論她如何拍打肩膀，也不能回頭。只要過了河，女鬼就會化成一塊棺材板。

最後，有一名道士想要解決這個禍害，就先在東勢的對岸準備一個油鍋。然後假扮成商人要渡河，當女鬼請他揹的時候也不拒絕，直到過了河，就直接把女鬼扔在滾燙的油鍋裡，一直炸成油渣。從此之後，大甲溪的女鬼就不再出現了。

大甲溪之所以有女鬼讓人入水的傳聞，或許跟大甲溪水流湍急有關。清朝時代，吳子光曾在《一肚皮集・臺事紀略》說明大甲溪的水流急促：「大甲溪……此溪乃淡、彰二屬巨浸，每南風暴作，必夜吼，聲聞數里外不絕，即風日晴和，亦水漲不可方物；且溷濁如土色，至旬日始復常，亦一奇也。沿溪水土最惡，粗沙大石與風水相擊撞、遷徙無定所致。徒杠輿梁，功莫能施，蓋此非德水也，乃畏塗爾。」

典文

※《臺灣日日新報・一九一五年（大正四年）三月六日・鬼火燃》——村夫子

大甲溪水上，每夜鬼火燃。

115 僧亦怕鬼

類別／鬼魅　地域／北部

介紹

新庄路畔，常有鬼譚，某寺僧行經其路，常念阿彌陀佛驅鬼。

典文

※《臺灣日日新報・一九一〇年（明治四十三年）九月十一日・佛亦怕鬼》

滬尾某寺寺僧，素膽怯。日前，往新庄作香花晚歸，沿途誦佛聲不已。有農人在前行，手燃火炬，僧急趨就之。然口猶喃喃作語，農人叩其故，僧曰聞此處有鬼故也，農人大笑之。

116 雷公埤的女鬼

類別／鬼魅　地域／北部

介紹

新竹的雷公埤，有女鬼作祟，會將人誘引到水中溺斃。

傳說，有一名當地人觀賞完戲劇，在夜裡獨自返家，經過雷公埤時，隱隱約約看到一位美麗的女子，周身散發奇異芳香，讓他情不自禁地向前追去。

沒想到女子竟一躍而去，步行水上，作勢邀請他往水中走去，他這時才發現是女鬼引誘，趕緊落荒而逃。

典文

※《臺灣日日新報・一八九七年（明治三十年）二月二十四日・月下見鬼》

新竹東關外有一大池塘，俗呼雷公埤。

詢之父老，均以當時，雷起其處，因以為名焉。

其埤水深一二十尺，雖苦旱亦不見其涸。附近居人相傳有鬼，亦屬耳聞而非目見也。一回該地演劇，頗熱鬧。月色微明，某甲經過其地，隱隱見有佳人，年可二八，容顏如玉，真傾城絕色。

甲向前睨視，女拂衣遽起一陣香風撲人眉宇。然問之不答，但掩面微笑。甲迫近其身，意圖調戲。女躍然一跳，宛在水中央面，即以手招甲。嚇得甲魂飛天外，拼命逃歸。

返家，語言不出，手足冰冷，口眼俱呆，形如木偶，家人急以養湯灌之，約一半時久，遍體回陽，逐漸呻吟，翌日方知人事。

117 虎姑婆

類別／妖怪　地域／山野

介紹

臺灣民間家喻戶曉的虎姑婆故事，講述深山中的老虎精怪，化為慈祥和藹的老婆婆，假扮成一對姊妹的姑婆，欺騙她們而得以進入家中，想要在夜裡吞食姊妹兩人。

虎姑婆的故事，普遍流傳於中國，因漢人渡海來臺，而將此故事帶來臺灣。目前可考，最早的虎姑婆故事，是清代官員黃之雋（一六六八～一七四八年）所寫的〈虎媼傳〉：「歙居萬山中，多虎，其老而牝者，或為人以害人。」說明歙縣（安徽省東南部）位處於群山之中，有許多老虎，若年老且為雌，有些會轉變成人來害人，並且會假扮成外婆，藉機吞噬小孩子。

從乾隆年間以來，「老虎外婆」的故事逐漸在中國各地流傳，不同地域流傳的故事也有變異的細節（例如，小孩會離開家去找外婆），甚至妖怪主角成為其他凶猛的動物。例如，北京、江蘇、四川等地是「狼外婆」吃人，浙江永嘉是「野熊外婆」，廣西壯族是「猩猩外婆」，江蘇、南通是「秋狐老媽媽」，河南是「沃貓精」，這些妖怪可能假扮成媽媽、外婆、叔婆等角色。

虎姑婆的故事，經過臺灣的在地化，也演變出獨特版本的情節與結局。在臺灣流傳的故事，虎姑婆會趁母親離家之後，在深夜拜訪姊妹倆人的家，並且欺騙她們說自己是姑婆，要來陪伴她們過夜。

另外，因為臺灣並不產虎，所以臺灣人並不認識「虎」的正確形象，所以在講述故事時，不會特地說明老虎的「動物特質」（有皮毛、有尾巴），而是將虎姑婆理解為「鬼婆婆」、「吃人的老姑婆」。因此，根據學者研究，「老虎」的概念已經轉化成「某種恐怖而醜陋的妖怪」，而忽略了原本是「動物」的特質。

雖然臺地不產虎，但島上人們也會藉由兩種形式來認識「虎」的形象。

第一，廟宇的梁柱、牆壁會有「虎」的彩繪壁畫、雕刻，述說民間傳說裡的老虎故事，例如「武松打虎」、二十四孝的「黃香打虎救父」，除了有裝飾功能，也有生活教育的意涵。此外，許多廟宇也會奉祀「虎爺」，祂具有鎮護廟宇的能力。

第二，日常生活會使用的器物有「虎」的形象，例如百姓祭祀用的神桌、平頭案、或者木櫥櫃的表面可能浮雕八仙的圖案，圖畫中的鐵拐李最常以騎乘老虎的姿態現身。另外，民間習俗「祭改」使用的外方紙，有一款紙錢名為「白虎」，繪製了老虎凶神的形象，若人們「犯白虎」，則需要燃燒紙錢解災除厄。臺灣民間也有「紙虎」的迷信，在片岡巖《臺灣風俗誌》便敘述「紙虎告密」的奇法，就是在紙上先畫一隻老虎，然後把老虎圖形剪下，裝進投給官衙的密狀裡，臺灣人相信紙虎能暗中咬傷對方，讓密告的對象遭受嚴刑拷打。所以，雖然臺灣人們從未見過老虎的真實樣貌，但也藉由這些「二手資料」、「民間習俗」來幻想老虎的形象。

在日本時代，虎姑婆的故事曾記錄於《華麗島民話集》與《民俗臺灣》。

《華麗島民話集》，由西川滿的日孝山房出版社發行，出版於昭和十七年（一九四二年），由立石鐵臣插畫裝裱，包含二十四篇臺灣民話，是西川滿在臺時期，與池田敏雄二人共同策畫。在一九四二年，他們從當時的臺灣全島學生徵文中，篩選出適合的民話文章。這本書在一九九九年九月由致良出版社重新出版、編譯。

《民俗臺灣》，則出刊於一九四一至一九四五年，原刊日文版，主編是金關丈夫，專門蒐集臺灣民俗資料。書刊中的作者包含臺灣作家與日本民俗學者。之後，《民俗臺灣》在一九九〇年由林川夫重新編輯翻譯

虎姑婆
山虎老而牝者
或爲人以害人

（武陵出版社）。

在《民俗臺灣》的記載中，妹妹因為個性單純，反而被虎姑婆所啃食，而姊姊則依靠著聰明機智，用熱油淋死了虎姑婆，順利逃脫虎姑婆的魔爪。在《華麗島民話集》的故事中，姊妹兩人則藉由天上雲朵的幫助，逃離虎姑婆，並且加入了七娘媽的行列。

日本時代，記述虎姑婆故事的書籍，尚有《臺灣むかし話》、《臺灣昔噺》、《文藝臺灣》、《七娘媽生》，情節也都略有不同。例如，在《臺灣むかし話》中，虎姑婆欺騙妹妹說是在吃土豆（事實上，是在吃姊姊手指）。

此外，排灣族的率芒社，也有類似「虎姑婆」的傳說故事，在他們的語言裡，怪物被稱為「沙利庫」（Sariku）。至於在日本民間故事「天道樣金の鎖」的故事情節，也與虎姑婆故事非常類似，虎姑婆的角色則變成「鬼」（おに）。

關於虎姑婆的詳細研究，可以參考吳安清的論文〈虎姑婆故事研究〉。

典文

※《華麗島民話集．虎姑婆》——日．西川滿、池田敏雄，編譯：致良日語工作室

在山背後的一間破敗不堪，茅草搭成的屋子裡，住著一對孤兒姊妹。

有一天，虎姑婆來了，要吃掉兩姊妹。

姊妹倆衝破牆壁，躲到後面的一棵榕樹上。榕樹下有一條清澈的小溪流過。

虎姑婆看見了倒映在小溪裡兩姊妹的身影，便傾全力搖晃著那棵榕樹。而就在那棵榕樹快倒的時候，姊妹倆唱著說：「黑色的雲是父親，白色的雲是母親」，就哭了起來。

就在這個時候，眼看著天上的黑雲與白雲降了下來，載著兩姊妹向天飛昇而去。可憐的兩姊妹從此加入了七娘媽的行列。

※《民俗臺灣・虎姑婆》——日・森元淳子

從前，在某一深山裡住著母女三人，雖是單獨一間的簡陋住屋，每天倒也過著平安無事的日子。

有一天，母親為了非一個人去不可的事而下山去了。雖然住慣了的山，但因一片寂靜，留下來的二個女兒加倍感到非常寂寞，而相互貼近身體坐著。

這時，隱約地聽到敲門聲。二人慄然豎起耳朵再聽時，敲門的聲音越來越響。心中害怕而打開門一看，門口站立著一個白髮老媼。

二人雖然感到害怕，但因老婆婆笑容可掬說：「我是妳們的伯母。」這才放下心來。特別感到高興的是妹妹，因正感到寂寞，便湊巧來了一個人來陪伴，不過年紀大的還是年紀大，姊姊深感到來人的可疑。

其夜，老婆婆邀姊姊一起洗澡，但姊姊加以拒絕而一個人入浴。妹妹年紀尚小不懂事，便馬上答應與老婆婆一同入浴，因姊姊不肯一齊來，而使老婆婆深深地感到惋惜。當就寢時又起了爭鬧，妹妹無論如何都要和老婆婆一起睡，任姊姊怎樣去勸止她，她都不聽。

終於姊姊也就順從了她。

就寢後，姊姊忽然被一種聲音吵醒，感到可疑，便往妹妹那裡一看，妹妹用棉被蒙蓋住頭而不見身體。老婆婆坐在其旁，好像在啃吃著什麼東西時，老婆婆不客氣地瞪著姊姊說：「我在吃生薑[148]，小孩子是不可以吃的。」

姊姊說：「可是，給我一支嘛！」

因拗不過姊姊，因此老婆婆便遞了一支給她。

姊姊接到手一看，便吃了一驚，那是妹妹的一隻手指，不過聰明的姊姊裝著無事的樣子，強抑住了驚愕。

然後她向老婆婆說要上茅房，便走進茅廁，悄悄地將瓶子裝滿水，用繩子吊在尿桶上方，讓水慢慢滴落假裝在小便，自己便偷偷溜出去，爬上了屋前井旁的大茄苳樹上去。

虎姑婆覺得姊姊在廁所裡太久，但聽到廁所裡有滴落的水聲，以為姊姊還在廁所裡便放心了。可是怎麼等都不見人出來，終於忍不住到廁所去看過究竟。

啊！這是怎麼一回事呢？裡面空無人影，只吊著一隻瓶子。

虎姑婆慌忙地找遍屋內，可是怎麼找也找不到人。她認為一定是藏在外頭，可是見不到半個人影，感到口渴的虎姑婆便望了望井底。

井底倒映著茄苳樹與樹上的人影。她便仰頭一看，看到了那一動都不敢動的姊姊躲在那樹上，這下虎姑婆樂極了。

她想爬上樹去又爬不上，連跳帶撲還是沒有辦法，只得用牙齒去啃樹皮。

樹上的姊姊深感危險，便向虎姑婆喊叫著說：「老婆婆，老婆婆，請不要那樣拼命地啃著樹皮，我馬上就要讓妳吃了，無論如何請聽我最後的請求，請妳煮一鍋油給我。」

虎姑婆聽了喜出望外，趕緊跑進廚房去，用笨拙的一雙手去把油煮開。

不一會兒，因油煮沸了便把它提到樹下來，用長竹竿前端吊掛著遞給樹上的姊姊。然後她向上張著大口，等那樹上的人吞食沸油後，掉下來時把她吞噬掉。

樹上姊姊假裝要喝油而凝視著虎姑婆的舉動，等待時機正好時，便把沸油往她那張大的口裡潑去。

這時只聽得「哎喲！」一聲，虎姑婆發出如山崩地裂的斷魂聲而倒了下去。

姊姊越覺得害怕，正盼望有人來時，湊巧有個搖鈴鐺挑賣小東西的人路過，她請他用扁擔打那虎姑婆。不過那時虎姑婆早已斷氣，成為橫屍。

姊妹二人，姊姊雖然如此逃過了虎災，可是妹妹卻死去了。

事後回來知道了這種情形的母親，雖然悲痛欲絕，但也認為姊姊能夠生還已是不幸中的大幸，也就看開了。

據說姊姊長大後，嫁給了先前那搖鈴噹挑賣小東西的那個人。

148 生萎：生薑。

118 山貓：妖怪成神

類別／妖怪　地域／山野

介紹

在宜蘭頭城的「天神宮」，奉祀將軍爺，其真身據說是一隻「山貓妖怪」。

相傳在清朝時代光緒年間，福成庄（福德坑）有山貓作怪，危害家畜家禽，還帶來疫病。正當鄉里百姓束手無策之時，山貓託夢給乩童，要求建廟得祀。

當百姓在光緒二年建廟之後，全庄總算獲得平安，再無妖怪危害。

典文

※《南瀛佛教會會報·第十三卷第十一號（一九三五年）·對貓的崇拜》

宜蘭郡頭圍庄新興字新興三八番地，有一座稱為「天神宮」的廟。主神是將軍爺。配祀有惠將軍、二將軍、五顯帝、上帝爺、太子爺、勞大安、朝龍香、飛神爺等。

根據鈴木清一郎著《臺灣慣習的冠婚葬祭與年中行事》，該書將主神將軍爺的神體，說祂是貓。

前些時候翻閱總督府寺廟登記簿，裡面寫的是境內面積一百一十一坪，建坪有十二坪。所以它不是一間小廟。明治三十四年（一九〇一年）六月創立，定期祭拜日是八月十五日。廟祝是劉大江，管理人是蕭姓。不過，看它的沿革，神體可能是貓，又可能不是貓。也就是：

明治八年前後，福德坑有山貓妖怪出沒，屠殺各處家畜，或使人發生惡疫。居民們大為恐慌，辦理各種神事，但均無效驗。

最後，居民們迎得將軍爺談判，化貓便託言乩童傳達：「今後我可不再做惡事。但需為我建造一間廟、並定期祭祀。設若能夠如此，我願意擔任本庄之守護神。」因此，庄民們急忙建立起本廟並予祭拜。嗣後，即不再有災害。

119 有應公：賭博有求必應

類別／神靈　地域／山野

介紹

《臺灣慣習記事》是日本時代的臺灣民俗研究著作，仰賴官方支持而編纂成冊。

後藤新平（一八五七～一九二九年），在一八九八年三月擔任臺灣總督府民政長官，並且成立「臺灣慣習研究會」，由總督兒玉源太郎擔任會頭（會長），後藤新平擔任副會頭（副會長），組織包含伊能嘉矩等知名學者，並且在一九〇一年開始出刊《臺灣慣習記事》月刊。直至停刊，一共發行了八十期。一九四五年戰後，臺灣省文獻委員會則譯成中文。

在這本書中，記錄了臺灣「有應公」的民間信仰，只要向「有應公」祈禱，許多事情都能心想事成，因此吸引許多賭徒朝拜。

臺灣漢族喜愛賭博的習性，在大航海時代便有紀錄。十七世紀，曾在臺灣居住過的賀伯特，便在〈臺灣旅行記〉中，說明了漢族的性格：「中國人刻苦耐勞，善織綢緞，資性聰慧，擅長商業、天文和航海。他們雖然也用羅盤針和磁石，而只能辨別東南西北四個方向而已。他們能做罕有其匹的精巧的煙火。他們一經看見任何東西，都能照樣模造。他們特別喜歡以紙牌或籌碼賭博，有些人把財產和妻子都賭掉，甚至於割下自己的頭以做賭注。什麼都賭光了之後，他們就自暴自棄，往往只為生存而成為奴隸。」

典文

※《臺灣慣習記事第壹卷・第四號・光緒二十七年(日明治三十四年)三月廿一日發行・雜錄:有應公》

相傳凡墓地有久絕祭祀之墳墓，柩木既朽，崁穴亦壞，枯骨露出時，收在設於墓地一隅之小堂內，奉祀香火，以慰無祀之魂魄者。

賴其冥護之力，一切諸願必能成就。甚之，相傳賭博可得勝，盜不被發見，所求無不應，必在其堂之楣頭懸掛「有求必應」之布片。

「有應公」之名，蓋出於此也。

120 魑魅魍魎碑：鎮西畔陰鬼

類別／鬼魅　地域／離島、山野

介紹

在澎湖白沙鄉後寮村，有一座「威靈宮」。

威靈宮建立於明朝萬曆三十年（一六〇二年），在廟前方有一座屬於符咒碑的石敢當，石碑上刻有「魑魅魍魎」（ㄔ ㄇㄟˋ ㄨㄤˇ ㄌㄧˇㄤ）四字。

此碑設立於清朝道光二十二年（一八四二年），高度超過兩公尺，碑底的基座有仙鶴、梅花鹿等等吉祥雕刻，用來驅邪鎮惡，可以收伏四野八方的妖魔鬼怪，交由威靈宮的保生大帝來管理。

據說在清朝時代，山精鬼怪四處作祟，經常引來狂風大作，邪塵遮天，使得農作物無法順利收成。村民不堪其擾，祈求保生大帝指點。

經過保生大帝指示，當地為畚箕穴，屬於陰穴，所以妖魔鬼怪才會伺機作亂。因此，祂便指點民眾，設立了一座符咒石碑，以鎮邪煞，保佑鄉民。果然從此之後，邪魔就消聲匿跡了。

典文

※《臺灣慣習記事第壹卷・第七號・光緒二十七年（日明治三十四年）七月二十二日發行》

——日・采風生，翻譯：王世慶

澎湖島，白沙島后寮鄉之一座廟前，有一塊石碑，高約五石，正面刻有圖示文字。

口碑相傳，道光年間，有一怪鬼（西畔陰鬼），徘迴后寮及其西鄰之通梁間砂漠，殃及鄉民。

時廟神顯示，從之，建石押壓，爾來亦無怪。

道光貳拾貳年壬寅孟春吉置

魑魅魍魎

本鄉弟子仝立

■白沙鄉的魑魅魍魎石碑簡圖。

121 寶藏巖：老龜與女鬼

類別／妖怪、鬼魅　地域／北部、山野

介紹

新店溪流域的寶藏巖，傳說有老龜妖怪與女鬼作祟。

關於女鬼故事，典故出自《淡水廳志》：「石壁潭寺：即寶藏巖，在拳山堡。康熙時人郭治亨舍其山園，與康公合建，事在乾隆間，年月失考。後治亨子佛求，即舍身為寺僧。父子墓均在寺旁。其女九歲，死於地震，鬼輒夜哭，祀之乃止。」

典文

※《臺灣慣習記事第二卷・第五號・明治三十三年五月二十三日》

——日・臺灣慣習研究會原著

新店溪向西北流入臺北平原，繞寶藏巖之一角處，水深為潭，潭內成渦紋，稱為石壁潭，古來入潭者多溺沒。

實例為，去年有國語學校學生一名，今年有守砲兵二名，均為游泳溺死。

土俗傳謂：「潭內有經數百年之老龜，甲長五尺餘，人有入潭者，即為捉殺云。」

又傳：「巖上古寺寶藏巖，係乾隆年間，名郭治亨者所建，後來治亨之子名佛求者為僧，住於寺，其女於九歲時死於地震。其鬼每夜哭泣，祭之仍不止，幽鬼留於潭內，至今有人入潭便殺之。」

122 文龜妖

類別／妖怪　地域／山野、中部

介紹

在臺灣中部的九九峰山腰，有一座水池名喚「大窟潭」。當地人傳說潭水中，有一隻「文龜妖」，擁有預測風雨的能力。

典文

※《臺灣慣習記事第二卷・第六號・明治三十五年六月二十三日發行》
——日・採訪生，翻譯：吳坤明

彰化城東之九十九峰[149]半腹，有池稱「大窟潭」。土俗傳謂，雖大旱，水終不涸，水中有文龜，天將欲風雨，文龜見於水面云。

149九十九峰：現今稱為「九九峰」，也稱「九十九尖峰」，位於臺灣中部地區，屬火炎山特殊地理景觀。

123 劍潭詩魂

類別／鬼魅　地域／北部、山野

介紹

劍潭寺，原本位於基隆河右岸，現遷至劍南捷運站附近，也稱「劍潭古寺」，祭拜觀音佛祖，所以也名「觀音寺」。據說，在康熙年間，廈門有位名叫「榮華」的和尚渡海來臺，在淡水上岸，前往基隆的途中，路過芝蘭堡的劍潭，遇到紅蛇擋路，心有靈犀，便在山峰南麓供奉觀音佛像。劍潭寺前，則是「劍潭」，雖名為「潭」，但其實是基隆河環繞大直山麓，形成彷彿潭水的景象。自古傳說，劍潭夜裡發光，是因為潭底有寶劍，是國姓爺所遺留。除了「劍潭夜光」的傳說之外，劍潭也有奇異的女鬼傳說。

典文

※《臺灣慣習記事第六卷・第二號・明治三十九年（光緒三十二年）二月十三日發行》

——日・臺灣慣習研究會原著，臺灣省文獻委員會編譯

臺北劍潭[150]古寺右河畔的山腹，墳墓纍纍，已成為荒塚。

劍潭詩魂
慕客之妻善於文墨
因病而歿葬於劍潭
每值月夜常見現形

春時草長沒人，無人割除，任由牧童放牛飼養，踐踏摧殘，因之墳墓傾塌者，不知其數。

寺僧之圓寂者，亦皆埋葬於此處，僅有時而派人看顧而已。

寺的西廂為住持的禪室，曾有倚雲生者，居此室讀書。

一夕微風習習，月明如晝，乃獨自散步於庭中，環顧寂寥，只聞水聲潺潺，或近或遠，忽見一女子，玄裳縞衣，仰頭看明月，冉冉而來，口中微吟以：

「紅愁綠怨送春歸，徒倚無聊幾夕暉。
十載光陰如一夢，游魂時逐落花飛。」

旋復再朗誦，仔細聽之，其音淒婉，宛如有重憂。

生以為在山莊僻地，安能有此風雅女士，在月下步行孤吟，頗生疑惑。

遂走近詢問，惟女士回頭一顧，舉步疾走。

生愈懷疑，追至潭岸，竟無蹤跡，不禁毛骨悚然，急返舍就寢。

翌日將此情問土人，曰以此地婦人，無識字者。

惟聽問，十年前，某募客之妻，善於文墨，因病而歿，葬於此地，每值月夜，常見現形，人多恐怖，不敢經過其處。

方覺悟，女士乃其靈魂也。

150 劍潭：約是現在的八二三砲戰紀念公園前方的水域。

124 水鬼迷惑

類別／鬼魅　地域／山野

介紹

臺灣島流傳水鬼故事，水鬼會找人取代，拖人下水而死。

水鬼也擁有變化能力，變成各種形象，引誘人下水。在日本時代的新聞報紙《臺灣日日新報》中，刊載許多關於水鬼的奇譚故事。

典文

※**《臺灣日日新報・一九〇六年（明治三十九年）四月十九日・淡水川之水鬼》**

日前有大稻埕維新街四十六番戶陳立，年三十許，在大稻埕租稅檢查所前，躍身入水。初時有謂其發狂者。

後為細查，則其人似無狂疾。是日早朝六時半頃，忽于家中攜一竹籃而出。

其弟怪之，急尾其後以行，然陳立疾走如飛，至檢查所前石階之下，早已不見形影。

其弟問于附近之船，船夫答以頃見一男子手攜竹籃，走入水中，如履平地，遂不復起。弟知其必死，不禁大慟。乃託傍近之人，共撈其死屍以歸。

于是議論不一，復起一種怪聞。即謂前日午後一時頃，有清國人李某，織簑為業，現住港邊街。是時攜一醬油瓶，在川岸石階下洗濯。

既而其瓶忽自蕩開，越離越遠，李急于拾回，不顧深淺，幾幾乎沒頂矣。傍人見者，乃大聲疾呼以醒之，始獲無恙。

或曰：是必水鬼作祟。

水鬼欲達其目的，故翌日復有陳立之事也。嗚呼，其然豈其然乎？

※《臺灣日日新報．一九一〇年（明治四十三年）六月九日．淡水河鬼》

淡水河流，每年恒有溺斃者，本島人以為水鬼之求代。愚者惑之。而不謂近者有內地人逍遙河畔，而亦見有現象。其眼花之錯亂耶？抑果有是事耶？

聞數日前，有稻垣竹器製造所雇人某，於午後十時過，納涼於布埔街河畔。即原鹽務館前河畔，踞石而坐。口吸捲煙，時月色微明，風景可人。

某方賞心，岸邊有雙艘漁船停泊，漁夫五六名，且語且食。既終，有持竹煙管吸煙，出立船頭。從容不迫，眺望遠迩間有一人不知見何物，俄發怪聲。

倉皇與其漁夫，搖櫓赴下流而去。與竝繫之紅頭船，見該船之倉皇，亦隨之搊□（註：原文不清楚）他往。

某見而異之，知其必有故。時月色忽黯，雲陰漫空，即由河中湧出一大黑物。其影有如大航船之帆，始料為帆船之將泊岸，然時微風不起，若彼之大艘航船，何由而得駛行？益以為怪。爰熟視之某此時心如轆轤，上下不定，即停河畔所樹之木柱，潛窺其來。見該黑影係不偏不倚，直線而前，乃知是非帆船，而為怪物。比近，則黑影為一大人形。

某駭甚，尋有行路者過，某以為幸，呼止而問之，曰是之黑影為何物。該行路者為本島人，頗通國語。

問所謂黑影者何在？某回顧河中，將指而告之，則黑影已消。月色復明，益呼怪事。

本島人語之曰：「是即水鬼也，水鬼出現之際，船遇之，必有災。故見者避之，已成為例，子未之知也。」

某聞本島人之語，乃恍然悟。歸恒以語人，藉作茶前酒後之助云。

※《臺灣日日新報・一九一〇年（明治四十三年）六月九日・新評林「水鬼栖」》

淡水河渦裡，嘗聞水鬼栖。形如布帆黑，聲共夜鴞啼。

水鬼
出現之際船遇之必有災
誘人入水俗謂捉交替也

內地人親見，全身毛怖凄。寄言轉世去，天國在其西。

※《臺灣日日新報．一九一〇年（明治四十三年）六月二十二日．蟬琴蛙鼓》——見鬼生

日前有幾個兒童，在劍潭港洗浴。
一童戲潛于水中，數童欲尋之，旋該童由淺處上岸，而數童竟于水中摸得一人，共扶起之。
出水則一黑物，眾童大駭。
急置于水中疾走而回。
相譁為鬼。至有臥病不起者，未審然否？

※《臺灣日日新報．一九一〇年（明治四十三年）七月一日．水鬼惑人》

新庄街劉立之妻黃氏愛，年三十八，現為大稻埕永和街張氏阿玉執炊。
前月廿七夜將半，忽至港邊街渡頭下流，如將投水狀。
時附近有伺捕無賴漢之刑事見之，急救之。
其精神殊有異狀，乃命其主人張氏阿玉為引歸。
後據本島人所傳，黃氏愛是夜必被水鬼誘惑，俗所謂捉交替也。
于是迷信者皆怖之。
噫！其然豈其然乎。

※《臺灣日日新報・一九一〇年（明治四十三年）十二月四日・南部雁信「豈其鬼歟」》

本月廿九夜更定後，有某舖店夥往安平海頭角，觀新福連菊部。由大路歸，經北勢街尾大橋，忽見滿地光明，水聲潺潺。不禁大愕，回顧四面，天空一切。定神視之，一片火光，其大如輪。疑為失火，大聲疾呼。有甲乙奔到，其火忽滅，依舊黑不見人。相與駭然，疑為水鬼在弄云。

※《臺灣日日新報・一九一七年（大正六年）九月一日・水鬼求代》

臺南小南門外，法華寺前，有一半月池，曩者或二三年，或一二年，或年年，常有人死於池中。有一次而死三人者。

相傳該池有水鬼，每變為毛蟹，或變為蓮花，浮於水面，以誘人至深處，遂占滅頂之凶。數年前有志者，曾募許多金錢，遍訪十餘個死於該池者，歷敘其姓名，延請僧道，建醮一天，為之超渡靈魂，並立一石碑於池邊，顏曰「阿彌陀」以鎮壓之，自是少有所聞。

※《臺灣日日新報・一九二九年（昭和四年）二月十九日・臺中電話》

日午前四時頃，彰化郡和美庄屈池，有投身自殺者。此池自古以來，有「魔之池」稱呼，每年必有一位投水而死者。目前警方正在調查中。

※《臺灣慣習記事第二卷．第五號．明治三十三年五月二十三日》

——日．臺灣慣習研究會原著

臺俗，自古有水鬼迷人之傳說。

最近，臺北下嵌庄小河邊，有一人徒步涉河流，中途忽失知覺，行將流沒時，幸岸上有耕農之人，急呼止之，得無事。

問之，謂將河流迷誤為道路而步行之也，傳係被水鬼所迷云。

※《民俗臺灣．迷信數則》——日．黃澄煌

據說宜蘭羅東的二結和四結間的橋下，住有水鬼，每到中元節的時候，就會有兩、三人被殺。

據說，每到那個時候，就會颳起一陣狂風，將人的眼睛蒙蔽。

不論是看到水鬼或其他鬼，據說只要咬著大拇指就可得救。

※《臺灣風俗誌》——日．片岡巖

臺北下崁莊陳某有一天走入河中後，在河中呼救。適在河邊的農夫救起他。陳某說：「以為大路一直走去，走到深處才發覺是在水中。」農夫即說：「有人曾在這裡溺死，這人的靈魂變成水鬼出來害人。」

據說：水鬼亦會變成鬼船。

125 犯土神

類別／神靈　地域／山野

介紹

土神，泛稱於某塊土地上的煞氣、鬼氣。如果附近土地上有工程動工，也會驚擾土神，或者房屋翻新，也會驚動土神。

若被土神纏上，則稱為「犯土神」，尤其是小嬰孩最容易犯土神。

典文

※《民俗臺灣．土神》——日．西林振聲

土神就是和土木、建築有關的惡魔。

如果被煞到就會發燒，可分患者直接目擊而作祟和遠方飛來作祟，即所謂「飛土神」二種。

病徵是突然發燒（四十度以上），全身不適或伴隨著呼吸困難的症狀，口中唸唸有詞，甚至有些會呈現瘋狂狀態，小孩則吐奶、口唇變白，這就是所謂犯了土神。

若求助於神力，則首先就是要將土神趕走，貼上神符和土將。

也就是將此症狀視為土神在作祟，而求助於正神（當地的媽祖、觀音媽或地藏王），將其神像或貼有名字的神符貼在正廳（也可叫做鎮宅），拜託棹頭向神明溝通，驅走惡魔，接著服下神明所授與的藥（有漢方藥也有藥草類）即可。

126 叉爺：孤魂野鬼

類別／鬼魅　地域／山野

介紹

叉爺，又稱「無緣佛」、「五鬼殺神」、「十惡鬼」、「外方」，屬於邪神，如果附身於人，就會造成各種危害。

因此，就要進行「謝叉爺」的儀式，也就是「送鬼仔」、「謝鬼仔」、「謝外方」，謝絕鬼神。要進行這個儀式，要將飯菜放在竹籠上，供於屋外，焚香祈禱，並且燒金銀紙祭鬼。

典文

※《民俗臺灣・叉爺》——日・山中富雄

「謝[151]叉爺」又稱「謝外方」，是從古代流傳下來的一種野外祈禱。

聽說「叉爺」是居無定所的無緣佛或五鬼的殺神、十惡鬼。

祈禱叉爺或天狗、白虎（向天界及地上乞食者）作祟之事就稱為「謝叉爺」或「謝外方」。

人有時會不知不覺地發燒，小孩也有時會在半夜哭泣，這時候只要帶往寺廟內抽個籤或卜個卦，或許就會被指示或是被何方鬼神所作祟，或是因天狗、白虎在作祟所致。

這時候請病人站出來，在求醫前家人總是先卜個卦，此時，八卦顯示東南方有青面惡鬼在作祟，必須立刻準備銀紙、中衣、陰陽錢、本命紙、五鬼錢（這些均是金銀紙之一種）以及替身的紙人，並且準備三樣供品，叫做「小三牲」，也就是豬肉、雞蛋、乾魷魚之類的東西一起放入竹簍內。

接著由自家的東南方開始出發，在郊外或路邊點燃香及蠟蠋，將禮拜紙及替身的紙人焚燒，祈求身體疾病早日康復。

這項儀式主要是在夜間進行，但偶爾在白天也會看到。

※《民俗臺灣・謝外方》——日・和田漢

沒有緣親的死人（無緣孤子）或者是溺死（水邊亡魂）及燒死（火燒婆姊）等等横死的人，靈魂不能超生會到處徘徊。

八字輕的人或者不小心踩到對方睡處的人，就會被勾住而發燒、說夢話，這時老人家就會趕緊托人立個八卦，卜卜八卦，或是生年月日（八字）並問問什麼時候開始不舒服，是「外方鬼」，還是水邊亡魂，或是到北邊去的時候被勾住（沖犯北方），並到師公那裡去，一般都會選在黃昏時分。

師公備妥了外方所用的銀紙等等，站在門口，如果是北方，就向北方大聲呼叫水邊亡魂的名字，並大叫：「你如果乖乖地給我滾開，那麼三天後的下午，我會準備小三牲飯、菜葉、水裝在碗裡（菜飯）給你吃。」然後吹奏龍角，劈拍劈拍打響法繩恐嚇著，然後三天後準備所約定的東西。

151 謝：謝絕。

127 白虎與黑虎：吞胎

類別／妖怪　地域／山野

介紹

古時候的臺灣人，認為婦人受到白虎神作祟，就會無法懷孕，成為「石女」。就算順利懷孕，胎兒也會被虎妖給吞食。

所以，一旦婦女被白虎纏上，就要請道士或盲眼占卜師來驅邪。

黑虎神（烏虎神）同樣也是危害懷孕婦女的神靈，但更可怕的是，一旦婦女在夜裡外出遇到黑虎神，黑虎神不只會危害胎兒，甚至會殺害婦女。

為了要杜絕白虎神，民間盛傳「謝白虎」的奇俗。「謝」，是謝絕的意思。

「謝白虎」需要將金銀紙、白飯、豬肉、紙糊的白虎，都放進竹籠中，拿到河水下游祭祀，一邊念著：「食豬肉、笑吶吶、食飯去遠遠。」然後將金銀紙與紙糊白虎一起燒掉，再用石頭壓住香灰，並且誦唸：「提石頭，壓路頭！」再趕緊返家，就能將白虎謝絕到遠方。

白虎傷胎
黑虎吞胎

典文

※《民俗臺灣．白虎》

白虎就是天狗，婦女如果觸怒白虎就不會懷孕，那是因為胎兒被白虎吞掉了。這時要請道士來作法，如此婦女才會再度懷孕。

※《民俗臺灣．黑虎神》

孕婦晚上不能外出，否則會觸犯黑虎神，對胎兒不利。

※《民俗臺灣．祭白虎天狗》——日．和田漢

是用紙糊起來的紙虎、紙狗，虎是白的，狗是黑的，本來牠們是在天上的，跑到民間做壞事。因為屬於「外方鬼」那一類，所以也稱祭外方，經消災改禍、補運等辦法後，情形還是不理想時，師公就會皺眉頭，建議患家說祭白虎天狗，像三十九、四十九歲等有個九（惡狗）的厄年是會被天狗纏上的，外方方面有銀紙（大銀、小銀），用木版刷土經文的竹紙（叫做經衣）以及替身、本命錢。

請白虎天狗吃豆腐干、蛋、豬肉（串做小三牲）然後趕走。

師公手掌一柱上了火的香，在白虎天狗的頭上交互打，並反覆地說：「食豆干到唐山，食雞卵走遠遠。」然後把小三牲丟在路旁，這種動作與謝外方相同。

128 竹鬼

類別／妖怪　地域／北部、山野

介紹

臺北市的中正橋，舊名「川端大橋」。據說在橋附近的竹林，居住著「竹鬼」。每當人們要路過竹林時，竹鬼就會擋住旅者的去路。

典文

※《民俗臺灣・迷信數則》——日・黃澄煌

臺北市的川端大橋[152]還未建造以前，據說對面的竹林裡住著一個竹鬼。每當有人經過那片竹林時，竹子就會彎曲擋著那個人的去路，一旦停下腳步它又直立起來了，因此每到傍晚以後就沒有人敢走過那片竹林，但現在那個竹林已被砍伐殆盡。

152 川端大橋：現今臺北的中正橋，舊名川端橋，此橋跨越新店溪，在日治時期與臺北市川端町（今水源快速道路附近）連接而得名。

129 替死鬼

類別／鬼魅　地域／山野

介紹

抓交替，又稱「掠交替」、「討交替」，也就是「抓替死鬼」的意思。

臺灣民俗信仰，相傳如果人意外死亡，其魂魄會駐留在原地，無法升天、進入輪迴，成為地縛鬼。冤魂若要投胎轉世，脫離猝死之地，就必須讓「替死鬼」代替自己，讓他人在原地點（或者附近地區），以相同的方式死亡，自己就能被取代，進而輪迴轉世。

因此，俗傳冤魂為了要脫離孤魂野鬼的狀態，會想盡辦法奪取他人魂魄，讓人致死。臺灣最常聽聞的抓交替，經常是「水鬼」、「縊鬼」這一類的鬼怪。

典文

※《民俗臺灣．討交替》

有人自縊或自殺過的地方，每年也必定會有人在該地縊死或自殺。

這是因為最先自殺的那個人，到地獄後，閻王責怪他不該橫死，而要讓其每日受苦刑，但是他若能找到替死鬼，而下一位鬼又會再去找另一個替死鬼。

如此循環下去，這就是所謂的討交替。我們最常聽到的水鬼故事，就是討交替的情形。

130 魔神仔

類別／妖怪　地域／山野

介紹

臺灣島嶼，有魔神仔妖怪出沒，經常以詭計誘惑人們，甚至拐騙他們進入深山中，是一種山中妖魔，也有「毛神」、「亡神」、「芒神」、「魅神仔」等異稱，客家人則多稱為「魍神」。

被拐騙的人，茫然若失，就算魔神仔餵他們吃蛙腿、草根、死蟲，他們也會吃得津津有味。甚至，魔神仔也會以暴力對待被拐騙者，以藤條毒打他們。

苗栗地區的客家族人，遇到「魍神」來抓人的時候，家屬會求救「伯公」，來指點迷津，尋人消災。也有傳說，如果被「魔神仔」牽走，七日內沒有被發現，就會死亡，遇害者特徵是眼睛呈現青綠色。

在臺灣北部的汐止、平溪山間，菁桐古道，有一座「魔神仔洞」。曩昔過往，翻山越嶺的人偶爾會在夜晚借宿洞中，或者是採筍人家上山時會路過此洞，洞穴附近雲霧繚繞，常有魔神仔此類山妖出沒，故有其名。

據說魔神仔外貌，猶如猿猴，雙眼血紅，四肢有蹼，全身的皮膚猶如蛙類般濕滑，鳴叫聲猶如猴子般吱吱嘈雜，以山野昆蟲如蚱蜢、蚯蚓、或者青蛙、樹葉為食。

若在野外，望見有樹葉被折捏成團狀，即是魔神仔的地盤。

若進入山林之間，被呼叫本名，也會被魔神仔纏上。

魔神仔的故事，可參考林美容、李家愷撰寫的《魔神仔的人類學想像》（五南出版社，二〇一四年），這本書是對於魔神仔研究最透徹的專書。

典文

※《臺灣日日新報・一九〇一年十二月五日・遇魔述異》

臺地有所謂魔神者，能作幻境迷人。近時傳一旅客遇之。

旅客曩[153]曾遊臺謀生，還鄉株守七年，困甚耳。

聞臺地今日百度一新，儼然仙境，士之稍有才智者多得依勢驟富。慕之，勉力營為東渡。

上陸後適際天陰，迷路誤行僻處，突見道旁華屋有一偉漢[154]立於門前，似舊相識。

揖[155]而問以前路，偉漢曰：「日晡[156]矣，請憩吾家旅[157]。」客喜諾[158]。

入門有二童子導，從複道迴廊逶迤[159]而進大廳，乃為收包袱雨傘，置短榻上。更導登樓，其中陳設幽雅，先有數位紈絝子陪數位美人在座方讌。

旅客進，依末席，私問童子曰：「主人將宴賓也？」頃而[160]，偉漢肅[161]一叟至，狀若富紳，坐定，筵亦遂開。

旅客與宴，飲既半酣，偉漢叩其東渡之意，旅客以謀作幕友[162]告。

偉漢顧[163]謂叟曰：「公欲延文案幕賓，此君似可。」

魔神仔

叟因問：「一歲千金[164]家用，可得敷[165]乎？」旅客驚喜，答：「以敷。」叟取金幣百圓，預送聘儀，旋退紈綺子及美人，人亦俱散去，偉漢命僕，引旅客宿於別館。

旅客意外得金，動冶遊念，對該僕露其語。僕邀之到近居一青樓，入室覩眾妓偕數男子方共呼盧[166]擲雉喜，而將百金與賭局，終大勝，益喜爰，從中擇一雛姬，擁之就錦褥上吸阿片烟。

燈光忽滅，一定睛間，瞥見天空日朗，此身獨臥在荒草上，而包袱雨傘則抛在崁下[167]廁池畔云。

※《臺灣日日新報．一九〇八年二月二十九日．山魔[168]》

途遇一人，說伊家[169]有上茶[170]，邀余往買。余諾，隨其後，導入室中，茫然若失。他屢來供食，無非豬肉雞片小腸諸物，故不至於飢。懷中諒有存者，探而出之，皆殘餘蛙脯、螳臂、坵蚓之類。

※《臺灣日日新報．一九〇九年五月十一日．倀倀何之》

新起街一丁目[171]，佐竹佐太郎家有店員廣瀨兵藏者。因外出不返，曾請官搜索。及去七夜，忽於同街市場後發見之。

則茫茫然而立於田圃焉，乃報請官將搜索解除。

或云是殆遭狐魅者，然臺灣不聞有狐，其即俗所謂草澤中之魔神耶？

※《臺灣日日新報．一九〇九年七月一十五日．魔神作祟[172]》

日前，女婢忽外出不歸。

家人冥搜之，乃得之于斷崖中，其精神已惝恍。到家後，又屢狂奔欲去。

家人提耳醒之，曰：「此汝舊家也，去將何之？」

婢嘩辯，曰：「適間坐處乃吾家，此處何曾來乎？」

家人急招道士為之厭禳，仍不稍效。

乃延公醫，投以麻藥，醉若死，良久乃甦，始嗒然[173]若喪。

問以何故藏其間？則曰：「一男子，頻以手招我。」

問期間得毋黑暗與腹餒否？則曰：「亦不自知，但聞有呼我者，心雖了了[174]，而口終不能應也。」

※《臺灣日日新報．一九一四年九月九日．姑妄言之[175]》

見一怒目蓬虬髯人，搖手作招己狀。

雖畏忌不敢前，然恐不隨之去，必觸其怒，故勉強從之。

去後，羊腸鳥道，備歷辛苦，始至南勢角山巔。

至是以兩足疲倦，欲進不前。彼虬髯者，立折荊棘，遍身痛打，現一身瘡痕，歷歷猶在。不得已，作蛇行以隨之往，然寸步難進，彼又怒目聲嘶，將余衣脫盡，毒打者再。痛難忍，放聲大哭，冀[176]吾父之往救也。未幾喧聲漸近，忽而某隣人至矣，彼怪而逃。

153 曩：音「ㄋㄤˇ」過往。
154 偉漢：身材魁梧的男子。
155 揖：雙手抱拳作揖。
156 晡：音「ㄅㄨ」，申時，午後三點到五點，也就是下午、黃昏時候。
157 家旅：民宿旅店。
158 諾：答應。
159 透迤：音「ㄨㄟˊ ㄧˊ」，彎曲迴旋。
160 頃而：不久之後。
161 肅：引導。
162 幕友：軍中或官署中，辦理文書及助理的人員，也作「幕賓」。
163 顧：看望。
164 一歲千金：一年的薪水是一千金。
165 敷：足夠。
166 呼盧：擲骰子，古代的賭博方式。
167 崁下：山丘下。
168 故事發生地：海山，現今新北市土城地區。
169 伊家：他的家中。
170 上茶：上等茶葉。
171 新起街一丁目：日本時代位於新起町，現今是臺北市西門町的一部分，也包含萬華區、西門紅樓附近一帶。
172 故事發生地：臺灣北部的大科崁地區。
173 嗒然：失意、沮喪。
174 了了：了然知道。
175 故事發生地：擺街南勢角庄一九八番地，現今新北市中和地區。
176 冀：希望。

131 蜈蚣吃蛇精

類別／妖怪　地域／山野

介紹

在閩南、臺灣地區，蛇精經常轉變成人，埋伏於路口，呼喚過路人的名字。一旦路人回答，蛇精就會到他的家中作祟。

為了要防範蛇精的作祟，民間傳說只要在枕頭上放置蜈蚣，一旦蛇精上門，蜈蚣就會咬死蛇精。

典文

※《臺灣風俗誌》——日・片岡巖

南方多蛇精，經常變為人來呼喚路人名字，假如路人答應，當夜蛇精會到他家裡來害他。因此，當地人都很驚恐，晚上睡覺時都在枕頭放一隻蜈蚣，每當蛇精來時就把蜈蚣放出，蜈蚣會馬上當場把蛇咬死。

132 雷公鳥

類別／神靈　地域／山野

介紹

在臺灣傳說裡，除了有雷神（雷公）之外，也流傳「雷公鳥」的說法。「雷公鳥」的能力類似雷神，擁有吸引雷電的能力。

典文

※《臺灣風俗誌》——日・片岡巖

傳說：高山大樹下有雷公鳥（雷鳥），很像雞。這種怪鳥爬上喬木起雲昇天空，惹起雷鳴。

133 豬哥石

類別／妖怪　地域／山野

介紹

豬哥崎橋，位於淡水與金山之間，現今的淡金公路附近。

在橋下有一顆石頭，形狀極似豬哥，可清楚辨識雙眼、豬鼻、大耳，當地人也稱為「石頭公」，每年農曆八月十五日則是石頭公生日。

當地有習俗，一旦家中有容易哭鬧的小孩，家長會將小孩帶去給石頭公作「義子」。如果小孩順利長到十六歲，家長也會準備牲禮來祭拜石頭公。

典文

※《臺灣風俗誌》——日・片岡巖

在距淡水街不遠之地，有一座林仔街庄，庄內有一座「豬哥崎橋」（或稱豬哥橋）。距離此橋四、五百公尺的田中，有一塊形狀如豬之石，人喚「豬哥石」。從前，此石常冒煙，行人若聞此煙，立刻會神祕失蹤，據說是被石豬所吃，因此無人敢經過此處。

但因為石豬觸怒天神，天神派雷神將石豬擊毀。豬哥石的腮部炸裂，石豬再也無法害人。此後，人們將石豬作為神來祭拜，據說信仰豬哥石，若有何財物遺失，祈禱之後立刻會找到，病人祈禱之後也能痊癒，還有種種不可思議的神祕力量，每天來參訪之人不絕於途，香火鼎盛。可是如今（六十年前）只賸下一塊石頭放在路邊，再也沒有人對它焚香膜拜。

134

地牛尾巴

類別／神靈　地域／山野

介紹

臺灣人相信，一旦地震，就是地牛在地底下翻身造成。

位於臺南市東山區水雲村的牛肉崎的地底下，傳說就是地牛棲息的位置。而在一九〇六年嘉義梅仔坑大地震，傳言有人在山裂處，目睹地牛的大尾巴。

綜合這些傳言，或許可以推測臺灣島的地牛，牛背位置位於臺南，牛尾則位於嘉義。

典文

※《臺灣日日新報・一九三〇年（昭和五年）十二月十三日・臺南強震，謂掘傷地牛背》

前報就臺南地方之強震原因，至今尚未判明。

就此本島人迷信，有謂新營郡番社庄牛肉崎，日石石油[177]試掘之時，因過深掘及在地下牛背，致地牛暴怒起大地震也。

※《臺灣風俗誌》——日・片岡巖

嘉義地方大震災時，有謠言在山谷龜裂處發見地牛之尾巴。

177日石石油：日本的石油公司。

135 石燕引颶風

類別／妖怪　地域／山野

介紹

石燕，能召喚大風的奇鳥，喜愛群集而飛，居住於深山與島嶼。

典文

※《臺灣風俗誌》——日・片岡巖

石燕，居住深山或島嶼，飛翔時，將起大風。

136 彰化鬼譚：女鬼告冤屈

類別／鬼魅　地域／中部

在道光七年（一八二七年），彰化（當時行政區域比現今還廣大）有一名吳姓女子被賣給韓家作為童養媳，但韓母卻要強迫她進入娼門。

吳女不從，其親生母親劉婦將此事告官，但最後卻被判決吳女還是屬於韓家。最終，韓家夥同一名叫做吳水的男子，以殘忍手段虐殺吳女。

吳女慘死當晚，劉母夢見女兒成鬼，披頭散髮向母親哭訴。劉婦趕緊報官，官府調查之後，查明真相，並將兩位兇手繩之以法。

典文

※《臺灣通史》——日．連橫

吳氏女，彰化人，為韓嫗[178]嗣子康論養媳。嫗故娼家，得女美，將居為奇貨。女不從，輒箠之。歸家泣告。母劉氏亦再醮婦，遂以迫媳作娼訟於官，而嫗亦以嫌貧奪婚訴之。官集兩造，仍以女屬嫗，嫗益無忌憚。有差夥吳水者與嫗通，時宿其家。見女少艾，屢挑之。不從。

一夕闖入女室，女號救，眾至始得脫。水自是恨女，與嫗謀所以虐之之法。夜持刑具來，嫗以鐵梏女手，褫其衣褲，繫髮於椿，各持棍擊。女抵死不從。水怒，以棍椓[179]入陰中，又以刃剸[180]其腹，女遂死。時道光七年春正月二十有一日亥刻也。是夜劉氏夢女被髮流血來告，覺而異之。昧爽奔視，果見屍，請官詣驗。拔其椓，噴血數尺，見者慘目。

事聞，知府鄧傳安為白其冤，並請旌。而水棄市[181]，嫗論絞。聞者稱快。

178 嫗：音「ㄩˋ」，婦女。

179 椓：音「ㄓㄨㄛˊ」，擊。

180 剸：音「ㄊㄨㄢˊ」，砍割。

181 棄市：在市集斬首。

137 人面牛：三角湧奇事

類別／妖怪　地域／北部、鄉里

介紹

《臺灣日日新報》曾經記載，桃園廳下三角湧地區（現今新北市的三峽區）有人面畸形牛的現身。人面牛並且開口說話，預言大正三年有戰亂發生。隔年，果然發生六甲起義事件。最後，領導者羅臭頭自殺，一百餘人被捕，逃離日警追捕的羅獅、李松等人，則加入了西來庵事件的起義。

而奇異的人面牛，在日本也曾經現身，據說日本天保七年（一八三六年）民間盛傳人面牛身的妖怪，被稱為「件」。

典文

※《臺灣風俗誌》——日・片岡巖

日俄戰爭當時，臺北牛車埔莊有懂人語的牛說：「有五月初五，無七月十五。」致使人心洶洶。

※《臺灣日日新報・一九一三年（大正二年）十二月九日・人面牛身之畸形牛》

在桃園廳下三角湧的地方，去月有水牛分娩產下人面牛身之子，該畸形子牛忽然口開人語，預言大正三年的閏五月將有大戰亂。

138 臺南的風流鬼

類別／鬼魅　地域／南部、鄉里

介紹

臺灣的日本時代，某人在臺南街市散步，卻見到背後走來一群人，人群中有一名早就在去年逝世的郭某。某人跟隨郭某腳步，發現他竟踏入青樓妓院。某人推想郭某成鬼之後，仍舊風流不改，成為名符其實的「風流鬼」。

典文

※《臺灣日日新報・一九〇八年（明治四十一年）八月六日・南部瑣事「鬼亦猶人」》

臺灣本為熱帶地，當酷暑之期，獨南部較熱於他地。聞某日間，臺南市有某甲，思欲納涼。時近黃昏，隻影徐行，散步於西廂外，適至同市王宮港街。

忽然背後步履唧唧而來，三五成群。

甲轉側視之，首過者即舊時打棕街郭壽青氏，餘全不識。

甲反而思之，郭今去世將近一年矣，世間何得有此人？

心甚疑之，急追隨其後，忽見郭向某青樓而入。

噫郭之生平本係風流人，而死竟然為風流鬼。聞此言者，皆駭為奇異，暫記以問妖怪博士。

139 狐身、貓頭、虎尾、人目之妖怪

類別／妖怪　地域／北部、鄉里

介紹

在新竹廳，村人賴用招的家中，有妖怪作祟多年。某年七月盂蘭盆會時，有車鼓隊路過賴用招家前，此妖怪受驚，忽然變化為白兔、白猿，以及狐身貓頭虎尾人目的妖怪模樣，啼鳴聲彷彿人語。賴用招之妻見狀，用棍棒擊打妖怪，妖怪便死於棒下。

典文

※《臺灣日日新報．一九〇九年（明治四十二年）九月十四日．蟬琴蛙鼓》——子不語

新竹廳竹北一堡九芎林庄賴用招家，有妖為祟，歷數來矣。延術士作法，終未如之何。近因該地作盂蘭盆會，鼓樂到賴屋前，其妖忽變為白兔、白猿，倉卒又變為狐身貓頭虎尾人目。被賴妻所見，突以青棍擊之。其啼聲與人相似，焂忽而斃，似此亦一奇也。

140 鬼石擲屋

類別／妖怪　地域／鄉里

介紹

臺灣島民的家屋，若遭妖魅作祟，會出現「鬼石」。據說，妖魅喜以石塊拋擲，造成石塊亂飛的詭異現象。

在大屯郡的南屯庄（現今臺中市的南屯區），甚至現身兩隻投擲鬼石的妖怪。

典文

※**《臺灣日日新報．一九〇九年（明治四十二年）五月二十一日．打狗見聞「鬼祟飛石」》**

鳳山廳下九曲堂莊吳多芳家，自去十二日拂曉起，有多少石頭，從天際飛下。大者三四斤，小者一二錢，皆從其屋上亂落。家人大恐。

每日自上午六點鐘起，至午後六點鐘始停。

該地派出所聞知，有巡某查馳到其家視察，適無數石塊飛落其身邊，再從其前後左右種種調查，毫無異狀。

惟見石塊亂飛，即將此事報告當廳警務課，再派兩刑事到實地取調。

現仍日日如是，無所為計云。

※《臺灣日日新報．一九一六年（大正五年）九月十九日．鬼石擲屋》

南市岳帝廟藥種商陳嶺，及其鄰林任秋之宅，于十二夜十時至十三早四，及十三日四時夜十二時，其宅後空地，忽有石塊及磚角飛來，破損屋上之瓦數處。家人因是兢兢。

附近聞其怪事，往觀者數百人，皆云魔鬼之為祟。

又有云為支那人術法師者。

然在古老則云，鬼石擲屋，支那時代常有之。

警務課為欲知何者所為，現正在嚴正調查中。

※《臺灣日日新報．一九二五年（大正十四年）十二月十日．小鬼作祟》

大屯郡南屯庄，麻糍埔劉金塗，四五日前夕刻，自田歸，見其家粟堆上，坐有二人，身衣布袋，形容古怪。

劉疑為盜，急呼集附近之人意欲捕之，瞬息間已不見。

急搜附近草叢中，邈無蹤跡，或云走入溪底，或云魔鬼現身。

鬼石擲屋

議論紛紛，莫衷一是。
少頃，忽聞溪底有擲石聲。
往觀之，見飛石如雨紛紛，中有被擊者，頗覺奇痛。
集眾咸膽破心寒，一時作鳥獸散。
翌日，該兩鬼，仍再現身粟堆上，目張髮指，形似怒狀。
劉驚甚，再招集鄉人，焚草欲燒之，兩鬼東走西奔，少頃又不見。
入夜，劉之戶牖，不啟自開，旋即自閉。劉益駭。
自思無法可治，乃報於南屯派出所，巡查往捕，亦徒聞其聲，不見其形。
至今兩怪，尚恆出沒劉家，近鄉男大老幼，往觀絡繹不絕。

※《臺灣風俗誌》——日．片岡巖

據說，曾在臺北大稻埕及原彰化廳宿舍，有鬼在光日中擲石。

141 澎湖女妖

類別／鬼魅　地域／離島、鄉里

介紹

臺灣的日本時代，傳言澎湖人張騫之弟的家宅中，有女妖現形。

典文

※《臺灣日日新報．一九〇七年（明治四十年）十一月二日．妖異頻傳》

澎湖島大赤崁鄉張騫，家住太子廟後。

有弟某甲，兩目失明，起居在一臥房，無甚與人交涉。

近日忽譁傳其家有一女妖，與甲同臥起。白日現形，與騫之七歲女兒，最為親昵。

有窺伺者，輒以磚塊擲之，或時而投出戶外。

膽怯者談之色變，至不敢過其門。

嗣為支廳長所知，同巡查鈴木氏到處勘驗沙磚，饒有妖異。鄉人相傳，亦屬千真萬真。

因是以百金募集能治者付之，適大倉鄉鄭品，恃有符咒之術，逞身應募。然甫引到家，即被磚塊擲顛，一蹶幾不能振，因勉強踉蹌走匿。聞者不禁失笑。然為有為無，疑鬼疑妖，正不知此後如何結果，容俟續探以聞。

142 七足壁蟹成歹鬼

類別／妖怪　地域／鄉里

介紹

牆上蜘蛛，俗稱「壁蟹」。

臺灣人相信，七足之壁蟹是一種妖蟲、歹鬼，會在夢中作祟於人。

典文

※《臺灣日日新報・一九一〇年（明治四十三年）四月十日・照身鏡「壁蟹作劇」》

——十八甯馨

臺俗謂「壁蟹」之七足者為歹鬼，以其能于夢中祟人也。

有士子常夢為歹鬼所壓。是夜獨臥，糊模之間，聞有喘息呼呼然，與指敲聲磔磔然。驚寤細聽，其聲息猶歷歷在耳也。秉燭起視，旋于床頭屏障見一壁蟹伏焉。初不見人，猶口且喘，足且敲，及見火至，始疾走。

143

枯骨怪

類別／鬼魅　地域／東部

介紹

宜蘭有鬼魅作祟，乩童請神查看，才發現原來是地下骨骸作祟。

另一則枯骨怪的傳說，則發生在斗六的牛桃灣（鎮北里）。

當地有一位獨居的老婆婆，每到三更半夜，就會聽到「鹽太鹹！」的聲音。老婆婆雖然奇怪，但也沒有放在心上。後來有位男子在她家中，聽到鬼啼聲，她才仔細搜索，在家中的鹽罐中，發現了人類的枯骨。將枯骨埋葬祭拜之後，從此家中就沒有怪異的聲響了。

典文

※《臺灣日日新報．一九〇五年（明治三十八年）八月十五日．怪聞頻頻》

旬日前，宜蘭廳下員山堡結頭份庄保正陳左右，自云家中屢有鬼物現形，但見其身著紅衣，狀甚可畏。因而一家老少，疾病纏綿，莫得一日之安。

人有謂之曰：「本城中北街布商李裕之家，亦云常有鬼物出沒，祟得一家之人，病無休日。後奉孺童輩所祀之關帝土像到家，設乩扶鸞，以問祈禳之法。乩即勅下符籙令裕安貼後進屋中，又令備齊鋤鍬，隨乩入裏屋中掘取鬼物骸骨。裕初不之信，及掘之果然。乃將所掘骨骸，移埋塚地，自是一家無恙。于今四方之人，聞風信奉，求符問事者，每常接踵而至。君家既有怪祟，何不一請是神以試之？」

陳聞言如之。

乩又降筆大書，謂陳之舍前竹籔之下，埋有女骸，家中之祟，即是物也。

因命掘之，果有骨骸在焉。

由是信奉者日益眾。

未數日又有本城堡西門街陳祿者，亦請此土像到家問乩。

蓋祿亦因家人疾病，未嘗寧日，每于夜深輒遇怪形。故聞前此二事，頗信不疑，請而治之。

乩復降書如前，謂其神屏之下，埋有屍骸。

祿遂請乩擇日而掘之，果見骨節數拾，氣色紅炎，惹得鄰里來觀者，簇擁而至，莫不嘖嘖稱奇云。

※《臺灣風俗誌》——日．片岡巖

斗六牛桃灣有一老婦，家中三更半夜，便會有怪聲說：「鹽太鹹，鹽太鹹。」

老婦驚怪，點燈找尋，卻不知聲響發自何處。好事之人來到老婦家中，也被怪聲嚇跑。之後，老婦在家中找到一罐裝鹽之甕，甕中有人類枯骨，她於是將古甕拿去埋葬，從此家中怪聲絕跡。

144 板橋的飛顱妖

類別／妖怪　地域／北部、鄉里

介紹

傳說在枋橋地區（即是今日的板橋），陳樹盈與妓女徐快有嫌隙，陳樹盈為了報復徐快，從東門古墳偷來一個人頭骷髏，將人頭骷髏悄悄放在徐快的棉被之中。

徐快就寢時，被棉被中突然出現的人頭所驚嚇。但徐快推想這是陳樹盈的報復，就不聲張，反而將枯骨放回古墳，祈禱祭拜。

數月後，陳樹盈罹患惡疾，夢見無數人頭飛來，心有懼怕，趕忙到古墳懺悔，病痛才痊癒。

據說，只要不尊重死者的遺體，或者偷盜頭顱，飛顱妖就會來作祟，並且會進入夢中，帶來災厄。

※《臺灣日日新報・一九〇八年（明治四十一年）二月二十九日・述異「鬼祟」》——齊諧

枋橋陳樹盈，舊清時交通衙門，頗有聲勢，與□（註：原文不清楚）街妓女徐氏快，不知有何挾嫌，盈揚言必欲以人頭報之，方消吾恨，云云。

未幾，果於東門外古墳，取一枯朽人頭殼。

原用硿貯，懷之衣中，甫到徐快門首，內一烏犬咆哮直前，作吹螺聲。狀若有見，盈毛髮倒豎。

轉有懼心，暫且退去。明夜乘其外門未閉，置之快被中。

快登牀就寢，搴被覆身，忽有物翻動出來。

燭之，乃人頭殼也。驚惶失色，幾至顛仆。

知係盈所舞弄，不欲聲張，仍將硿收拾安固，送歸古墳，謝以菜飯冥財。幸喜無事。

不數月，盈罹瘧疾。矇朧間，見一人頭懸之帳前。

以枕擲之，化作無數人頭，個個目能轉輪，咋舌三尺。

盈狂呼有鬼，舉手亂揮，蚊帳幾裂數斷。其室人寂無所覩。

謂病者熱狂，以故心迷目眩，而不知盈固自默悔前非。吐其事於友人，託向東門古墳禱下。

友如言往求，果由是漸瘳，睡中無復有見。

飛顱妖
矇朧間見一人頭懸之帳前
以枕擲之化作無數人頭

145 靈驗的廖添丁墓

類別／神靈　地域／北部、鄉里

介紹

廖添丁死後，其墓成為鄉人祭拜求神之處所。

典文

※《臺灣日日新報．一九一〇年（明治四十三年）二月二十二日．雄鬼為厲》

凶賊廖添丁既死，好事者為立柱于其死所，題曰：「廖添丁之墓」。後因祈禱者多所靈驗，自是香火不絕，十日來詣之者殆數百人焉。聞有村民因病往禱，癒不之謝，一夜竟夢見添丁來，責其負德，且云再爾罰且至。村民懼，卒宰豕牽羊往謝，竝為優戲，于是乎村民愈相驚以神矣。南人尚鬼，即此可見，然所見抑何不明也。

146 買粽的女鬼

類別／鬼魅　地域／鄉里

介紹

臺灣的日本時代，曾有賣粽者夜間遇鬼買粽，成為街巷奇聞。臺灣民間故事中的林投姐，也曾以紙錢買粽。

典文

※《臺灣日日新報．一九一〇年（明治四十三年）四月二十七日．鶯啼燕語》——疑信生

東門外石橋仔頭[182]，數日前，有賣粽者夜過其處，逢一少婦，貌頗佳麗，呼欲購粽。賣粽者即近售之，婦購四個，金八錢，出一圓金幣，找九十二錢。賣粽者取金幣合身中所有金幣三枚，同收入要袋內。翌早于衣袋中取出糴米，忽一枚化為銀紙，賣粽者疑為子所偷換，嚴責之。子素直，不勝其慵，尋往夜所遇處，則粽宛然在池旁，九十二錢以粽葉覆之。聞者皆以為鬼物作弄，殊未審然否。

182 石橋仔頭：在臺北大稻埕迪化街地區，有「石橋仔頭」古地名，但相似地名在臺灣各處亦有之，因此，尚無法確定此傳說來源為何處。

147 鬼口：鬼聲啾啾

類別／鬼魅　地域／中部、北部、鄉里

介紹

臺灣的日本時代，在嘉義的曾文溪旁的紅花園（大埔），藍姓鄉人的住屋旁，常有鬼聲譁然。

在臺北稻江的仁濟醫院，由臺北仕紳林大春設立於一八九七年，每年七月都會舉辦普渡。但某年因故而未舉辦普渡，醫院附近而常有鬼聲啾啾。

典文

※《臺灣日日新報・一九一〇年（明治四十三年）七月八日・蟬琴蛙鼓》——狂院口

諸羅紅花園附近，有藍姓者築一宅于道旁。近數夜中每至十二點鐘後，輒聞門外有啼聲。室人啓扇視之，則又寂然。

※《臺灣日日新報・一九一〇年（明治四十三年）九月十一日・楓葉荻花》

稻江仁濟醫院，例年舊曆七月，必有一度普施。本年因尚未舉行，其附近婦女，遂有傳鬼聲啾啾，徹夜不已，至相譁弗寐者。

148 屍鬼作祟

類別／妖怪　地域／中部、北部、鄉里

介紹

臺灣民俗，如果淚滴沾屍，則死者靈魂不能脫離肉身，甚至亡者將會「屍變」，成為「屍鬼」。或者傳說，被滴淚的死者進入地府時，將會受苦受難。

臺灣的日本時代，基隆人某甲猝死，其妾曾在某甲屍身上滴淚，民俗相信，其魂魄將會來作祟。果然，其妾常夢見某甲，某一夜，甚至醒來發現某甲散發屍臭，趴伏在自己的手肘下。其妾驚慌失措，駭然奔走，其夫屍身也隨後追逐。

臺灣民俗傳言，若要對付殭屍，可用青竹鞭打殭屍，死者才會回歸安寧。

典文

※《臺灣日日新報・一九一〇年（明治四十三年）七月十六日・厲鬼為祟》

基隆某甲，蓄一妾，去而居艋者已數年。及甲死，乃復歸，哭時有淚沾甲衣，俗例死者如此，其魂必來為祟。妾信之。

既歸艋，夜輒夢見之，久亦不驚。

一夜方寢，忽聞奇臭，捫之有人伏肘下，視之則故夫也。

駭而走，夫竟起而追之。

婦走而跌者三，滿室皆驚起，夫始不見，自是怪亦絕。

後數月，忽見死者現形如故。不二日，婦卒，與情人許某服毒死。

※《臺灣風俗誌》——日・片岡巖

死者蘇生成為殭屍，用青竹鞭打死者，死者才會安寧。

149 臺北爆竹會社的鬼譚

類別／鬼魅、妖怪　地域／北部

介紹

臺北爆竹會社自從火災之後，死於火災的女工經常現形，並且在工廠發生許多怪譚，甚至有狗首人身的妖怪現身。

典文

※《臺灣日日新報・一九二六年大正十五年）一月十四日・爆竹會社鬧鬼》

臺北爆竹會社，前年曾數回火災，焚斃女職工數名。然近頗寧靜，不復發生事故。罔料去十二日，忽有誤傳爆竹心製作室，火災突起，以電話通報大龍峒派出所，派出所立報於北署。

一時消防組員，火速挽水龍將往撲滅，及至全無影響，方知為誤傳者。然因此該爆竹心製造室

爆竹會社鬼譚
焚斃之女鬼背負一嬰兒
於屋上行來行去

女工十七名，全部退回，不敢作業。

據傳為該室近日，時無故出煙，或將有火災之兆。

又傳某日黎明，有女工一名將往作業，至該室屋上，有前焚斃之女鬼背負一嬰兒於屋上行來行去。（該婦前因歸寧母家，偶往視件業，母子同遭厄者。）

又有某工廠監督，夜巡視該室，聞室中有婦女聲，推窗視之，數婦聚談，一婦負嬰兒，一婦穿白，一婦穿淺青，一婦纏小腳（此皆從前焚斃之婦女），歷歷可睹。

又有某職工在工廠宿值，夜聞窗外打撲聲，啟窗視之，睹一狗首。罵曰：「死狗不去，在此何事！」狗忽作人言曰：「死狗死狗，數日爾便知。」

某職工大駭，再詳視之，則係狗首人身者，大懼而退。

150 臺南的五色鬼

類別／鬼魅　地域／南部

介紹

五色鬼，能侵入人體，會引起五臟之病的妖怪。

據說在臺南的佛頭港地區，曾經有五色女鬼現身，並且此女鬼身邊也跟隨著一名小兒鬼。

典文

※**《臺灣日日新報・一九一二年（大正元年）八月二十三日・豈真有鬼》**

臺南佛頭港街北郊棧，素傳有「五色鬼」，現租與愛生堂為製藥所。該所有五進，內地人借住於後進。去十七日午前五時，有一本島人送牛乳者，行至第三進中庭，聞第三進屏後，猝然有聲。時外面雖現曙光，內上昏黑，舉目觀之，則一婦人手牽一小孩，從屏後出，兩目炯如金星，面青色，吃然有笑語聲。送牛乳者翻身就走，若追逐然。至出外門，遇有數行人來，問之，曰：「鬼！鬼！」

151 角力魔

類別／妖怪　地域／北部、鄉里

介紹

角力魔，喜愛互相角力的妖魔，互相撲打之際，經常驚擾人們，但其實不會對人們帶來太大的危害。

據說在臺灣的日本時代，淡水有兩位女妓曾經見過角力魔。

時值深夜，她們乘坐轎子返家，卻意外遇到兩隻奇形怪狀的妖魔角力，從天空中扭打到地面，再跳入水中，引起巨風，讓兩位女妓花容失色。

典文

※《臺灣日日新報・一八九七年（明治三十年）十月十二日・二嬌遇鬼》

有何寶玉、廖韞玉二妓，淡艋勾闌[183]中第一聲價也[184]。

昨夜大稻埕外國洋行德記利時[185]燕饗嘉賓，喚為陪席。迨乎半夜二時，眾賓皆散，二妓亦告別回家，各乘筍輿。

至於軍械局前水關之處，忽起一陣狂風，猛烈如雷，遂將火把吹滅黑暗之中。見兩邪魔赤身露體，途中角力，跳於河溝，水花噴滿筍輿。其輿夫見此怪狀，踴躍而走，抬至其家。

可憐二妓，花容玉貌，嚇得面如土色，渾身是汗，手足俱冷，家人打救半晌方醒。

■十九世紀的轎子，在臺灣的日本時代初期仍然流行。（荷蘭國立博物館，1880年）

183勾闌：妓院。

184第一聲價：最頂級的女妓。

185德記利時：英商得忌利士洋行（Douglas Lapraik & Co.），位於淡水中正路末段，興建於西元一八七一年。近年，經過修復之後，成為淡水知名古蹟。

152 臺中的女童鬼

類別／鬼魅　地域／中部、鄉里

介紹

臺中的某位富人家，有女童意外猝死。死後數月，女童陰魂入養娘之夢，嚙乳留痕。

典文

※《臺灣日日新報．一九〇〇年（明治三十三年）二月二十三日．真有鬼乎》

臺中某甲，揀東某庄殷戶也，有女八九歲夭死於前年之間。其女在時，每夜悉傍養娘而寢。及女死後，已數閱月於茲矣。一夕，該養娘方入黑甜鄉，夢寐中見該女之吮其乳，良久竟嚙之。養娘一夢驚回，猶及見該女下床而滅。遂起，訴之於人，並驗其乳，果有齒痕在焉。

153 公學校宿舍鬧鬼

類別／鬼魅　地域／北部、鄉里

介紹

臺灣的日本時代，汐止的公學校宿舍有鬧鬼傳說。

據說，這是地基主的亡靈作祟。因為建築房屋的時候，沒有好好祭拜地基主。

典文

※《臺灣日日新報．一九三四年（昭和九年）四月十三日．盛傳鬼作祟，教員徙居避之》

七星郡汐止公學校某教員宿舍，最近頻傳每夜上燈後，有一年可十四、五少女現形。或將電燈撲滅，或將衣服移徙。

種種作祟，使教員母子，不得安睡。

某教員因無法可施，不得已，及徙居以避其擾云。

154 屋中的騷擾魔

類別／妖怪　地域／中部、鄉里

介紹

騷擾魔，喜愛騷擾家屋的妖怪，會亂丟家中物品，破壞室內器具，程度嚴重的話，甚至會搖晃房子，讓整棟房子劇烈震動，或者讓房子無緣無故遭受火災。這種惡靈，類似歐洲的「騷擾靈」（Poltergeist）。

據說在日本時代，嘉義的山仔頂地區，有一座鬼屋，屋中的騷擾魔喜愛胡亂移動屋內之物，造成人心惶惶。

至於嘉義的柴頭港堡，羅步智新家中的騷擾魔，則帶來很大的破壞，甚至讓房屋扭曲變形。

典文

※《臺灣日日新報．一九一〇年（明治四十三年）六月二十六日．蟬琴蛙鼓》——咄咄生

嘉義山仔頂庄林子權，有舊宅一所，係建自先人者。

內植花木果樹陰翳叢茂，建築後纔住數個月，家人即相譁以鬼，惶惶播遷，遂為廢宅。

後有數人遷住其處，皆不閱月而徙他。

近有剛腸鐵胆者，同母寓居其中，前後凡六個月，迄無少異。

距近日某方外出，其母在廚中造飯，飯熟取置于几上，復入廚中操作，比出已不見飯籃。

室中又闃然無人，搜尋良久，乃獲之于廚下，數日皆然。

于是大慎，與子遷寓而去。

※《臺灣日日新報・一九一二年（明治四十五年）五月十三日・嘉義通信，妖耶鬼耶》

廳下柴頭港堡，下塗溝庄百七番地，羅步智，勤儉成性，家資頗豐。

客年十二月間，卜地於村之西隅，建築一座家屋，規模宏偉，棟宇華麗。

不過三天，智欲安寢之時，忽見一人，身長九尺，身著白衣，面黑目紅，轉眼而空。

彼以為天神下降，家道昌隆之兆，亦不足為怪。

及睡之後，眠床震盪，彼以為地震復來，欲逃出外處，竟然無路可出，一時駭然，大聲呼救。

家中人不知所以，舉火視之，床前倚壁，互相驚愕。

又門戶忽開忽閉，但聞其聲，不見其影。如敷地又是鋪磚，竟然龜裂，幾無安全立錐之地。種種怪狀。

155

南鄉的怪牛

類別／妖怪　地域／南部、鄉里

介紹

臺灣的日本時代，在南鄉的何家莊，有怪牛現身。

典文

※《臺灣日日新報．一九二三年（大正十二年）七月二十七日．似牛非牛怪物》

南鄉何家莊，周致和家宅傍溝中。日前大雨後，一日午間，忽河水翻騰，一女郎適在田割麥。視之，則一形似牛之動物，在內泅水，以為牛墮水中，呼家人撈救。熟審之，並非家牛，亦非鄰牛，一時轟動全村，兩岸立而觀者數百人，皆以為「龍王大將」，莫敢攖之。一豪氏某，用長劍刺物身，堅不可入。未幾，沒水，終不復見，群疑莫釋。

156 水塘的紅蛇精

類別／妖怪　地域／中部、鄉里

介紹

嘉義某處埤塘，水中藏有紅蛇精，作亂於人，最後有賴於城隍神顯靈降妖。

典文

※《臺灣日日新報．一九一二年（明治四十五年）七月二十日．嘉義妖精迷信》

嘉義廳下鹿仔草堡中寮庄，有埤堀約半里許。客月下旬，陰雨連綿，堀水為之漲滿，同庄有某氏臨堀下網，得紅魚一尾，兩耳映天，身長二尺許，周圍五寸左右，腹下生有兩翼。與人玩弄之間，一躍復入堀底。漁人欲捕不能，攜筌歸家，將捕魚之巔末說與妻兒共聽。未幾，精神頓異，似乎發狂，滿口喃喃，常出沒於堀底，見者莫不驚避。

家中人心竊憂之，延醫診治，罔無效應。法師道人，束手無策。

不得已，請神調治。據乩童云：「庄內之堀底，有一尾紅蛇精在焉。數日前，互相沖犯，斯人之精神已被奪去，是以發狂亂語。倘若不信，夕陽西沉之秋，可以集眾往觀。」

如其言，逾時果見，大魚躍出，狂風驟雨立至。

村人民心惶惶，謂紅蛇精出沒於堀底，巨禍不遠。

翌日，鳴鑼集眾，互相妥議，齋戒三朝，再邀請同庄城隍爺捕妖。

迨至神輿震動，而挑神輿者，茫茫無知，隨轎騫入堀底，良久則起。靡見何等妖怪，但見白骨一支，莫辨人獸之骨，上面有紅筋數條而已。

入油鼎，以油洗狂人，精神始定，遠近男婦老幼咸稱城隍有靈，演戲酬謝，獅陣鑼鼓，熱鬧一時。

157 滾地魔：神社前的怪譚

類別／妖怪　地域／北部、鄉里

介紹

臺灣的日本時代，高樹林駕駛汽車，途經臺灣神社，路畔遭遇奇異的怪物，化身為黑狗型態，飛撲車輛，造成恐慌，也引發了一連串怪事。

典文

※《臺灣日日新報・一九二二年（大正十一年）八月三十日・自動車遇鬼耶》

去二十七日午後十時頃，大稻埕法輪貸自動業運轉手高樹林，自北投載客數名，歸來時，至臺灣神社[186]附近道路，突于前面，現出一人。因連日來降雨，是夜星河沉影，且距離太遠，弗能明白。高某意為行人，立鳴汽笛，欲使其知避。

滾地魔

不圖迫近時，還立如故，遂停止運轉機，放全光線視之。

一剎那間，是人忽不見，唯蹲一黑犬。

再欲運轉時，該犬突如飛來，高某欲旋機避之之時，車體忽傾斜，乘客為之顛落，幸免于傷。

環顧是犬，亦經沒其影矣。

是人是犬，乘客猶歷歷在懷，僉以為遇鬼，不覺身為顫慄。

蓋是處夙聞有鬼出沒其間，行人數見不鮮。

故人數雖多，亦難免無驚愕之理。

維時背後再來一自動車，高某爰呼止之，使諸客乘之還，已則向附近派出所申明。

唯車體已大破損，不能運轉，乃令其傭某，為之看守。

據傭人言，彼于諸人去後，獨立看守之時，少選，突來一老人問曰：「此自動車運轉手，內地人耶？抑本島人耶？」言罷，入坐于車內。

彼叱曰：「車體已破損，何可乘車？」至是該老人亦遽不見，不覺毛為之豎。

適一內地童子，亦持燈來觀，乃急奪其攜燈而逃，而該童亦追來索去，已始踽踽而歸。

所傳如是，然想係為無稽之談也。

186 臺灣神社：現今臺北圓山飯店附近。

158 臺北大橋：魔之橋

類別／妖怪　地域／北部、鄉里

介紹

臺北大橋，俗稱臺北橋，位於淡水河的橋梁。在日本時代，有「魔之橋」的稱呼。

典文

※**《臺灣日日新報・一九三〇年（昭和五年）八月二十二日・魔之橋》**

淡水河上的臺北大橋，自七月以來，已有數十名自殺者投水，但屍體未被發現，憑空消失，因此咸稱此橋為「魔之橋」。

二十一日午時十時半頃，有一名年齡十七八之本島人美人，站橋中央，往河之深淵飛落。北署接獲報告，前往調查，仍未發現屍體。

159 八罩島的貓精

類別／妖怪　地域／離島、鄉里

介紹

澎湖的八罩島（現今稱為望安島），位於澎湖南方海域，伊能嘉矩曾經記錄島上貓妖簒殿的傳說。所謂「簒殿」，則是妖怪趁神明不在時，霸占其位，假扮成偽神。伊能嘉矩曾經在書中記錄這則故事。

伊能嘉矩（一八六七～一九二五年），是日本時代的知名人類學家，畢生致力於臺灣原住民、人類學的調查研究。伊能嘉矩在一八九五年十一月來臺之後，便和任職於臺灣總督府殖產部的田代安定，共同組織「臺灣人類學會」，調查臺灣民俗、原住民的世界。

此外，八罩島除了有貓妖簒殿的故事，在澎湖的西溪村，也流傳太媽簒殿的傳說。

典文

※《臺灣踏查日記．明治三十四年（一九〇一年）一月五日》

——日．伊能嘉矩，譯註：楊南郡

鄉[187]外有祀奉伍子胥的仙史宮。

關於廟神有這樣一則傳說：古時候有一隻野生的貓精，趁廟內神靈外出的機會，擅自進入廟內，化身為神靈的模樣，透過乩童啟示神意，正受到鄉民的敬戴，神靈在外地覺察到這一件事，乃立即返回，把貓精抓起來放進沸騰的油鍋裡殺掉了。

187 鄉：澎湖的八罩島。

160 金魅：魔物吃人

類別／妖怪　地域／鄉里

介紹

被主人虐待致死的女婢，死後魂魄會化為妖怪「金魅」。
金魅是一種魔物，若每年都讓金魅吞食一名活人，金魅就會替人工作。

典文

※《民俗臺灣・金魅》——日・宮山智淵

金魅是一種魔物。
傳聞在領臺前到處有祭祀此一魅的祠，現在的年輕人幾乎連金魅這一辭都沒有聽過。七、八十歲以上的老人也許還有人記得，說起金魅可能想起：「啊！是代人工作的金魅，吃人的金魅！」
筆者小時聽到的有關金魅的事，與最近友人黃騰藤君自大溪鎮五寮之健談看牛老人處所聽到的做比較，有相當不相同的地方。

這老人把金魅說成金鋭（聳、蒸），使人聽了後難免感到此翁是為了增加趣味而擅自如此附加上去的。

現在筆者只將聽自文山那的故事寫在下面。

在某富人家有叫做金綢的查某嫺，是一個既愛乾淨又勤於工作之忠於主家的查某嫺。可是這富家的妻子都是個既嚴厲又非常殘虐的女人，雖然金綢整天不停的工作也不能使她滿意，總要找些藉口來打金綢。

有一天，說是房間裡有一點灰塵，嚴厲的毆打金綢以致死亡。因為是從前的事，查某嫺是只要肯出錢便可隨便的像購買物品一樣的買得到，所以殺了也沒有罪。

屍體運到山上簡單的把她埋了，然後想很快的買到替代的查某嫺而加以物色。可是不知怎的，沒有了查某嫺，家中應該是沒人打掃的，但是這富人家比起以前打掃得更為周到。

其妻深感不可思議，每天早晨起來一看，地板自不必說，連所有的用具都擦拭得非常乾淨，因為每天都如此，富家的妻子心中感到了寒慄。

於是她心中在想：「查某嫺仔金綢這傢伙，因為是以處女身而亡無法轉世，所以欲像往常一樣的住在這裡工作下去。」

過了一個多月，才好不容易找到了替代的查某嫺把她買回來。

金魅

那一夜，讓剛買回來的查某嫺睡在以前金綢所睡的房間。可是到第二天很遲都看不見其蹤影，只看到了一束頭髮與昨天才帶上去的一對耳環掉落在房間中間的地板上而已。

富家妻子非常吃驚，認為一定是被成為厲鬼的金綢吃掉不會錯。於是馬上拿來線香向她禱告說：「金綢呀，你雖然已經死去，如果還想在這兒的話也可以像從前一樣的在這裡。假使也像從前一樣的為我工作，我會做牌位來祭祀你。如果你想吃人的話，我會一年讓你吃一個。不過你絕對不要作祟我的家人。」講完便擲了筶而出了允答，富家的妻室便馬上做了牌位來祭祀她。

雖然是金綢的名字，但因死了成了鬼便改稱金魅。家裡四時都那麼乾淨。其妻到處去找瞎子、啞巴、跛腳的，便宜地把他買來，每年一個送往祭祀金魅的房裡去。

聽說到了第二天早上一定剩下頭髮，以外沒有留下他物。後來聞悉此事而模仿的人很多。

起初是以經營旅館業的人祭祀為主，用來做打掃擦拭的工作，但逐漸擴大起來便使用在各方面。以至連農家都祭祀金魅，使用於插秧除草以及收割的農事上。

當需要她工作時，只要向金魅的靈牌上香告知即可。

如果要她代為插秧，在田裡插一株秧做為示範即可。

金魅只在夜裡工作，到了翌晨如昨日示範一樣都會把工作做好，無論再多的工作都在一夜中把它做好。

有時會遭到人家的惡作劇而得到很慘的結果。例如聽說把插好作示範的秧苗拔起，顛倒的插上的話，金魅會完全一樣的全部加以倒插。

為了祭祀金魅，用人身做為牲醴，是無論如何都少不了的條件。除了將活人送往金魅的房間之外，也有獻供人魂的方法。這種方法就是祭祀的人將祭祀金魅所使用過的餐具用糖果等的食物去沾了一下。

因其餐具附著有金魅的唾液，把糖果等去沾了餐具等會沾到了其唾液。聽說吃了這食物的人不經旬日，臉色會發黃，以致骨瘦如柴地死去。

當拜訪人家時，想知道這一家有沒有祭祀金魅的話，只要在進入此家時，吐一口水來看。如果祭祀有金魅的話，所吐的唾液會馬上消失。或是，家中的打掃擦拭過於乾淨周到，連一絲蜘蛛網都沒有的話，可以說是祭祀金魅的一家了。

因此，聽說在別人家吃東西時，要將食物一度靠近於頭髮作磨擦模樣，或將食物跨過了褲下一次才吃，便可免於被金魅攝去靈魂。其理由是因為金魅有潔癖，只要稍靠近汙穢處，金魅自己便會逃避。

金魅因為是魔物的一種，所以長得怎麼樣無人得知，不過有時也會被撞見變出來模樣。有人說變出來的模樣像蛇一樣。聽說如果想祭祀金魅，只要將金魅的牌位放於河中讓水流之，然後看其牌位絆阻在何處，金魅便由那兒登陸，將那一帶的花草樹木全部吃盡。

祭祀金魅是不道德的事。相傳一度祭祀了金魅，其家族便會全數死絕，也許是因為如此才沒有普及。

161 鴨鬼

類別／妖怪　地域／鄉里

介紹

如果飼養的鴨群發生疫病，可能就是「鴨鬼」在作怪。
這時，必須請道士來驅邪鎮鬼，利用符咒的法力，將鴨鬼趕出去。

典文

※《民俗臺灣・鴨鬼》——日・楊石

家禽（特別是鴨）得到傳染病，例如霍亂或其他流行病的時候，飼養者認為這是鴨鬼在作怪，於是就會準備豐富的供品將這些鴨鬼請走。

或者是請道士唸經，將這些疫病趕走。

唸完經後，在鴨寮的門前都會貼上一張長兩寸、寬一寸的紅紙或黃紙的咒文。

162 死靈

類別／鬼魅　地域／南部、鄉里

介紹

臺灣人認為，人死後第七天，死者可能還不知道自己已經死去。

這時，土地公會帶領死者到溪邊舀水，來清洗手腳，死靈就會問土地公，為何手腳都變成黑色？這時土地公就會說：「你已經死了，要接受這個事實！」如果死者不相信，就會回返自己生前的家屋。當他看到守靈的子孫，了解自己已經死亡的事實，就會在香灰上留下腳印。

在《民俗臺灣》的記載，一名死靈獲得了死而復生的機會，甚至還在泉州娶妻生子，是十分奇特的故事。

典文

※《民俗臺灣．死靈》

從前，臺南有位何某，重病而死，但他的靈魂恰巧與生物感應而復生。

他四處遊蕩之後，來到了泉州，先是經營一些小本生意，因為非常勤儉便慢慢地富有了。於是託人做媒再娶一妻，並生下一個兒子。

過了十五年後，他懷念起臺灣的家人，於是整理行李回到臺南的家中，卻發現妻子已經改嫁，並且生了二個孩子。

他非常生氣地責怪妻子和那位後夫，後夫覺得莫名其妙，就和他起了爭執。一怒之下，不小心打死了何某。

官府知道後，就逮捕妻子和後夫，告他們殺人。

但是妻子和後夫找人證明，何某在十五年前已死而不肯認罪，但是從泉州趕來的妻子，也證明和何某真的住了十五年，並且生了小孩。

兩方各執一辭，官府也無法斷案。

這時聽說有一位老翁善於占卜，官府就請他來占卜，老翁指出應是何某的靈魂感應生氣而復生。要證明此事，可以檢查在泉州所生孩子的血是否為青色的，如果是青色就表示這小孩是靈魂和生人所生的。

官府派人去檢驗，那小孩的血果然是青色，證明在泉州的何某是靈魂。

至此案情大白，於是官府便判臺南的妻子和後夫無罪。

163 死嬰成邪鬼

類別／鬼魅　地域／鄉里

介紹

臺灣民俗相信，嬰兒若在母胎內死亡，就會成為邪鬼，作祟於母親。

典文

※《臺灣風俗誌》——日・片岡巖

嬰兒在母胎內死亡，或降生不久後死亡，要棄入水中。否則傳說不但會變成邪鬼來作祟，以後母親亦不能再懷孕。

164 火鳥與火王爺

類別／神靈　地域／鄉里

一旦鄉里的家屋發生火災，很可能是「火鳥」飛到了屋頂，帶來厄火。除了火鳥會帶來火災，相傳火王爺也經常與火鳥一同出現。只要火王爺在屋簷插上火旗，這一戶人家也會遭受祝融之災。

如果聽到屋頂有鳥隻求偶的聲音，或者有犬隻無故爬上，就可能是火災前兆。這時，就要請紅頭司公（道士）來鎮火。

道士鎮火的方法，會在桌上奉置五牲，誦唸咒語，請求水德星君神下降。道士將鎮火符的符紙燃燒之後，將符灰滲入桶中，與水攪和，然後手執榕樹小枝沾水，在各家門前揮灑，同時也要將碗盤中的白米及鹽撒在家屋門前，口中誦唸鎮火咒，請火神走開。臺島相傳的鎮火咒（雪山咒）如下：

「謹請雪山聖者雪門開，雪山大聖降雪來，六月炎炎天降雪，七月炎雪降霜，大霜大雪落在三江口，小霜小雪落在火油中，頭載千年霜，腳踏萬年雪，請身穿一領牛皮，雪加婆請霜之時霜便到，請雪之時雪便來，霜霜雪雪速降落臨，吾奉太上老君敕神兵火急如律令！」

火鳥與火王爺

火鳥停翼處
火王爺插旗處
家必遭火

典文

※《臺灣風俗誌》——日・片岡巖

臺灣有火鳥，據說火鳥從黑夜飛出，火鳥停翼處則會發生火災。

※《臺灣風俗誌》——日・片岡巖

法華寺奉祀著火德星君，俗稱火王爺。

相傳火王爺將旗子插在屋頂時，這家必遭火災。

高僧與道士等，看得見火鳥與火旗，俗人卻看不到。

165 無頭鬼

類別／鬼魅　地域／鄉里

介紹

被斬首而死的人，死後會化身為「無頭鬼」，據說也是被原住民「出草」而死的漢人鬼魂。

典文

※《臺灣風俗誌》——日・片岡巖

無頭鬼，是被斬首而死，失去頭顱的幽魂。

166 縊鬼：吊頭鬼

類別／鬼魅　地域／鄉里

介紹

臺灣人相信，吊死者將化身為「縊鬼」，並且會尋找替死鬼。據說，縊鬼被生產時的血光所汙，則會化出鬼魅原形。

野狐禪室主（本名洪坤益，臺南詩人）在《三六九小報》記述的縊鬼，要尋找替死鬼的時候，反而被性格大膽的戚某壞了好事。

在這則紀錄中，戚某在街巷間意外發現鬼模鬼樣的縊鬼，內心一點都不懼怕，反而趨前追逐，最後順利拯救差點成為替死鬼的婦人。

典文

※《臺灣日日新報．一九一〇年（明治四十三年）六月二十八日．嘉義通信「大驚小怪」》

近嘉義南門，有壹種謊談，謂前數夜時有穿白衣縊鬼，頭髮散亂，兩手舉一杉楹，徘徊于南門打石街。

婦女多為驚怪，惶惶無錯。

會同街有剃髮匠，方法之妻懸梁自縊，旋又有壹寡婦亦以布帛繫於床柱自經。

于是人心益惧，到處囂囂。

※《臺灣日日新報．一九一〇年（明治四十三年）八月十一日．楓葉荻花》

本島近來縊死者，時有所聞。

恒訛傳有縊鬼索代，多信以為真。

如基隆社寮庄吳明海之苗媳陳氏方幼，年十五，因家中屢起風波，遂萌厭世之思。於去八日，自縊於臥床，或謂數日前即見有鬼憑之者。

人言如是，其信然耶。

※《臺灣日日新報．一九二一年（大正十年）四月二十二日．謠言縊鬼出現》

新竹街，數日前午後，約三時餘，忽生出一種謠言，謂西門外細民村某氏家，有一婦身懷六甲，將及臨盆，不知何故，欲懸樑自盡。

孰意繩索中斷，墜落地下，竟產出一孩，該縊鬼在產婦之側，受其血光所汙，因不能化去。

一時喧傳，好事者爭相往觀，絡繹不絕，驚動警官數人前往調查。

※《臺灣風俗誌》——日・片岡巖

縊死或絞死的人的幽魂是吊頭鬼，走路時頭俯前。

※《三六九小報・一九三一年（昭和六年）五月二十九日・續聊齋》——野狐禪室主

兒時，聞先外祖母言其戚某，膽極壯，負販為生，常往來村落間。

一夜月色微明，訪友於海東口，歸時約交子刻，途經中巷，見一婦人，衣裳盡白，肩一杉柱，施施從對面來。

距離不遠，故甚了了，心知其非人類，駐足俟之，以睹其異。

該婦行至一牆下，倏忽而沒，似入牆內，聲息全無。

急趨至牆下一視，則雙扉緊閉，叩其門，寂無聲響。

不得其門而入，乃循牆趨向前面，欲觀其動靜。

至即其家，正開壽筵，臺上戲尚未終，某由人叢中月初臺前以俟之。

約時許，筵終客散，戲亦罷演，見一少婦在廳上收拾杯盤，出至戶外，俄然失手，杯盤俱碎。

一老嫗自內出，似是婦之姑，大聲咒罵，斥責不休。

少婦默然不語，兩淚交流，翻身入去，久不見出。嫗在廳上猶刺刺詈罵。

某知有異，即向嫗道其在彼後門所見情形，嫗乃大驚。

至婦房外，果見婦房門栓上，某代為打開房門闖入，則見婦已投繯床前。

某急為解下，打救移時始蘇。

縊鬼

某辭出欲歸，行至中巷口，見前婦現出鬼形，兩目圓睜，舌伸出唇外，攔於路中，不許其過，似恨某之敗其事也。

某怒甚，以拳擊之，且罵曰：「汝殺人，我救人，於理無乖，何故不許我過？」

又復擊之，鬼亦還拳相擊。一往一來，不肯相讓。

至雞聲喔喔，鬼始罷手，悻悻退至數步而沒。

某歸遍身浮腫，病數月始癒。

167 陰鬼走無路

類別／鬼魅　地域／鄉里

介紹

清朝時代，因為人們祭祀豐厚，鬼群能夠在陽間悠遊自在。但是自從日本人統治臺灣之後，臺灣習俗開始不重視祭祀，讓鬼族逐漸無祀。

並且，火車、自動車（汽車）的警笛、甚至是汽船的螺聲，都像是道士的法螺響奏，讓眾鬼驚慌失措。因此，陰鬼才逐漸從人間消失，少有人見聞。

典文

※《三六九小報・一九三〇年（昭和五年）十月十九日・陰鬼走無路》——古圓

某道士年已七十餘歲，自二十餘歲之時，乃相續其先父之職為中尊[188]，具有陰陽眼，過午能見鬼族。四十餘年間，盡見鬼之真相。

數日前對其子孫說鬼之事甚詳，茲錄其大概，以為讀者一粲。道士云：

清國時代之鬼，極其奢華，嫖賭飲，無所不至，因陽間致祭長且豐，又美獸鼓樂歡迎，如普渡之時，肉成肉，酒成酒，任食不盡。

自改隸以來，臺灣景氣日非，陽間節儉之風氣漸漸普及，然鬼尚可度日。至數年來，陽間屢有餓殍，遂多無暇顧及鬼族供養之事。

而且設機關驅逐，使眾鬼族無處安身。如市場內豚肉商，每將豚肉攢出街頭巷尾呼賣，而用法螺大吹，又長路有火車之警笛，短路有自動車之警笛，其他之騷音，皆學道士平素用以退鬼之方法。大小鬼皆極恐惶。

甚有逃入江海者，亦為汽船之螺聲所驚，至此不得不逃歸地獄受苦。是以現時陽間殆無鬼跡。

188中尊：道士、師公。

168 纏身青面婆

類別／妖怪　地域／鄉里

介紹

纏身青面婆，是一種會在夜晚現身的青面鬼婆，喜歡纏繞在人們身上。

典文

※《臺灣風俗誌》——日·片岡巖

纏身青面婆，面青色，喜向人作祟。

169 金銀鬼

類別／妖怪　地域／鄉里

介紹

一旦金銀置放多年，毫不取用，很有可能就會成為「金銀鬼」的妖怪。金銀鬼會有強烈的執念，保護金銀，讓任何人都無法靠近這些寶藏。

典文

※《臺灣風俗誌》——日・片岡巖

金銀積蓄如山，不甘用分文，數十年後將化身「金銀鬼」。

170 白馬妖怪：守護寶藏

類別／妖怪　地域／鄉里

介紹

一旦金銀多年未用，會產生「金銀鬼」，甚至也可能會孕生出「白馬妖怪」，負責守護寶藏。例如基隆港外海社寮島（和平島）上的城堡廢墟，曾經出現西班牙的白馬幻影，在屏東縣東港鎮的「崙仔頂」、鎮海里的鎮海宮附近，皆有「白馬穴」的傳說，夜晚若聽到馬蹄「兜兜兜」的響，便是白馬在奔跑，暗示地底埋有數甕白銀。而在臺中的葫蘆墩，也曾有白馬妖怪現身的故事。

葫蘆墩是一塊形狀像是葫蘆的穴地，此地常發生火災，耆老皆說葫蘆是活的，所以會噴火。但葫蘆裡除了有火苗之外，也有金銀財寶。

臺中民間傳說，白馬與白兔負責守衛葫蘆墩地下的財寶，日夜巡走，據說只有品德高超的人，才有機會跟隨白馬與白兔，得知藏寶地點。除了臺中的葫蘆墩之外，臺灣各地皆有流傳白馬守護金銀財寶的奇異傳說。

在澎湖望安的四角山寶藏傳說，則是由白兔所守護。據說，有三位少女到四角山遊玩，無意間發現了白兔，便追逐白兔來到山上，白兔竟然憑空消失。此時，少女們想起寶藏故事，開始動手挖掘時，下山的路竟坍方了。儘管三位少女發現寶藏，卻無法下山返家，最後也餓死在山上。

所以也有鄉野傳說，如果來到四角山的山下，被丟擲石頭，則是少女與白兔妖怪的惡作劇。

典文

※《臺灣民間文學集・葫蘆墩》——日・林越峯

東方還未發白，周圍尚籠罩著朝霞的那座葫蘆底（葫蘆墩，是一個葫蘆穴。堡上有三箇土屯：一箇是葫蘆底，一箇是葫蘆身，一箇是葫蘆頭）的土屯下，彷彿有一匹白馬在打著圈兒跑。牠的周身都披著雪也似的毛兒，四隻很長的腳支著高偉的體軀，頭梁裡的那叢銀毛，當牠跑著的時候，向左右風靡著，隱約可以聽見馬蹄的聲響。

白馬之外還有一隻兔兒，比普通的兔兒來得又大又肥，周身也是白的，二隻眼睛敏活地反映著牠的銀毛，更覺得分外的鮮紅。

牠不和白馬在土屯下跑，卻在土屯上的草蓬裡跳。從這邊的草蓬跳到那邊的草蓬去，一跳就有四五尺遠。不過被人追上時，一轉眼就失了所在。

那時候，任憑你怎樣搜查都找不到牠的去處。

因此，人們都說牠是管白銀的神了——一隻白兔管的是一千兩，一匹白馬管的是一萬兩。可是沒有福的人，終是得不到牠的。

有一次，一個點心店的老闆，清早正在擦臉的時候，忽看見牠在繞著土屯跑。他就急把手裡的面巾，對準白馬打去。

湊巧，面巾竟拌在馬背上，白馬嚇了一跳，便陡的向著屯趕上去了。

他也跟後趕上去，可是當他趕上屯時，白馬已經沒了影跡，祇剩下面巾落在屯尖上。

他以為埋銀的地方就在這裡了。於是，就把那兒的地皮掘了下去。

但他大概是沒福氣的人吧！掘了大半天，才掘出二塊的白銀來。這，就算是要給他工錢的，誰知他卻連這兩塊工錢，都沒有福可得，回家裡，便病得七顛八倒，直到把那兩塊銀耗完，才得平安起來。

自這以後，再也沒有人家敢掘了，不過，牠們的出現還是常常有人家看到的。

後來，到了明治三十二年，因為街市漸漸擴張起來，在葫蘆底和葫蘆身的連接處，新築了許多的店鋪，葫蘆底的土屯下，也多鑿了一道水溝。

於是，葫蘆穴的地理給便弄敗了，白馬和白兔，都不再看到。

※《民俗臺灣．迷信數則》——日．黃澄煌

松山[189]的一行商人，有一天夜裡跟蹤一匹白色的馬，到一棵松樹下，結果發現在松樹下有很多的金銀財寶。

189 松山：臺北的松山。

171 周成過臺灣

類別／鬼魅　地域／鄉里

介紹

「周成過臺灣」列名為「臺灣四大奇案」，是非常通俗的臺灣民間故事。故事最早的紀錄，是一九二七年以〈臺北奇案〉為名，演出歌仔戲。內容是「朱成」得到妻子的幫助，爾後事業成功，卻另娶小妾，殺害妻子，之後妻子亡魂報仇。

在最早的日文文獻中，「周成」被寫為「朱成」。根據王釗芬《周成過臺灣的傳述》（里仁書局，二〇〇七年）的研究，日文中「周」音しょう，「朱」音しょ，兩者發音相同，所以日人在記載時產生誤差。另外，在故事中，將朱成出發地設為臺南，可能是日人為了減弱臺人與中國的關聯，而有改寫。

周成過臺灣的故事，經過不同時代的講述，劇情架構也逐漸穩固。尤其是在戰後，經過說唱、歌仔戲、電影、錄音帶的傳播，周成過臺灣的故事也成為極其著名的臺灣民間傳說。

各版本的周成故事略有不同，詳細內容可參考王釗芬專書。以下簡介竹林書局出版的《周成過臺灣》（一九八九年）歌仔簿版本：

周成是泉州安溪龍河村的人，娶了童養媳月裡，因為謀生困難，所以讓妻子向人借貸，獲得資金後，前來臺灣賺錢打拚。

周成在淡水上岸後，與同鄉阿六住在臺北，販賣雜貨。這時，周成認識了妓院中的名花郭仔麵，從此留連忘返煙花巷。周成金盡之後，愧對家人。

周成本欲自殺，這時遇到同樣想要自殺了斷的王根，兩人同病相憐，便打消了自殺的念頭，也結拜為兄弟，決定奮發向上。之後，兩人在朝陽街合開茶行，終於東山再起。周成也為郭仔麵贖身，並且迎娶對方。

在故鄉，因為周成未有音訊，所以周妻月裡獨自扶養公婆、幼子。月裡聽聞周阿六帶回周成訊息，得知他在臺灣另娶，便攜子渡臺來找周成。沒想到周成卻不認髮妻，將月裡掃地出門。郭仔麵也教唆周成，用毒蓮子湯毒殺月裡。月裡心有不甘，臨終前便跟幼子說自己將化為惡鬼復仇。

月裡死後，郭仔麵命令惡僕將月裡屍身丟入井中。月裡亡魂來到地府，向閻君告狀，因此閻君派夜遊巡帶亡魂去報仇。但來到周成家門卻遭門神阻擋，經過鬼叉說明，門神才准許厲鬼進屋。

最後，月裡亡魂附身在周成身上，殺死郭仔麵與惡僕，並且留下遺書自殺。而王根發現血書之後，也答應撫養月裡的孤兒。

典文

※《臺灣的支那演劇及臺灣演劇調．臺北奇案》
——原著：臺灣總督府文教局社會科，翻譯：柳書琴

清朝時，大陸人朱成，因家境貧窮，典當妻子的金器做為經商的資本。由臺南出發到臺北行商，幸運地賺了一千多圓。

但朱成忘了先前的苦況及家中望歸的妻子，在花街浪蕩，把錢財全部耗盡。

朱成生活進退維谷，在打算去自殺的途中，遇見了新竹人鄭興，鄭興因為在赴臺北辦事的途中，將所帶的二千圓遺失，憂煩苦悶想要自殺。

二人偶然相遇，又同病相憐，因而放棄自殺，結為兄弟。

二人相依在臺北行商，奮鬥三年多後，獲利三萬元。

朱成再娶妾，原配知道後，妒恨至極，前來尋夫，無情的丈夫竟將她毒殺。

從此，原配的怨魂在朱家作祟，並且殺死了小妾母子。

復仇後，原配的鬼魂進入地府，被佛祖救贖而往生極樂。

172 林投姐

類別／鬼魅　地域／南部

介紹

林投姐，臺南流傳之女鬼傳說。

在日本時代的文獻中，皆未寫明林投姐與男主角之姓名，只知林投姐自縊於林投樹下，男主角來自泉州（或身分是管府士兵）。在戲文中，林投姐成為了有錢寡婦，或說其名為「胡氏」。

在《三六九小報》中記載的林投姐傳說，則說林投姐是一名富翁的女婢，與泉州人某甲私通，後來某甲誘使女婢偷出金帛給他，最後卻逃走。得知被騙的女婢便自縊於林投樹下。之後，有泉州人某乙，賣藝途中，遇見林投姐鬼魂，林投姐問他是否知道某甲，某乙回答是鄰近之人所以知曉。林投姐贈金某乙，也請求他帶她前往泉州，但陰陽異路，如何同行？林投姐便說，只要撐起一把傘，便能依附同去。最後，林投姐順利報仇，殺甲及其二子。

戰後，林投姐的故事經過文人們的修飾，而讓男女主角擁有名字，增衍擴充原有的傳說架構，形成雅俗共賞、老少皆知的臺灣鬼譚。

七〇年代，《臺灣四大奇案》收錄了廖漢臣的〈林投姐〉，故事中的人物、劇情都更加完整，也成為目前「林投姐」故事最為通俗流傳的版本。其內容簡介如下：

傳言清朝時代，臺南有一名美女子，名為李招娘，與丈夫陳明通相戀相愛，生下三名幼子。爾後，經營貿易行的陳明通病死，李招娘只能獨力撫養三子。

陳明通生前好友周阿司，是一名來自汕頭的商人，對於寡婦招娘十分同情，兩人日漸相處，也產生情愫。但周阿司接近招娘，卻是暗藏賊心，是為了要獲得陳明通遺留的財產。等到招娘不疑有他，將金錢交給周阿司當作貿易資金，周阿司卻藉故要渡海通商，在臺南買入了大批樟腦，前往香港賣貨之後，隨即就搭船回返原鄉汕頭，一去不返，音訊全無。

多年等待的招娘，日夜盼望，用盡所有金錢卻等不到情人回歸，招娘終於發瘋，將三名小孩親手扼死，並自縊於林投樹。此後，女鬼冤魂常出現於林投樹附近，以紙錢向攤販買粽。

臺南地方仕紳，為了鄉里安寧，所以就建築祠廟，供奉香火，尊稱女鬼為「林投姐」。

故事結局，則是林投姐得到風水師父「周天道」的幫助，藏身於雨傘之下，才能與風水師登舟上船，前往汕頭。而周阿司也因為目睹林投姐的鬼魂現身而發瘋，親手將再娶的妻子與兒子砍死，自己也被林投姐的鬼魂掐住脖子，倒地氣絕。

若對林投姐故事的演變有興趣，可參考黃淑卿〈林投姐故事研究〉（成功大學中文所碩論，二〇〇六年）。

※《三六九小報・一九三一年（昭和六年）六月十三日・冤魂顯報》——畸雲

故老相傳，林投姊[190]顯靈報怨一事，幾與婦孺咸知。伶人且演為戲劇聳動一時。其非虛妄無稽，可知也。

于曾聞諸某叟，叟今年八十三歲，謂此事出於炭城，距今近百年耳。其地，即現時臺南驛對向，盲啞學校近邊。是處昔為曠野，林投樹成藪，行人稀少，林投姊蓋縊於此。冤魂出現，故人以林投姊稱之。

林投姊，為附近某大姓之婢，不知於何時，與一泉州人某甲姘識。甲操駕舟業，婢與之私，兩情欵洽，密謀奔逃，而無其機。會大姓祝壽宴客，演劇侑觴，賓客如雲，戚眷咸集，忙碌數日夜。婢本有私蓄，又乘機盜其主人金帛、及貴重裝飾物，某甲為之接濟。相約期日，婢則潛出，隱於林投深處待之。以為甲將來迎，乘舟偕逃，歸其故鄉作白頭偕老夫婦，坐享富貴。豈知甲本有婦之夫，利其財物，糊塗答應。財物既得手，竟鴻飛冥冥，棄婢獨歸，面團團做富翁矣。婢呆待數日，飢寒交迫，而甲不來，知為所愚弄，憤恨交併，遂投繯於林投樹，鴛鴦孤飛入泉下矣。

於是怨魂不散，未久即時常出現。

※《臺灣風俗誌》——日．片岡巖

臺南，有一女子勤儉積存數百金，後來與一名泉州商人通居。此泉州商人狡猾無情，哄騙她要

林投姉

去泉州做生意，將金錢攜走一去不回。

女子等待數年驚覺被騙，又氣又憤，終於自盡。女子陰魂死不瞑目，每日傍晚出沒林投樹下。

女鬼常以冥錢向賣粽的擔販買粽。

之後，眾人得知女子為幽靈，無人敢行此路。

臺南仕紳相議，集資蓋一座小祠奉祀，幽靈才不出現。

這座小祠位於臺南火車站附近里見醫院一帶凹地，去年開拓道路後，林投樹被砍伐。

※《臺灣習俗》——日・東方孝義

前有位臺南女子與中國福建省泉州的商人結為夫妻，兩人辛勤工作儲存了數百元，不料丈夫卻捲款而逃。

妻子守節等著丈夫的歸來，數年過去了，丈夫依舊沒回來。妻子終於了解到自己是被拋棄的，氣憤而亡。

然而，她卻死不瞑目，每天一到傍晚便會現身坐在林投樹下，有時還會叫住賣粽子的買個粽子，可是因為她給的錢都是冥紙，人們終於知道遇見的是個鬼，於是就在林投樹下旁建廟弔祭她，此後她就沒再現身。

這個地方就是現在臺南停車場附近的窪地。

190 姉：姐。

173 幽靈園與幽靈屋

類別／鬼魅　地域／南部

介紹

一旦人死之前，擁有相當強大的執念，死後就會化為幽靈，在生前留念之處徘徊，無法超脫轉世。《臺灣風俗誌》所記載的幽靈園與幽靈屋的故事，便是這一類的鬼魅。

典文

※《臺灣風俗誌》——日・片岡巖

鳳山支廳管內前金庄[191]，有一個叫王拱的人有一塊園地，王拱死後，他的妻子相續接管，而妻子亦死亡終成絕戶。此園地後來由親族的王盤相續。

可是在陰間的王拱妻子可能心有不願園地被他人取走。據說每日黃昏，出現一個蓬頭衰瘦的幽靈站立園中。

眾人驚嚇，不敢耕作此塊園地。

※《臺灣風俗誌》——日・片岡巖

臺南米市街，有一間房屋，原為一名女子所有，後被人侵占。女子死後，傳說死不瞑目，每夜出現於此屋中，眾人驚嚇，不敢居住此屋。又在馬公廟街及府口街，據說亦有幽靈屋。

191 前金庄：現在高雄市西南部的前金區。

174 活埋神

類別／神靈　地域／鄉里

介紹

臺灣民間信仰，懼怕厲鬼，尤其認為冤死之人的亡魂會具有強大的力量，足以擾亂陽間。百姓對於非自然死亡的靈魂，會有懼怕的心理，甚至可能將祂們神格化，以祭祀來安撫祂們。例如王爺信仰的起源，其中有一個說法便是秦始皇活埋三百六十五名儒生，民間憫其慘死，而以王爺祭拜（劉昌博，《臺灣搜神記》，一九八一年）。而在臺灣，若有人被「活埋」，大眾懼怕之餘，甚至可能讓亡魂「成神」，起廟祭祀。在澎湖群島，據說被癲病蟲附身之人，將之活埋也會成神。

典文

※《臺灣風俗誌》——日・片岡巖

從前安平路中有人強姦婦女，這個犯人被莊民捉去在路旁活埋，後來竟有人膜拜，並傳說膜拜此亡靈，賭博會勝，致使一時香煙不絕。

175 貓鬼與狗妖

類別／鬼魅　地域／鄉里

介紹

臺灣民俗，死貓要掛樹頭，死狗要放水流。

在清朝時代，劉家謀在《海音詩》中，描述了祭送「貓鬼」的民間習俗：「筠籃隱約蓋微遮，月影朦朧路幾叉。恰似紙錢送貓鬼，背人偷挂路旁花。」並且附註曰：「貓狗骨得溺生毛，便能為祟；故貓死挂之樹、狗死投之水，必送以紙錢。」

據說，若貓死葬於地，貓屍受雨水滋潤、日光照曬，則會成為「貓鬼」，變成「貓鬼」來害人，尤其會殘害嬰兒。所以必須要讓死貓掛於樹頭，七七四十九天之後，貓屍乾僵而魂魄散去，才能再入輪迴。而狗屍埋入地中，會吸取地氣，變成「狗妖」，並向人作祟，只有投入水中任其漂流，才會成佛或轉世為人。

典文

※《臺灣慣習記事第壹卷・第十一號・明治三十四年（民前十一年）十一月二十三日發行》

——日・臺灣慣習研究會原著，臺灣省文獻委員會編譯

死貓吊樹頭，死狗放水流。

若將死貓掩埋土中，日月精英照之，恐變成妖怪來擾人，故懸掛樹頭使其乾燥。犬是因前世有惡果，萬劫未消，因出生犬，若將其屍體掩埋土中，其肢體永全，即將再次出生為犬，因憐之，使其來世出生為人，所以將屍體投水，使其潰爛。

176 罛邪鬼

類別／鬼魅　地域／鄉里

介紹

臺灣人相信，一旦人們生病，或者諸事不順，都是因為妖魔鬼怪、魑魅魍魎纏祟於人。這時，就要請符法師使用「驅邪符」來驅禳邪氣。

不過，使用驅邪符之前，也要得知是被何種妖魔鬼怪所附身，並且將相對應的妖鬼寫於驅邪符上，符咒才會產生效果。

在《臺灣風俗誌》中，片岡巖曾介紹各方妖魔鬼怪的特色。

典文

※《臺灣風俗誌》——日．片岡巖

人生病時，可能觸犯的邪鬼如下：

纏身抱頭家神：在家裡使人頭痛之鬼。

東北方沖肚火燒女魂：占在東北方使人發燒之女鬼。
東南方沖心把肚夫人：占在東南方使人腹痛之女鬼。
南方火燒水火將軍：占在南方使人發燒之鬼。
纏骨陰魂：纏在骨中，使人身體怠懶之鬼。
沖心火燒把肚爺：使人發燒不想飲食之鬼。
東方沖心把肚火燒鬼：占在東方使人發燒無食慾之鬼。
西方沖心把肚邪鬼：占在西方使人發燒不想飲食之鬼。
西北方纏身背面夫人：占在西北方使人背痛之女鬼。
纏身遊路喪喜煞：在路上徘迴使送葬或娶嫁陷入厄運之鬼。
西方沖肚火燒將軍：占在西方使人發燒之鬼。
纏骨火燒女魂：纏在骨中，使人發燒之女鬼。
東方纏骨火燒飛煞：占在東方飛來飛去使人發燒之鬼。
壓運飛煞：飛來飛去使人陷入厄運之鬼。
火燒抱頭發煞：飛來飛去使人頭痛發燒之鬼。
路煞纏骨陰夫人：占在路邊使人患病不放的女鬼。

※《臺灣風俗誌》——日・片岡巖

無厝家神：無厝家神也是無緣孤靈，最喜歡作祟人婆姊母：婆姊母就是白髮蓬頭的鬼婆。
雨傘鬼：雨傘鬼一足，降雨夜晚出現。
毛生仔：毛生仔很像光頭的小孩，喜歡向小孩作祟。
小頭鬼：頭小身大的鬼叫做小頭鬼。
客死鬼：在遠方客死的人的幽魂稱客死鬼。
家親老鬼：家親老鬼就是親族死亡很久後變成的鬼，即是歷劫數的鬼。
石榴鬼：如石榴裂開嘴巴的鬼稱石榴鬼。
枉死婦人鬼：含恨而死的女人變成的鬼稱枉死婦人鬼。
和尚鬼：形狀像和尚，身軀龐大的鬼稱和尚鬼。
少男不合鬼：少男不合鬼就是未結婚而死亡的人變成的鬼。
哭鬼：哭鬼發出像撕絹布的聲音，非常恐怖。哭鬼有一定的時間啼哭，即每月戌日。據說這日都不舉行任何喜事。

177 五鬼符

類別／鬼魅　地域／鄉里

※《臺灣風俗誌》——日・片岡巖

此符在人的生日與其他祝日時燒化，據說第一圖的五個鬼，會帶來第二圖的金錢及福氣。

■五鬼符。（《臺灣風俗誌》，1921年）

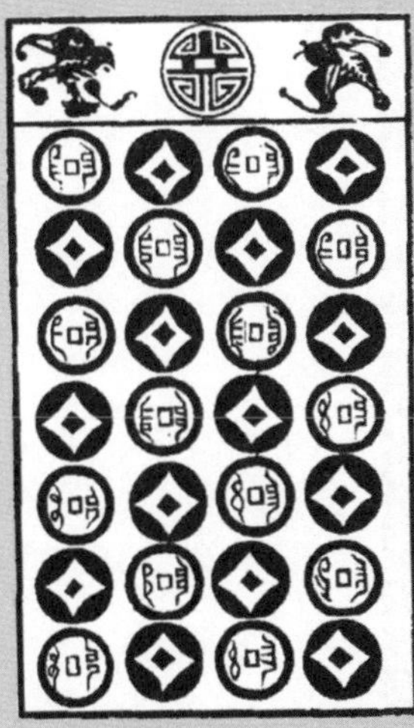

■五鬼符。（《臺灣風俗誌》，1921年）

漢人、日本人與西方人誌異

神界之章

178 椅仔姑

類別／神靈　地域／天界

介紹

中秋之夜，年輕女子喜愛實行祕法，與「椅仔姑」（紫姑神）通靈，祈求天機。只要兩人扶住一只竹椅，椅子上面放置女衣、鏡子、妝奩、脂粉等等婦女用物，再請一名女子焚燒紙錢，持香虔誠祭拜，便可迎來椅仔姑。

這時，椅仔姑能回答任何問題，有問必答，但若聽見姑嫂呼喊之聲，便會離神。

傳說，椅仔姑乃是古代被姑嫂虐待之女，虐殺於豬欄之後，化身為神。

另外，也有「籃仔姑」的習俗，不是使用竹椅來降靈，而是使用一個「新婦仔籃」來降靈。首先，要用一件女孩衣服披在竹籃的提手上，當作籃仔姑的身體，然後用手帕綁在提手上，作為頭，並且在手帕上畫出女子五官。竹籃裡也要放入胭脂、花粉、水果等等供品。之後，兩名眼罩黑布的少女，雙手共同扶著提籃，其他少女則圍坐四周，口念咒語：「籃仔姑，籃仔姨，牽花枝，少年時，現時也未嫁，今年姑仔才三歲。」

當扶拿籃仔的少女開始精神恍惚，雙手晃動，甚至大聲哭泣時，就代表籃仔姑降臨，可以向祂詢問各種問題，籃仔姑則會藉由籃子晃動次數來告知答案。

除了這種占卜方法之外，臺灣還流傳「掃帚神」、「扁擔神」、「蛙古神」的降神儀式，都是以特殊的儀式招來四方神靈，藉此詢問神靈。

※《雅堂文集》——日．連橫

中秋之夜，兒女輩集庭中，以兩人扶一竹椅，上置女衣一襲，裝義髻[192]，備鏡奩[193]、花粉、刀尺之屬，焚香燒紙，以迓[194]紫姑。

至則其椅能動，問以吉凶則答。如聞呼嫂聲，則神忽止。

或曰：紫姑為某氏女，為嫂所虐殺而埋諸豬欄，故向是處以迓，聞呼嫂而驚走也。

※《民俗臺灣．椅仔姑》——日．池田敏雄

此種占卜遊戲只限於未婚女性，已婚者和未成年小孩均不可參加。其中有些由父母陪伴前來參加的女孩，在行儀時他們的父母還會口中唸唸有辭地說著「來附身啊！」

此項遊戲只在一月十五日上元節和八月十五日中秋節才舉行，而南部又比北部盛行，方式也依地方之不同而有差異。

這是由一位約五十年前，從鹿港嫁到萬華的老婦人口述得知，而記錄下來。

首先看到一張草蓆，擺在一張古老的四角形竹椅上，上面擺著飯匙（飯杓子），這就是椅子姑的臉，因此飯匙的表面畫有眼睛、鼻子、嘴巴，上面還插著花簪，另外椅弓左右披上紅顏色的袖子，裡面裝上竹板做成的二個大小相合的桶子，再插上紅花，看起來有點像姑娘們的模樣。

等椅子姑一出來就將前面的水桶放倒，蓋上鍋蓋，上面放著胭脂、凸粉、花、三種果菜、剪刀、米管等供品。

一切整理就緒後，由二位姑娘各握椅子腳的一邊，於是大夥兒唱著歌以招來椅仔姑的神靈。

——椅仔姑，椅仔姊，請汝姑姑來坐椅。

——坐椅定，問椅聖，若有聖，水桶頭，扣三下，來作聖。

不久椅仔姑的靈就來了，這時聽說椅子會感到很重。

接著姑娘們就可問各種問題，椅仔姑會以飯匙的頭前後擺動，並敲水桶底部來回答問題，例如

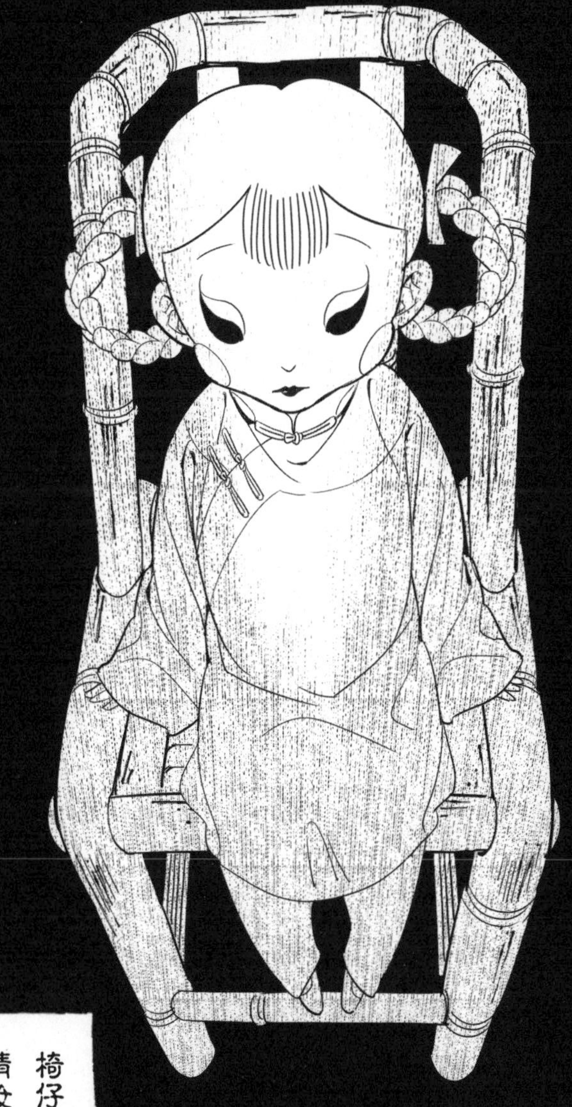

椅仔姑

椅仔姑椅仔姊
請汝姑姑來坐椅
天清清地靈靈
觀汝三姑出壇前

問明天天氣如何呢？如果是好天氣請敲三下，這時候椅仔姑如果說明天是好天氣，就會敲三下水桶發出「叩叩叩」三聲。

聽說如果問她你的歲數，她就會把你的年紀說出來，如果拿一把筷子問她有幾只，她也會將數字以敲水桶顯示。

關於椅仔姑也有著以下不幸的傳說。

從前有位從小失母的女孩，卻有一位非常狠心的嫂嫂，將年僅三歲的女孩當做奴隸般看待。從前家庭煮飯的竈都是以籾殼或穡為燃料，為了不使火熄滅必須不斷地補充燃料，普通家庭都是由姑在下面升火，嫂嫂在竈上煮飯。而這位冷酷的嫂嫂每天命令女孩坐在竹椅上升火，而且晚上只准她睡在竈上，連食物也不給她吃，女孩已經瘦得不成人形了。

有一天早上，嫂嫂起床後，發現女孩冷冰冰地坐在竹椅土，這位嫂嫂一點也不傷心，竟連像樣的祭弔儀式也沒辦。

之後二嫂買菜回來發現女孩子好像死了一般坐在竹椅上，將籾殼丟入竈內升火，不禁大驚失色。

這是椅仔姑的起源。

為了祭弔這位不幸的三歲女孩的靈魂，當時的姑娘們都會向椅仔膜拜。

關於只有未婚女性才能參加椅仔姑的理由，大概是因為這位三歲女孩是被嫂嫂虐待而死，因此只要結過婚的人都不被椅仔姑所歡迎，故不准結過婚的女子參加。

如果有人想捉弄椅仔姑，請來結過婚的女子的話，椅仔姑就會立刻停止搖動，完全靜止下來。

※《南屯鄉土調查》——日・南屯公學校編寫，許世融翻譯

●關椅仔姑的唱謠

椅仔姑，觀汝來坐土，土連汝，檳榔心，老葉陳，好食不分，汝三姑着是親，姑仔定，姑仔聖，姑仔頭來，有名聲，大路大波波，小路好桃，天清清，地靈靈，觀汝三姑，來出壇前。

192 義髻：假髮。
193 奩：音「ㄌㄧㄢˊ」，盛裝婦女用妝的小盒子。
194 迓：音「ㄧㄚˋ」，迎接。

179 臨水夫人

類別／神靈　地域／天界

介紹

臨水夫人，唐末五代，陳靖姑生前封號。

臺灣信仰臨水夫人是婦女、兒童的保護神，能助順婦女產胎。但臨水夫人除了會「送子」，也會「收子」。

片岡巖在《臺灣風俗誌》記載，大正二年（一九一三年），楠梓坑街有一名少婦，來到臺南臨水夫人廟祈禱，十月後順利產子，全家欣喜。當孩子成長至兩歲，某日突倒地不起，氣絕而死，全家悲痛欲絕。

此後，算命仙解說：「此兒是臨水夫人所授，但得貴子後卻沒返廟還願，觸怒夫人，因此祂將此兒召回。」

家人莫不驚恐，連忙拿供品至臨水夫人廟祭拜。

典文

※《雅堂文集》——日・連橫

臺南郡治有臨水夫人廟，香火甚盛。每當元宵、中秋，婦女多入廟進香，而產子者設位以祀，祈禱輒應。

按梁茝林退庵隨筆，載夫人姓陳名靖姑，古田縣臨水鄉人。閩王璘時，夫人兄守元有左道，隱居山中，夫人常餉之，遂受祕籙符篆，役使鬼神。曾至永福，誅白蛇怪。璘封順懿夫人。後逃處海上，不知所終。

而謝金鑾臺灣縣志，亦言夫人名進姑，福州人，陳昌之女，唐大歷二年生，嫁劉杞，孕數月，會大旱，脫胎祈雨，尋卒，年二十有四。卒時言吾死必為神，救人產難。

建寧陳清叟之子婦，孕十七月不娩，夫人現形療之，產蛇數斗。古田臨水鄉有白蛇洞，吐氣為疫癘。一日，鄉人見朱衣人仗劍斬蛇，語之曰：我江南下渡陳昌女也。言訖不見。乃立廟洞側。自後靈跡甚著。

宋淳佑中封崇福昭惠慈濟夫人，賜額「順懿」。後又加封天仙聖母青靈普化碧霞元君。

180 城隍之神

類別／神靈　地域／天界

介紹

臺灣島民，咸信城隍爺賞善罰惡，並以城隍廟供奉城隍爺。

城隍爺乃是地方的守護神，每當地方官新上任之後，第三日到第五日之間，一定要到城隍廟祭拜城隍爺，即是「城隍齋宿」。地方官掌管陽間之事，屬於陽官，而城隍神則是陰官，掌管幽界之事。

據說，若為官者正直清廉，護民行善，死後將入神籍，成為城隍爺。例如，林豪的《東瀛紀事・叢談》曾言：「淡水同知曹公士桂（馥堂，雲南文山舉人）之勤民慎獄。積勞卒於任，相傳為淡水城隍。」曹士桂因任內勤政愛民，死後也成為城隍爺。

除此之外，臺灣也流傳「水鬼變城隍」的故事，尤其是在客家聚落裡廣泛流傳。普遍的故事情節如下：有善心的水鬼協助漁夫打漁，結果將拖人下水「抓交替」的時機告訴漁夫，讓漁夫有機會阻止此事發生。雖然水鬼無法順利轉世做人，但卻不以為意，願意犧牲自己，結果因為好心有好報，被閻羅王升職為城隍爺。

比較特別的是，在臺中東勢鎮、屏東內埔流傳的水鬼故事，最後的結局則是水鬼變成「伯公」（客家信仰的「土地神」）。在高雄美濃客家庄的美濃河畔，每一年農曆的二月，都會舉辦名為「二月祭」的祭典，以及苗栗公館福基河在農曆七月一日的「賑祭河江」普渡活動，都是為了祈求「河頭伯公」可以保佑河岸居民無災無禍，也祈求冤死河中的孤魂野鬼不再奪人性命。

典文

※《雅言》——日・連橫

臺南廟宇之楹聯，頗多佳作；劫火之後，毀滅無遺。府城隍廟有一對，不知何人所撰，今猶約略記之。城隍者，所謂獎善殫惡之神也，故語威而毅，儼如酷吏口吻。聯云：「問爾平生，所干何事：謀人財？害人命？奸淫人婦女？敗壞人綱常？算從前邪謀詭計，那一條孰非自作！到我這裏，有罪必誅：殲汝算！殺汝身！殄滅汝子孫！降罰汝禍殃！看今日凶烽惡焰，有幾個至此能逃！」此真為惡人說法者矣。世有不遵道德、不畏法律而獨懼鬼神，欠債不還、偷盜不認，邀往城隍廟殺雞設誓，則勃然變色，以為冥冥中若有鑒臨之者。

※《雅言》——日・連橫

傳說，水鬼如果經過三年以後，能夠找到替身者，就可以變為城隍[195]。

靈德廟的城隍，據說是清朝一位仁心宅厚的某官吏死後變成的。

195 城隍：臺灣民俗相信，成為城隍有兩種方式，一種是水鬼有德，另一種則是官吏生前善待百姓，死後就能成為城隍爺。

181 水手爺

類別／神靈　地域／天界

介紹

水手爺，乃是娼門妓院所崇拜的歡愛之神，掌管男女情愛之事。

典文

※《雅言》——日．連橫

臺南勾闌[196]之中，祀一紙偶，曰：「水手爺」，即南鯤鯓王之水手也。

龜子[197]、鴇兒每夕必焚香而祝曰：「水手爺，腳蹺蹺、面繚繚，保庇大豬[198]來進稠。來空空、去喁喁，腰斗舉阮擈，暗路著敢行。朋友勸怮聽、父母罵怮驚，某囝加講食擈駢。」此為一種咒語，野蠻人每用之。

今勾闌視嫖客為大豬，夜度無資，抑留勿出，則曰吊猴。

196勾闌：妓院。

197龜子：譏稱妓院老鴇的丈夫，或男雜役。

198大豬：比喻嫖客，猶如大豬有油水。

182 水神降夢

類別／神靈　地域／天界

介紹

臺灣的日本時代，在嘉義的鹽水港廳（範圍東至三腳南山系，西至海，南至曾文溪，北至八掌溪），曾有人夢見水神降夢，指點翠竹林中的水塘之水，可治百病。

典文

※《臺灣日日新報．一九〇五年（明治三十八年）十二月二十八日．其信然耶》

鹽水港廳下，茄苳南堡崩埤庄附近地方，有翠竹一林。竹下有小塘一週圍不過數十步，深甚有泉湧出，味頗良佳。該庄耆老某甲，月前夢見一黑面將軍，狀貌魁偉異常，身穿黑袍，手執一鞭，如梨園所演西楚霸王模樣，自稱「水德星君」。示以塘中之水，可以療百病，囑其遍告遠近人家取飲，可免百斯篤之患，叮嚀而去。

甲驚醒思之，始以為妖夢，置不之信。

次夜，又夢如前，怪之。

語諸庄人，偕往觀之，見塘中無甚奇異，但水清可愛。

適庄中有一患熱疾者，取而飲之，其病立愈，群相驚異，具香楮致敬。

一時傳說遠近，紅男綠女，扶老携幼，往叩星君。求取清水，貯藏家中，以備不虞之用，日以數百計。

近日嘉義人民乘汽車往求者，實屬不少。幾如山陰道上，應接不暇，咸云水德星君，臨凡救世。

其信然耶？其夢耶？抑操何術以致此耶？錄之以質諸高明。

183 天公與山羊和豬

類別／神靈　地域／天界

介紹

農曆正月初九，即是「天公生」，是玉皇大帝的生日。因為祂的神格非常崇高，所以閩南地區的人們，在初九拜天公生的時候非常慎重，會在供桌上放置鮮花、蠟燭、麵線、水果、齋菜、紅龜粿……等等，也會殺豬宰羊來慶祝天公聖誕。

典文

※《華麗島民話集．天公與山羊和豬》
——日．西川滿、池田敏雄，編譯：致良日語工作室

正在進行祭天公的慶典時，有隻山羊和豬來了。牠們對人們說道：「做這樣的事有什麼用呢？還是不做比較好。」

第二年的春天，天公的聖誕日到來，但人們卻不去慶祝。
天公覺得很奇怪，便問隨從的神：「為什麼人們不祭拜我呢？」
隨從的神回答說：「因為在凡間有隻可惡的山羊和豬，欺騙了人們的緣故。」
天公非常地憤怒，立刻將山羊和豬從凡間召來，狠狠地斥責了一頓。
但是，過了四、五年，又發生了同樣的現象。於是天公就在山羊和豬的嘴裡放入大顆的橘子，塞住牠們的嘴，讓牠們不能說話。
一直到今天，每當有節慶的時候，民間還流傳著殺豬宰羊，並在豬、羊嘴裡放一顆橘子。這個習俗便是由此而來。

184 註生娘娘

類別／神靈　地域／天界

介紹

註生娘娘，又稱為「註生娘媽」，是從幼兒受胎起，直至生產，都會保佑胎兒的女神。並且，也負責守護懷胎婦人的平安。

典文

※《臺灣慣習記事第二卷．第八號．明治三十五年八月二十三日發行》

——日．臺灣慣習研究會原著

註生娘娘：乃被尊為授兒之女神而祭者。

曾往艋舺之龍山寺，大龍峒之保安宮等廟參詣者，應見在其宮廟之一隅，有一尊女神立於中央，兩側更有十二尊女神，各抱一個嬰兒，隨侍中央之女神。

此中央之女神乃被稱為註生娘娘者，十二尊女神乃被稱為婆姊者也。而十二婆姊中，傳言其一半為職司抱去嬰兒使宿於婦人體內，其他一半則職司將既授之嬰兒，從其體內取回者也。

※《民俗臺灣．註生娘娘》——日．呂阿昌

在萬華龍山寺後殿左手邊安置著十二位攜帶可愛幼兒的婆婆，此即為註生娘娘。以下就其任務之不同將姓名及出身地列出：

一、註生：陳四娘（福州府古田縣）
二、註胎：葛四娘（延平府南平縣）
三、監生：阮三娘（福州府長榮縣）
四、抱送：曾五娘（建寧府江寧縣）
五、守胎：林九娘（建寧府歐寧縣）
六、轉生：李大娘（福州府海口鎮）
七、護產：許大娘（福州府侯官縣）
八、註男／女：劉七娘（福州府寧總縣）
九、送子：馬五娘（溫州府瑞安縣）
十、安胎：林一娘（邵武府建寧縣）
十一、養生：高四娘（延平府長沙縣）
十二、抱子：卓五娘（建寧府浦城縣）

185 嬰兒守護神：胎神

類別／神靈　地域／天界

介紹

據說，一旦孕婦體內有胎兒，胎兒就會被「胎神」所守護。為了不觸怒胎神，孕婦有各種禁忌。例如，不能隨便移動室內的各種器具，因為器具裡可能寄宿著胎神。孕婦也不能觀看傀儡劇，否則會生下無骨的孩子。

如果孕婦難產，很有可能是胎神作祟，這時就要請道士來施行「催生術」，或者家人要在屋外用鋤頭槌地，幫助安產。

典文

※《臺灣慣習記事第二卷・第八號・明治三十五年八月二十三日發行》

——日・臺灣慣習研究會原著，臺灣省文獻委員會編譯

孕婦起臥房間，有「胎神」在保護胎兒。

孕婦固無論，其家族均常須注意，不可觸怒胎神，孕婦之「眠床」自不待言。不可有修理窗壁，或削釘梁柱情事。若有此舉動即觸胎神之怒，臉面受其祟，或流產、或「顛倒生」或胎兒之身軀一出生即帶有刀痕，釘痕等情事。云云。

※《民俗臺灣．安胎符》——日．田大熊

如果不慎因「動土」而觸怒了「胎神」的話，為使胎神消氣鎮靜下來，就必須使用「安胎符」。

「安胎符」即如字面意思，是使胎兒平安無事之符。

本島人認為人一受孕即有胎神存在，孕婦的房間當然不用說，只要是屋子內的器物也會隨著月令而存在著胎神，如果動到了胎神所在處之物，或釘釘子的話，就會觸怒胎神，使胎兒異常，也就是孕婦會產生腹痛、流產、甚至產下畸形兒等現象，此時即須使用安胎符鎮壓胎神。

胎神在胎兒出生後四個月內還會跟隨身旁，因此若在這四個月內觸怒胎神，也要用安胎符。

此外，所謂「動土」是用於四個月以上嬰兒乃至大人，此時不是因為「胎神」而是因為「土神」之故所引起的不安，但因土神和胎神類似，因此也用安胎符來鎮壓。

符可由道士、命相師或其他稱為「左道」之處買到，一樣是安胎符，卻有各種不同的寫法，下面介紹一種最簡單的符。

符通常是寫在「黃古仔紙」上，「黃古仔紙」是類似金銀紙，但比金銀紙稍好的黃色紙，大約

床婆與胎神

信封般大小，此黃古仔紙是以「更衣」或「篙錢」製成，寫符時將紙縱切成二半，同時切棄過長的部分，大約長五寸、寬一寸二、三分左右，以筆墨在紙上一氣呵成寫完。

寫符時態度必須認真，集中精神，兩眼凝視紙張，雙腳平踩土地。「動土」、「土熬」、「土符」的「土」即土地之意思，繃著臉不和善的面孔，臺灣話即為「土」，寫符時之態度就必須如「土」之神態。

同時，寫符必須一氣呵成，如果筆墨乾了也不可沾墨後再寫，寫完後也不可修改，書寫時更不可以和他人說話，否則此符即失去效力。如附圖。

■安胎符。

■押煞符。

186 澎湖的祖師廟

類別／神靈　地域／天界

介紹

在澎湖西文的祖師廟，祭拜主神清水祖師，副神則是玄天上帝、福德正神、註生娘娘。

據說以前有一位泉州和尚來到西文地區幫人治病，其真身乃是黑面祖師爺，所以地方人士就為祂蓋了一座廟宇，答謝祖師爺的恩德。

典文

※《臺灣慣習記事第三卷・第二號・明治三十六年（光緒二十九年）二月二十三日發行》

——日・采風生，翻譯：黃文新

在澎湖本島媽宮之西不遠處，有祖師廟，為奉祀泉州清水巖祖師者。

相傳，康熙間有一和尚，從清水巖到此地來，為人治病有神效。

不取藥費，送錢來亦不受而離去。

後來鄉人因以立廟祀之云。

187 碧山巖聖王

類別／神靈　地域／天界

介紹

碧山巖的開漳聖王廟，自古以來香火鼎盛，現今位於臺北市內湖區，也稱為「尖頂開漳聖王廟」。

寺廟緣由，據說是在康熙年間，一位漳州人攜帶開漳聖王的香火渡海來臺，行至碧山之尖頂，耳聞嗡嗡之聲，聲響來自附近的一個岩石小洞。他頓時心有靈犀，認為這是吉祥之地，適合安座開漳聖王，便將隨身佩帶的香火懸掛於石洞中膜拜。

乾隆年間，山上聚集匪徒，正計謀犯案時，尖頂山頭突然發出金光，懸掛聖王香火的石塊霎時分裂，原來是開漳聖王顯靈，心驚膽跳的匪徒四處竄逃。從此以後，附近居民便來此膜拜祭祀，香火日漸興盛。

典文

※《臺灣慣習記事第五卷．第四號．明治三十八年（光緒三十一年）四月十三日發行》

——日．梅蔭生，翻譯：鄭瑞明

芝蘭，白石湖碧山巖，內湖之祖山也。

背山面水，高峰環抱，怪石參差，有一小石洞，神像天成，靈應無比，都人士多崇奉之。

清國時由該地紳民，捐題貲金，增廣地基，建築廟宇，以崇祀開漳聖王。

登寺遠眺，山則三面聯玉筍，水則九曲轉錦帆，四季香煙繚繞，幻作祥雲，萬家俎豆馨香，信神光之赫濯，實山水之精靈也。

188 媽祖的親事

類別／神靈　地域／天界

介紹

臺灣地區流傳的俗話：「媽祖婆雨，大道公風。」即是講述媽祖在農曆三月二十三日聖誕時，容易下雨，而在大道公（保生大帝）三月十五日聖誕時，容易颳起大風。

之所以會產生這種現象，據說是媽祖與大道公之間的一段情史，所造成的影響。

典文

※《民俗臺灣》——日・張文環

（我十歲時，在回家的路上，表姊告訴我，媽祖曾因為看到野羊生產而拒絕了自己的親事。）

向媽祖提親的是有名的大道公。

就表姊所言，大道公一看到賢淑端莊的媽祖，立刻就被迷戀了，大道公向媽祖提了多次親，均被拒絕，但大道公還是很有耐心不斷來提親，媽祖最後也為之所動，就要他選個黃道吉日來迎接。

當時媽祖偶爾會到原野散步，有一次卻看到了野羊生產的情形，此後她就堅拒結婚的念頭，因此乃特地向大道公交涉，希望能取消此一婚事。

大道公當然非常生氣，向媽祖提出異議，但媽祖仍堅持己見，大道公震怒異常，於是就在三月廿三日（農曆）媽祖誕辰的那一天降下大雨，將媽祖的香粉降落到人們身上；而在三月十五日（農曆）大道公生日這一天，就一定會刮風，刮到人們的帽子被吹落地才停止。

因此大家就傳說著，祭祀媽祖的時候降雨，而祭祀大道公的時候會刮大風。

※《民俗臺灣．保生大帝傳奇》——日．黃得時

自古以來，保生大帝即被認為是醫療之神而廣受崇拜，全島祭祀保生大帝的廟宇有一百十二座。

起初，臺灣幾乎沒有什麼醫療設備，因此大陸的移民就將大帝分靈遷來臺灣，並廣建廟宇，取代醫生並向其祈求疾病痊癒。

保生大帝是福建省泉州府同安縣白樵人，姓吳名本，字華基，號雲衷。

大帝自幼聰穎異常，有神童之稱，及長即素食，且未娶妻。

至道元年，大帝十七歲時之中秋夜，在銀同海邊出現一位異人划著竹筏，大帝受邀後也隨其乘竹筏至瑤池謁見西王母，拜授醫書及斬妖伏魔術後歸來。從此專心於「修身、養性、採藥、煉丹」之修行，並決心從醫救世，在大帝家旁有一泉，病人只要飲下泉水後，疾病立刻痊癒，故而享有盛名，此外黃醫官、程真人、鄞仙姑、昭應靈王等人也向大帝學習醫術。

（保生大帝和媽祖之間的關係很奇妙，）在臺灣似乎沒有看過大帝和媽祖一起祭拜的情景，這是因為媽祖看到了羊兒生產之痛苦情況，因此拒絕了大帝的提親，大帝因此非常生氣，表示：「從此以後，妳生日（三月二十三日）的那天一定要降雨，將妳的香粉洗落人間。」

媽祖也不甘示弱地振示：「你執意如此將我的香粉洗落，我就刮起大風將你的頭巾吹落。」傳說雙方曾如此互相立誓。

189 送神與接神：燈猴說謊

類別／神靈　地域／天界

介紹

到了冬至，要將湯圓黏在室內的各種器物上，向這些器物表達感謝之意。曩昔，有一種名喚「燈猴」的照明器具，是竹製的小型燈籠，以菜仔油為燃料。因此，燈猴經常是烏黑油膩，無法將湯圓黏上去。

而燈猴只要經過三年，日久有靈，就會成為燈猴精，很氣憤自己吃不到湯圓，所以就向玉皇大帝告狀說凡人浪費食物，將湯圓隨便亂黏，任意丟棄。因此，玉皇大帝大發雷霆，決定在一月一日的時候，將臺灣島沉入海洋。

後來，眾神明向玉帝求情，玉帝也了解真相，得知是燈猴說謊，所以就取消了讓島嶼沉沒的決定。而凡間的人們，在一月一日互道恭喜，則是恭喜陸地並沒有沉沒，人們都平安度過除夕夜，迎來新的一年。

從此以後，眾人皆認為燈猴會成為妖怪害人，所以過年的時候，都要將燈猴燒掉，替換成新的一盞燈猴。除夕燒燈猴的行為，也能具有占卜的功能，例如《彰化縣志》中所言：「燒舊竹燈鉤，乘其未燼，將灰分十二堆，以象十二月；觀何堆明暗，以卜來歲十二月陰晴水旱。」要趁火灰沒有燃盡的時候，分為十二堆，來占卜隔年十二月的氣候。

典文

※《民俗臺灣．送神與接神》——日．吳槐

在臺灣農曆十二月二十四日，是在家裡鎮座的神祇們回娘家的日子，所以要供奉各種祭品歡送，稱為「送神」。

正月四日的時候，又是神祇們從天上回任，同樣要供奉祭品以資歡迎，稱為「接神」。

民間傳說裡說，在以前有一個舊燈猴成精，到了年底上了天庭，向天帝打小報告，說是凡間的眾生惡孽很深，大地被罪孽壓得快要沉沒了。

天帝聽言大為震驚，立刻召回派駐在地上的諸神，另派天神下降、視察，才知道燈猴所報的完全是謊言，安了心，讓神祇們回到原單位去。

不過自從這件事發生後，演變成年例，每年十二月二十四日回天界述職，次年一月四日再返回地上，而祂們不在的這一段時間，天神會下來暫代。

190 鯤鯓王爺廟

類別／神靈　地域／天界

介紹

南鯤鯓廟，即是「南鯤鯓代天府」，位於臺南北門鄉的鯤江村蚵寮，是歷史悠久之古廟。

據說在明朝時代，有漁民在沙汕上捕魚，聽聞鐘鼓管弦的「神奏樂」，抬頭一看，發現有大帆船駛進南鯤鯓灣。船上載著六尊神像：「大王李府千歲、二王池府千歲、三王吳府千歲、四王朱府千歲、五王范府千歲、中軍府」，還有一支寫著「代天巡狩」的旌旗。於是，漁民便開始供奉這些神像。

典文

※《民俗臺灣・南鯤鯓廟誌》——日・郭水潭

南鯤鯓廟有以下這樣的傳說：

距今約二百八十年以前，當時北門郡還是一個砂汕的時候，有一天夜裡，漁夫們將船停泊在蚵寮附近，忽然聽到一個非常奇怪的聲音，於是他們就在那兒靜靜地聆聽，忘了回家的時間，看到載著神像的小舟駛來。

到了翌日的早晨，漁夫們再度回到那裡的時候，又好像什麼事情都沒有發生過一樣。漁夫們覺得這一定不是件平凡的事，於是就將小舟和神像放在那個地方。

出人意料的是，放在那兒的神像非常靈驗，於是十傳百，百傳千，就這樣參拜的人愈來愈多。

另一個說法是：王爺選定南鯤鯓出為坐鎮的地方。但是在王爺還未來之前，已經有一個叫掃帚精的妖怪住在那兒。

掃帚精得到那兒的地靈成為邪神，並且還擁有相當的勢力。

王爺與邪神兩方相鬥，到處都是鏗鏗鏘鏘的聲音。即使這樣，還是很難分得出高下。最後只好由觀音佛祖來調停，仲裁的結果是：「大廟來行香、小廟必有敬」（如果有人到大廟來參拜，小廟也與之同享）。

因此現在在大廟的後面有一個小廟同受百姓祭祀。參拜者拜完王爺後，也要到小廟點香、燒銀紙。

在那一夜的戰鬥中，三王爺的額頭被傷到，自此便留下一個疤痕。後來雖然請名醫來治療，也不能讓他的額頭恢復原來的樣子，奇怪的是這道疤痕後來卻成為信仰的象徵。

嘉慶末年的時候，有一次王爺依例巡視地方，到達的地方甚至包括東部的臺灣、澎湖等。

當王爺在巡視臺灣南部的嘉義地方時，不巧在途中碰到道爺（縣令）。因為王爺的地位比道爺還要高，因此道爺理當要讓王爺先通過。

但道爺卻不肯禮讓王爺，就在兩方互相爭執的時候，王爺用眼睛示意在旁邊觀看的農夫，用鋤頭在地上寫了這麼一段話：「代天府理陰陽、但願惡政善遷、一面修真消末劫。」

道爺這會兒才領悟到神意，於是立刻走到路旁讓王爺先通過。

又有一次，道爺想要測驗王爺到底有多大的本領，於是將王爺引進曠野中，並且將他困在三支非常堅硬的杉柱中。

「如果王爺能夠在三天之內，將這三支杉柱拔起，我將永遠祀奉他。」道爺這麼說著。

一天過去都沒有動靜，道爺於是暗自歡喜。

到了第三天，一陣強風吹過後出現兩隻黑犬，這兩隻黑犬激烈地互鬥、互咬，一邊向其他地方觀看，忽然轟地一聲，三支柱同時倒地。

於是道爺實踐當時的諾言，永遠祀奉王爺。

191 走馬天公：抓小兒魂

類別／神靈　地域／天界

介紹

一旦小孩子在夜裡急驚風，渾身發燒，手腳抽筋，即是「走馬天公」，也就是天神出巡，抓走了小孩子的魂魄。

典文

※《民俗臺灣．走馬天公》——日．長井記秋

半夜，小孩突然得急驚風，以前稱為「走馬天公」。走馬天公的意思是說天神出巡將小孩的魂抓走。那個時候小孩會「哇」地大叫一聲，然後手腳抽筋。小孩的母親必須馬上將他抱到桌下，然後使用捕魚網將兩人覆蓋起來。我們稱那個網為天羅地網，是為了不讓小孩的魂被抓走。另外一個人用黑衣服綁在竹竿的前端，再拿一個鑼到屋頂上面一邊揮舞竹竿，一邊敲著鑼呼喊小孩的名字。這樣重複三次以後，小孩就會恢復原來的正氣。天亮的時候抓一條蚯蚓來切成兩半煮湯喝下，小孩喝完之後就會痊癒。

192 月神：掌管姻緣

類別／神靈　地域／天界

介紹

月神，即是「月下老人」，掌管人間男女之間的姻緣。

典文

※《民俗臺灣・月神》

月神就是月下老人，主管陽間男女的姻緣，通常來月神廟祭拜的人以青年男女居多。

193 井神

類別／神靈　地域／天界

介紹

中國的井神多為女神、童子神，不過臺灣地區流傳的井神形象則為男神，並且生性浪漫，喜愛偷窺人類大腿。因此，玉帝便指派祂成為井神（井公），負責管理凡間的古井。

典文

※《民俗臺灣・井神》——日・黃連發

據說，井神為一好偷窺人類大腿的神，故玉皇大帝派遣祂當井神。

194 𩚴爺矮爺

類別／神靈

介紹

𩚴爺矮爺，或稱「高爺矮爺」、「范謝將軍」、「七爺八爺」，即是謝必安將軍與范無救將軍的合稱。謝將軍形體高瘦，面色蒼白，舌頭外吐，是為「𩚴爺」（高爺）。范將軍則身形矮胖，面色黧黑，是為「矮爺」。這兩位神將是臺灣民間富有盛名的「鬼差」。祂們手持鐐銬，負責擒抓邪魔外道，護衛主神（如城隍爺、閻羅王）。

典文

※《民俗臺灣．𩚴爺矮爺》

𩚴[199]爺又名謝必安，頭戴三尺餘高的大烏帽、張口吐舌、眉長一丈餘長，矮爺又名范無救，黑面且肥胖。在城隍廟、岳帝廟的大門兩側有這二座神像，主管人間的罪犯，如果發覺有人犯罪就會報予神明知道，依此給予災難、疾病、不幸等處罰。如果犯人死亡，就將報告書交予速報司提交閻王直接對魂魄懲罰。

199𩚴：音「ㄌㄠˋ」，身長腳。

195 牛爺馬爺

類別／神靈

介紹

牛爺馬爺，又稱「牛將軍」、「馬將軍」，或合稱「牛頭馬面」。此外，在佛經中則說牛爺名叫「阿傍」，馬爺又稱「馬頭羅剎」。據說，牛將軍臉龐墨黑，而馬將軍則面容慘白。

祂們都直屬於閻羅王，負責巡邏追捕逃跑的罪犯。祂們會在冥界奈何橋兩側擔任衛兵，監視過橋者，如果遇到惡人經過，就將他們推落橋下。

典文

※《民俗臺灣・牛爺馬爺》

牛爺馬爺是直屬閻王的神明，併祀在閻王的廟中。

這二神身高丈餘，一位牛頭，一位馬面，職責是拘捕人的魂魄到閻王殿接受審判，並監督刑罰的執行，所以人們很怕這兩位神祇。

臺南的岳帝廟、重慶寺、開元寺供有此神。

196 速報司與功告司

類別／神靈

介紹

速報司與功告司直屬於閻羅王，所以在祭祀閻羅王的寺廟裡，也會配祀這兩位神明。

速報司掌管惡報，功告司則掌管善報。當牛爺與馬爺押送犯人時，祂們就會向閻羅王報告其罪狀。閻羅王會依照善惡功過的程度，進行賞罰。若人犯罪多，則處以重刑，若人多善行，則可以前往西方淨土。

典文

※《民俗臺灣．速報司與功告司》

速報司與功告司是閻王的直屬祕書官，奉祀閻王的寺廟必定也有這二神，臺南的重慶寺，西來庵、開元寺等都有供奉。

速報司掌惡報，將脤爺矮爺送來的犯人罪狀向閻王報告；功告司掌善報，將犯人對國家有何功勞向閻王報告，兩相對照比較，功過相抵後，閻王再下定奪，判決刑罰。

197 閻王

類別／神靈　地域／天界

介紹

閻王，即「閻羅王」，又稱「十殿閻王」，一共有十位神靈。祂們會依據速報司、功告司、䖏爺矮爺、牛爺馬爺的報告書的內容，來審判犯人，多善行的人會送往西方淨土，有惡行的人，則要處以刑罰。

閻羅是從梵語（Yama）翻譯而來，又翻作「靜息」，其意為：「人聽王示語，便知己罪而靜息。」

典文

※《民俗臺灣．閻王》

第一殿秦廣王：

保護生前行善的人渡過金橋，送往西方淨土。

第二殿楚江王：

①割舌地獄，唆使他人害人爭訟者將被割去舌頭。

②剪刀地獄，唆使他人妻子再嫁者將被剪斷手指。

③吊鐵樹地獄，離間他人父子兄弟使骨肉不相者將被吊鐵樹曬死。

第三殿宋帝王：

①孽鏡臺地獄，犯人說謊不肯認罪時，一照此鏡，生前惡行都會顯現。

②蒸籠地獄，長舌婦或因口舌害人者將入蒸籠受刑。

第四殿五官王：

①銅柱地獄，放火、殺人、傷害生命者，讓他抱住中間燒炭火的銅柱，燒烤受苦。

②劍山地獄，不敬神佛、亂殺牲畜者，必須裸體爬上劍山。

③寒冰地獄，殺夫、通姦、墮胎、唆使他人賭博不顧父母飢寒者，要裸體入寒冰中受刑。

第五殿閻羅王：

油鼎地獄，強盜、結夥殺人、誣告、拐騙、共謀奪財、搶劫者，將丟入油鍋中受油煎之苦。

第六殿卞城王：

①牛坑地獄，傷人命、殺禽獸者，丟到坑中受牛踐踏。

②石墨地獄，綾死人或殺小孩的人，放在石頭中間用大石來壓殺。

③樁臼地獄，糟蹋五穀糧食者，放入臼中用木樁杵殺。

閻王

第七殿泰山王：

①浸血池地獄，難產的婦人、不敬灶神、不孝舅姑、賣人子女為娼者、虐待繼子、誘拐婦女者，放入血池中受苦。

②枉死城地獄，咬舌自盡或上吊，自殺的人要入牢獄受刑。

③櫟地獄，盜墓或對死者不敬要受櫟刑。

第八殿平等王：

①火山地獄，飲酒的僧侶、道士、偷公物公款者、放火燒山者，都趕入火山中受苦刑。

②落磨地獄，輕視僧、道、五穀者、盜賊、及食葷者，放入石臼中磨。

第九殿都市王：

刀鋸地獄，誘拐他人子弟婦女、買賣偷斤減兩者，用鋸子鋸殺。

第十殿轉輪王：

判決後，善人就再轉世為人，虐待禽獸者轉世為禽獸，殺人者不得超生轉世。如果積善很多就送往西方淨土成佛。

泰雅族

泰雅族，居住在中央山脈兩側，其族名「Tayal」（Dayan），意為「真人」、「勇敢的人」。

在神靈觀念上，泰雅族信仰「超自然的存在」（rutux），森丑之助曾解釋「rutux」即是「靈魂、神、妖怪」的意思，而此詞意涵也包含「祖靈」、「鬼怪」、「惡靈」、「過往的英勇領導者」、乃至於「所有超自然的全體」、「宇宙的最高主宰」，涵蓋的範圍非常多元。

泰雅族人相信，「超自然的神鬼」、「超自然的存在」會是子孫的守護者，但會依照子孫的品德好壞，降下相對應的恩惠以及責罰。所以，泰雅族人只要遵守規則，不違背族中的禁忌，便能獲得福運。

在日本時代，關於泰雅族宗教信仰的紀錄，可以參考佐山融吉編著《蕃族調查報告書》、臺灣總督府出版的《蕃族慣習調查報告書》。戰後的相關研究，可閱讀李亦園等人著作《南澳的泰雅人》（一九六三年）、李亦園《臺灣土著民族的社會與文化》（一九八二年）。

李亦園曾在南澳鄉採集了許多泰雅族傳說信仰，便將「rutux」歸類為「鬼神」。例如，有一則傳說故事「鬼禍」（kiapun rutux），簡述如下：

一行人到lejoxen山去打獵，晚上露宿時，其中有父子倆人聽見許多人跑近的聲音，他們趕緊逃跑。等到天亮時，眾人才發現父子不見蹤影，也找不到他們的去向。等到過了幾個月後，眾人才又在山上發現他們，原來父子倆人始終找不到下山的路。眾人都說他們被鬼（rutux）所迷惑了。

在日本時代，《蕃族調查報告書》則記錄了一則「人頭妖怪」（角板山社）的傳說，與其他故事不同的是，主角並沒有被「鬼怪」（rutux）迷惑，反而勇於向對方挑釁。

此外，佐藤春夫在一九二〇年（大正九年）的六月底來到臺灣，直到十月才離開。佐藤春夫回日本後，便將這段旅行經驗寫成數篇文章。而他發表在《中央公論》（第三十八卷第十一號，一九二三年十月）的〈魔鳥〉，便是他從霧社旅行到能高時，隨行搬運行李的原住民正在彼此聊天，隨行的警官口譯給他，向他介紹「禍伏鳥」與「魔鳥使」的故事。雖未說明是哪一族的故事，但根據泰雅族「Huni」的魔鳥信仰，可以推測來源自泰雅族。

因〈魔鳥〉文章甚長，雖然字字句句皆精采，此書只節錄一小段落。若有興趣的讀者，可以閱讀邱若山翻譯的《殖民地之旅》（前衛出版社，二〇一六年），書中也翻譯了另一篇佐藤春夫膾炙人口的〈女誡扇綺譚〉，以浪漫、懸疑的筆法，講述臺南安平的古宅幽靈故事。

198 人頭的故事

類別／妖怪

典文

※《蕃族調查報告書．人頭的故事（泰雅族）》

——原著：臺灣總督府臨時臺灣舊慣調查會，翻譯：中央研究院民族學研究所

昔時，有個人前往山中，眼見天色已晚，遂在山中小屋夜宿。睡夢中彷彿聽到有人走來，因而驚醒，並看到來者只是一個人頭，沒有身體。他嚇得大聲吆喝：「你是什麼東西，竟敢跑來這裡！我看過的人頭不下百個，區區的你算什麼，還不快滾！」之後，把隨身攜帶的菸草扔了過去，人頭遂在剎那間消失無蹤。

（大嵙崁蕃，報導人：角板山社Iban Pruna/Syat Pruna）

199

妖怪的手

類別／妖怪

典文

※《生蕃傳說集．妖怪的手（泰雅族）》——日．佐山融吉、大西吉壽，翻譯：陳萬春

太古時候，有一個女孩。

有一個晚上突然熄火，她想拿些柴薪，走出屋外，但黑暗中突然出現妖怪的黑色的手，不知被帶往何處去了。

過了好久還沒回來，家族的人覺得奇怪，出外呼叫，可是沒有回應。

大家這才騷動起來，四處去尋找，發現女孩子被掛在隔了很遠的一棵大樹上。

大家高興地趕緊從樹上把她救下來帶回家，但女孩卻變成非天生的啞巴。

（泰雅族，白毛社）

200 古苗栗原住民誕生神話

類別／神靈

典文

※《臺灣踏查日記．明治三十年（一八九七年）七月十六日》

——日．伊能嘉矩，楊南郡譯註

今天停留在番仔城[200]調查蕃情。

番仔城口碑：最古的祖先名叫Magyawas，是從天上降臨的天神。他的後裔是一對夫妻，丈夫名字叫Vanakaisi，妻子叫Savogakaisi。當時臺灣島發生大水災，族人全部淹死了，只剩這一對夫妻預知大水災來臨，而逃到大甲溪源頭Toopodararya山的山頂避難（似乎是臺灣漢人所指的觀音山方向，峭岩聳天，被視為神靈之境）。水退以後才下山，在山下生了兩個小孩。後來子孫繁衍，遷到葫蘆墩北邊約十華里處的高地，地名叫內埔，形成Hahao社，Hahao社是舊社。然後他們又遷到葫蘆墩的西方一日里處，形成Tooratoru社。然後又遷到葫蘆墩東方一日里處，現在叫做岐仔腳的地方居住，形成Paiten社。這個時候，清人來了，我們被驅趕到Taran之地，形成Taran社。

200番仔城：伊能嘉矩來訪番仔城，在哆囉嘓溪東北邊。番仔城，今苗栗縣三義鄉鯉魚村。

201 魔鳥：禍伏鳥

類別／妖怪

典文

※《殖民地之旅・魔鳥》——日・佐藤春夫，翻譯：邱若山

在他們生活當中，有一種不可思議的鳥存在。他們把那種魔鳥叫做禍伏鳥（Ha Fu Ne）。禍伏鳥是什麼樣的鳥呢？聽說長得就像鴿子的形狀：白色，腳也是紅的。但關於牠的樣子，知道得更詳細的人，在這世界上並不存在。因為，看過禍伏鳥的活人，在這世上一個也沒有。因為，只要看過這種鳥，這個人就註定要死。

當然，能夠不死而能看到這種鳥的人，還是偶爾有之。但那只限於禍伏鳥使。能夠自由地驅使這種魔鳥——禍伏鳥的人，他們稱之為「魔禍伏鳥」（Ma Ha Fu Ne）。

一般來說，這個蠻族在名詞的前頭加上一個M音，便名詞動詞化。而動詞化之後的那個語詞，也就意味著做那種行為的人。不過，這種話語上的考證、詮釋，我也不很清楚，而且，和故事也沒什麼關係，就請記住是魔鳥和魔鳥使就是了。

……（略）

所以對能夠自由地操縱魔鳥而令人困惱的魔鳥使，他們則當做是人類的咀咒，人類最大的敵人。這是極為當然之事——一旦相信這種鳥實際存在的話。

從而，當魔鳥使一旦被發現時，族群中的人們當然是一刻也不容緩地要將魔鳥使除去。不僅其本人，連同全家族，都要一個不留地戮殺掉。因為魔鳥使的能力是遺傳的，家族中只要有一人成為魔鳥使，則其家族的所有人，都有可能在不知何時，在怎樣的機會裡，再度發揮其恐怖的能力。

而且，在這種情形之下，即使是多麼受感恩戴德的人，若是他對魔鳥使一家有任何助力或助言，則其人亦曾被當做是魔鳥使，一族也非被殺不可——因為這是他們的正義。

因此，在他們的社會裡，當魔鳥使是最大的罪惡。被指為魔鳥使，是比一般人看到魔鳥更為戰慄的事。

普通的人看到魔鳥時，充其量也是其個人死而已。但，若是魔鳥使，則不只是其本人，也意味著其全家族的慘死——何況，這個蠻族是一個異常愛家族的種族呢。

那為什麼要冒這麼大的危險，還有人要成為魔鳥使呢？這一點，我也始終不明白。因此，當我在那蠻族的地方旅行期間，經常向他們問及那是怎麼一回事。他們的回答大略都相同，都是以下的說法：

「那不得而知，因為我們不是魔鳥使。不過大概是亞凱・惡多伏（Ya Kai・Ot To Fu）來唆嗾的吧。」

「亞凱・惡多伏」乃是祖先的靈魂中惡的成員——也就是惡靈的意思。

「亞凱．惡多伏」來唆嗾的，這話極為簡單，但他們這種把一切的惡都認為是來自傳統的、神祕的地方的心思，則意外地非常有暗示性呢。

假如真的有超乎自然而且是自己才能獨具的某種特別的力量存在的話，實際上，我們在面對它時，也都會忘記善惡的判斷或是至高的犧牲等，而投身於為了得到那種特異功能的誘惑也說不定。這是可想而知的。人確實具備這種性格傾向，也有人特別明顯。

試想：「隱身蓑」、「隱身笠」的傳說自古有之，而且少年們是抱著怎樣蠱惑的心情在聽那種故事啊！

如此想來，有人要成為魔鳥使，也不見得是多麼不可思議了。

……（略）

這個故事——一直尚未進入主題的這個故事，乃是那兩個搬行李的人在一路上交替地說，然後由一個警官口譯給我聽的。

這或許是魔鳥使的一族被滅亡的事實中最近的一個實例吧。不過似乎是已經過無數人的口傳，在我聽來，有點像傳說的感覺了。籠統的口述，不過總算還能貫通大致的情節。

碧拉（Pi La[201]），是沙三（Sa San）的女兒，科磊（Ko Lei[202]）是碧拉的弟弟。

聽說沙三另外還有兒女，但全部被殺了。那時，殘存下來的只有最大的碧拉與最小的科磊而已。

……（略）

在蕃人們一無所知之間，某個文明國的軍隊的長蛇似的隊伍不知何時起已進入他們的領土，貫穿蕃人的土地做大行軍。那是蕃人們無法想像的，人數相當多——是令他們對平地會住這麼多人而大感吃驚的人數[203]。

……（略）

沙三所住的蕃社，雖不是那個被燒的蕃社，卻是其次的一個。沙三的蕃社，雖沒有達到八十多人之數，但也有三、五人左右被殺——在這個軍隊行軍所通過的蕃社，每個地方至少都會有三到五個人犧牲，因此，蕃人們看到這個突然降臨於自己種族的災難，乃信以為其中一定有魔鳥使的咒術在作怪。

更要命的是還有傳言說，有人看到跟在軍隊後面走的碧拉。

那時，碧拉大約十六歲，最初，那種毫無根據的謠傳誰也不相信。但之後，看到碧拉或其一族的舉止模樣，大家都會再度想起那時有關碧拉的謠傳。

然而那少女為何會跟在狂暴的軍隊的後面走，卻是誰也不知道其理由。其中也有人說，碧拉是被那軍隊的士兵侵犯以致於那樣的。他們說，正因為如此，所以碧拉不在額前、面頰上刺青。即使刺了青，大概也沒有誰會去娶那已和其他種族情交的女人為妻吧。

而且若是想刺青，那女人必須要把至今為止自己身上發生的所有事情，在刺青的時候，全部毫無隱瞞地說出來——因為這是這個種族的規律。

有關碧拉的事，雖然有少數的人做這種解釋，但大部分的人則認定這女孩的家族乃魔鳥使了。

有人在沙三的小屋放火了。

包圍在屋外的人們，捉住從屋裡逃出來的他的家族，然後將之斬殺了。

捉到的人中，沒看到碧拉和科磊，一定是碧拉抱著最小的弟弟科磊逃跑掉的吧！他們到底是從那裡、以那種方法逃跑的？至今尚未明白。但已逃掉倒是千真萬確的。

……（略）

幸得一命的碧拉再度背起科磊走進深山裡。碧拉在山裡數年間，養育著科磊，和科磊二人相依為命。

部落的人們到遠方打獵時，會看到他們的小屋——說是洞穴較恰當吧！但每個人都是裝做沒看到似地通過。

碧拉告訴科磊：

「我們不是魔鳥使。我們的爸爸、媽媽都被殺了，可是，沒有一個人是魔鳥使。所以每個人的歐多福（Ot To Fu）都渡過了罕格・惡多伏（Han Go・Ot To Fu）到了波墘（Po Ken）去了。而不是在押家窩（Ya Zya Wo）。我們只是遇到不幸而已，而給我們不幸的，卻不知是誰。但是，我們一定要找到給我們不幸的人復讐。科磊，在新月出來時，你必須要一直往那邊射箭，不然的話，我們會變成沒志氣的人，我們會被罕格・歐多福怒責的。」

碧拉因而為科磊做了弓之類的道具。科磊以木枝為箭，往新月的方向射去。新月總是從西邊——他們被放逐的故鄉的上方出來。

（所謂的歐多福，乃是靈魂之意。還有，自己的影子、脈搏，他們都同樣叫做歐多福。從這一個語詞當中，就可了解到這個蕃族對生命的哲學。其次，罕格・歐多福乃是靈魂之橋的意思。歐多福渡過那裡，到波墘，也就是極樂世界去的意思。波墘這一詞尚有根源之意，也是故鄉的意思。能到波墘去的，只有善良的靈魂——巴拉庫．惡多伏（Ba Lak Ku．Ot To Fu）；惡的靈魂——亞凱．歐多福（Yak Kai．Ot To Fu）是非到押家窩去不可的。靈魂之橋乃是如同彩虹的東西，惡靈若想要渡過其上，則橋就會消失，惡靈就會墜進押家窩裡去。

押家窩乃是地獄之意。在那裡，為了處置墜落者，據說住著一隻想像中說有多大就有多大的螃蟹。

而復讐，在他們的社會是道德性的義務，所以，若是懷有不論如何也無法達成的復讐時，為了至少要讓祖先的靈魂知道其意志沒有喪失，他們普通是在新月的時節，向著神聖的新月射出象徵其立誓的箭矢。）

201 Pi La：「銀」的意思。

202 Ko Lei：「魚」的意思。

203 大行軍、狂暴的軍隊：指「日軍」入侵了森林與原住民的部落。

原住民世界

賽夏族

賽夏族，居住於新竹與苗栗交界的山區，早年從事游耕、狩獵。在歷史的洪流中，儘管受到周圍強勢文化的壓迫，仍然保留了諸多傳統文化祭儀。例如，龍神祭，便是賽夏族十分奇特的祭典。

龍神祭，又稱「蛇尾祭典」、「卡蘭祭」（Karang）。當夏天久雨不停，這個祭典可以祈求天氣轉晴，以利農耕，這個祭典的祭拜對象是「蛇龍」（靈蛇），現今賽夏族人依然供奉祂的蛇尾骨灰。

202 妖蛇「卡蘭」

類別／神靈

典文

※《蕃族慣習調查報告書・妖蛇「卡蘭」（Karang）的故事（賽夏族）》

從前某處的石洞裡有一條蛇。這條蛇有毒，看見牠的人都會死亡，大家因此害怕不敢接近牠。然而，有一位夏姓老太婆去看牠時，蛇嘶嘶地鳴叫。老太婆毫不畏其毒，把牠捉到籠裡帶回家飼養。這條蛇有四隻腳，能像狗一樣行走。老太婆常帶著蛇去耕地。

有一天，從耕地回來的途中，在涉溪時，蛇被水淹死了。當老太婆回到家後發覺蛇不見了，也不知牠的去向。而蛇的屍體流到月眉庄（客家庄落）時，該庄有一個常攜帶籠子到溪裡捕蟹的庄民，他一看到蛇屍即突然死亡，而其他看見的人，也都中毒氣而亡。

庄民間有人聽說本族有養妖蛇者，認為這蛇屍可能就是妖蛇，於是通知本族。夏姓老太婆到月眉一看，果然是自己所飼養的蛇，於是就把骨頭帶回家祭祀。這蛇骨很靈驗，久雨不停時向牠祈禱，天就會放晴。後來，夏姓家失火房子被燒掉時，蛇的骨頭也燒成了灰，他們拾起該骨灰，把它用布包好，放進籠子裡祭祀。後來，骨灰也分給該姓的分支蟹姓，從此以後，這兩姓就成為本族掌管祈求天晴的祭司。

原住民世界

太魯閣族

太魯閣族起源於南投地區，族人很尊敬祖靈遺訓（Gaya），並且相信人死後，靈魂會經過彩虹橋（Hakautux），來到祖靈應許之地，得到真正的安息。

靈魂在過橋之前，也必須先洗手，洗過手的水呈現血紅色，代表有遵守Gaya，才有資格通過彩虹橋的考驗。

目前太魯閣族的信仰主流是西方信仰，如天主教、基督教、真耶穌教會為信仰對象。

203 神靈的信仰

類別／神靈

典文

※《蕃族調查報告書．神靈（太魯閣族）》

——原著：臺灣總督府臨時臺灣舊慣調查會，編譯：中央研究院民族學研究所

內太魯閣蕃（Truku），報導人Sukay Pagan說明：

神靈（Utux）有善神（Utux malu）與惡神（Utux naqih）之分。

善神守護蕃社，透過作夢，讓人預知當日運勢吉凶。

惡神又分成：橫死者的亡靈、臨終時無人看護者的亡靈，以及壞人的亡靈。亡靈會變成夢魔侵襲人，或於往來途中加害路人。

另外，報導人Untin Lawsin也做了以下說明：

①人死後，亡靈（Utux）赴Tuxan（祖靈界）成為善神。社內舉行祭儀時，皆會前來接受祭祀，亦經常出現人們夢中，告知獵物所在之處。

②橫死者的亡靈不曾到Tuxan，而是四處遊蕩。遇人經過斷崖，即前來危害對方。被砍頭者的亡靈，於砍頭者死後，引導其前往Tuxan。

原住民世界

阿美族

臺灣原住民普遍有巨人故事，廣泛流傳於阿美族和撒奇萊雅族的巨人，則被稱為「阿里嘎蓋」（Alikakay）的巨人異族。巨人被原住民擊退之後，傳說在南勢、馬太鞍等部落留下皮膚白皙、身材魁梧的後代，而且據說特別喜歡盪鞦韆，也與諸社有所往來。

根據黃嘉眉〈花蓮地區撒奇萊雅族傳說故事研究〉（花蓮教育大學碩論，二〇〇八年），現今阿美族與撒奇萊雅族的父母，也經常講述阿里嘎蓋的故事，並以此威脅小孩：「不乖的話，小心阿里嘎蓋會來抓你。」或是「再哭的話，阿里嘎蓋會吃掉你。」

另外，阿美族人對於人死成鬼的觀念，在《蕃族慣習調查書》中也有數則記載。

204 巨人異族「阿里嘎蓋」

類別／妖怪

典文

※《蕃族慣習調查報告書・食人族之傳說（阿美族）》

——編纂：臺灣總督府臨時臺灣舊慣調查會，編譯：中央研究院民族學研究所

南勢番有關於與異族往來的傳說，據說其祖先在奇萊平原所遇逢的異族有「阿里嘎蓋族」，於下敘述概要。

南勢番尚未在Naloma'an建一部落時，有稱為「阿里嘎蓋」的異族在米崙山麓（美崙山，花蓮之西邊）穴居。

他們的皮膚白皙，眼球如貓眼，頭髮長，鬍鬚蓬茂掩住胸部，胸毛長至肚臍，手腳之毛濃密且長達寸餘，身高則高達丈餘。不知他們在何時從何地遷來。

其人數僅有五人、社民稱之為Hofhof、Takuy、Alafukes、Doec、Pato'an。

他們奔馳如風，擅長變身之術，拔手毛吹氣即可變出所要的人物，或變出數千個士兵，或變成嬰兒的母親，或變成番婦的丈夫，經常出沒於番社，冒犯婦女或吃嬰兒，據說番人為此苦惱不已。

阿里嘎蓋

敘述其概要如下：

第一、Hofhof因惡作劇而失手臂：

Hofhof身材頗高，常來部落惡作劇。某日他來到番社，如往常一腳跨進民家，破壞屋頂，還將手插入屋內，命令別人幫他點菸。

留守在家的老嫗預料會有這種事發生，一面讓附近的數十名少年藏匿屋內，一面請求暫等點火。他們用預先製妥的粗藤繩綁住Hofhof的一隻手臂後，數十名少年一齊拉，Hofhof的一隻手臂因此被拔斷而狼狽地逃回。

第二、吃嬰兒的心臟：

某日，一少女背著嬰兒跟隨前往耕地的母親，當她停下來摘採路邊的草時，有一個阿里嘎蓋族人見狀，立即拔下自己的手毛唸咒化身為母親的樣子，從少女的背後接過嬰兒，假裝要哺乳，卻剖開嬰兒的胸膛挖出內臟，然後說：「嬰兒睡得甜，暫請照料。」他把嬰兒放回少女的背上就消失蹤影了。經過一陣子，母親要餵乳時才發現慘狀而悲泣如狂。

這類被害事件不止一、兩次，社民以為是妖怪所為，或是社中有人犯了禁忌觸怒神明而受罰，因而驚恐不安。但是，被害事件接二連三地發生，最後便懷疑是阿里嘎蓋族人所為。

205 死者的靈魂

類別／鬼魅

典文

※《蕃族慣習調查報告書·死者的靈魂（阿美族）》

——編纂：臺灣總督府臨時臺灣舊慣調查會，編譯：中央研究院民族學研究所

本區內的阿美族把死亡稱為Mapatay。Mapatay意指所有生物之死亡，並非特指人之死亡。生者之靈稱為Adingo，死者之魂稱為Kawas。

他們認為人死後肉體化為泥土，靈魂即脫離肉體前往祖靈之所在地（他們相信未舉行葬禮者之魂會進入狗、豬、狸、蛇等動物的體內），而屍體如同木石。因此，他們無崇敬墳墓之風俗，雖然略為知曉對祖先的生前孝養，但是對於其死後的侍奉，則只在夢見祖先時方行之，他們認為此乃因祖先想要食物所致，不論夢的種類為何，皆供奉酒、黏糕、肉類，並舉行祈禱，以滿足自己的信仰，而在祖先死亡當下並無供養的舉動。他們認為死者的世界如同社民所形成的社會般，亦有一死者聚集之社會，此即為靈界，這個社會與生者之社會同樣盛行類似舞蹈般的娛樂，而在生前未受到Patingdah者，死後不得參加靈界之舞會。

206 死靈的種類

類別／鬼魅

典文

※《蕃族慣習調查報告書．死靈的種類（阿美族）》

——編纂：臺灣總督府臨時臺灣舊慣調查會，編譯：中央研究院民族學研究所

死靈的種類如下：

（一）「馬拉圖」（Malataw）

此神係指本社歷代頭目中之傑出者、每次出草皆立殊勳者、silisinay（祭主）以及社民中之英傑者的靈魂，被視為戰鬥、出草的武運守護神，每當出征、出草之際必定向其祈願。

（二）「海德」（Haday）

海德，為魚王之靈，住在河中。

曾親身體驗的番人敘述道：「吾曾在前往奇萊溪捕魚行前，犯了肉食之禁忌，然始渾然不覺。至河畔，只見群魚潑躍，一網當可捕獲千百尾，立即使渾身之力投網，而拉上網的並非活蹦之魚，竟是一活生生首級！只覺全身如浴冷水般，無暇切割縛於手腕之曳網，返踵即逃，雖網裂錘落，但首級依然纏在網中，張口怒目之貌極為淒怖。只覺從後追來的惡魔巨臂觸吾之背，在自認吾命休矣

的剎那，方憶起犯肉食之禁，忙向Haday祈禱，魔障漸拂而復元氣。」

（三）「費忌」（Fengiw）

疫病之神，因疫病而死者之靈，疾病之流行即此神所為。祂毫無節制地攜帶弓箭射人，很多人因此中箭病死。

原住民世界

布農族

布農族，在清代被稱為「武崙族」，居住在中央山脈兩側。現今布農族的族群位於南投、高雄、花東一帶，包含卓社群、郡社群、卡社群、丹社群、巒社群、蘭社群。

布農族的傳統信仰，尊崇「天神」（Dihanin），認為祂是萬物之尊。他們也相信萬物有靈，對於自然界萬事萬物抱持尊敬的心態，也深怕觸犯禁忌，引來惡靈降災。

207 骷髏人的故事

類別／妖怪

典文

※《蕃族調查報告書．骷髏人的故事（布農族）》

——原著：臺灣總督府臨時臺灣舊慣調查會，編譯：中央研究院民族學研究所

前有一個人身上只有骸骨，沒有絲毫血肉。每次作戰，敵人射出的箭總是從其骨縫中穿出，所以不管多激烈的戰爭，他都能全身而退。

此外，還有一位名叫Tsalutsu的小矮人，身高僅約二尺。

不過，這些人都不算是我們的祖先。

（達啟覓加蕃，報導人：卡社Tiang MatL laian）

208 妖怪求婚

類別／妖怪

典文

※《生蕃傳說集．妖怪求婚》——日．佐山融吉、大西吉壽，翻譯：陳萬春

古時候，某夫婦把女兒留在家裡去園圃，但出現「哈尼托」（妖怪）擄走女兒。父母發覺後，大為慌亂，各處尋找，才終於找到女兒帶回家。經過五六天，「哈尼托」帶著酒、肉來，要求要娶女兒，仔細一看是英俊的青年，還揹著小孩。

「哈尼托，你不是揹著小孩嗎？既然有孩子就一定有妻子，這個親事，我是拒絕了。」可是再次看看背上的孩子，原來是樹木的灰燼，肉是樹葉，酒是漆黑的腐水。雙親覺得恐怖，牢牢地護著女兒，但轉眼之間，整個人好像煙消一般不見了。是被「哈尼托」擄走的。

（布農族，郡蕃東埔社）

原住民世界

鄒族

鄒族，舊稱「曹族」，居住於嘉義縣阿里山鄉、南投縣信義鄉等地區。

鄒族相信，哈默天神（Hamo）創造了世界萬物，祂在玉山（Patungkuonu）上面，創造了「人類」（Tsou）。所以在遠古時代，人類與野獸萬物都共同居住於玉山。

鄒族的宗教思想，屬於泛靈的信仰崇拜。族人認為宇宙萬物皆有神靈，人們必須遵循自然的法則，否則會招來惡運。

209 靈界

類別／神靈

典文

※《蕃族慣習調查報告書．靈界（鄒族）》

——編纂：臺灣總督府臨時臺灣舊慣調查會，編譯：中央研究院民族學研究所

本族人對靈界具有如下之觀念：

①北Cou番：人死時，Hzoo（宿於胸中之魂）成為Hicu（靈），從頭頂脫出，前往「塔山」。自古以來的祖先們都聚集在此處，形成如活人般的部落。不過，偉人的靈則昇天，在Hamo（天神）旁。這些靈全都不再回到原社內。在本族也說，有時人死後會顯現其形，發出聲音，或對活人開某些玩笑。

②Takopulan番：他們說橫死者的魂不得前往靈界，且會留在死亡當地危害活人。有時，這些靈還會顯現其形，或發出聲音。

210 雨神

類別／神靈

典文

※《蕃族慣習調查報告書．雨神（鄒族）》

——編纂：臺灣總督府臨時臺灣舊慣調查會，編譯：中央研究院民族學研究所

雨是雨神（Ak'enguca）所為，所以乾旱時，只要拿著猴頭和幾根女郎花（Tubuhu，黃花龍芽草）到溪邊，呼喚雨神，然後掬水向外灑五次時，就一定會下雨。

彩虹是雨神的頭飾，所以稱為Hioyu（彩帶之意）。露水稱為Sifu no congeoha，雲是靈魂的家。

211 青蛙妖怪

類別／妖怪

典文

※《蕃族調查報告書·少女與青蛙露水情緣的故事（鄒族）》

——原著：臺灣總督府臨時臺灣舊慣調查會，編譯：中央研究院民族學研究所

昔時，某戶人家有個女兒。某晚，一位英俊男子悄悄進入其臥房，甚至毫不客氣地躺在少女旁邊。少女也不討厭，任由男子為所欲為。就這樣，男子連續來了幾日。

某天晚上，男子說：「最近幾天內，我將邀請朋友們來跳舞，可是我需要一些道具，妳願意把腰帶借給我嗎？」

少女向來喜歡跳舞，甚至還為了跳舞廢寢忘食，所以，立刻與高采烈地回問：「在什麼時候？什麼地方？請朋友跳舞呀！」男子見少女喜愛跳舞也很高興，於是告知了時間和地點，並且借走了她的腰帶。

就這樣，少女天天屈指數日子，期待約定日的到來。即使居住在深山密林，日月依舊如常運行著，時間一天一天過去，與男子約定之日終於來臨。

此時，少女獨自一人悄悄地來到男子告知的地方。可是，放眼望去僅有一片平地，還有青蛙鳴

叫聲而已。少女非常氣憤，悔恨自己上當，心中痛苦無人可訴。於是，坐在樹下，取出夾於頭巾的菸斗，抽菸休息，以慰心中之苦，並想著下次那男子再來，必定好好抱怨一番，並且出手打得對方粉身碎骨才行。如此發洩情緒之後，少女起身準備回家。

就在此時，少女發現距離自己不遠之處聚集著一群青蛙。青蛙們手裡抓著少女借給男子的腰帶，並且長長地拖曳著，同時張嘴大聲鳴叫。少女看到此情形，驚訝地趕緊靠近，抓起腰帶用力甩動，青蛙們因此受到驚嚇，紛紛跳入草叢躲避。其中，有一隻體型特別大的青蛙，緊抓著腰帶不放，少女見狀更加生氣，就使勁地將腰帶往石頭處甩下去，結果，青蛙的頭撞上石頭，昏厥不起，四肢還不停抖動著。少女趁機帶著腰帶奔趕回家。

當晚，那個男子又來了，一走進少女臥房就說：「我今天真慘！原以為妳想看我們跳舞，所以順妳的意把時間和地點都告訴妳，誰知道，妳竟然這麼狠心，把我甩到石頭上去，真不知道是何居心？」男子還按著自己的頭呻吟著：「哎喲，頭痛得快裂開了，頭暈目眩，好像什麼都看不清楚了。」

少女聽了，吃驚不已，這才知道每晚來訪的，竟是一隻青蛙。想到自己竟被一隻青蛙戲弄，相當不甘心，大罵：「你這隻壞青蛙！」同時一腳踹了過去，男子立刻滾到床下，四腳朝天，變回原形，然後利用四肢一蹦一跳地逃走了。

（阿里山蕃）

212 鹿王

類別／妖怪

典文

※《蕃族調查報告書·獵怪獸反遭殺害的故事（鄒族）》

——原著：臺灣總督府臨時臺灣舊慣調查會，編譯：中央研究院民族學研究所

昔時，社內有兩個兄弟。

某日，哥哥外出狩獵，而來到Nsoana山，山頂上有清泉，泉水邊還佈滿了鹿腳印。翌日，哥哥躲在泉水旁窺視，果然看見許多鹿來喝水。此後，哥哥每天到泉水邊狩獵，而且大有斬獲。

鹿群中，有一隻像似鹿王的怪鹿，外形和一般的鹿沒有兩樣，可是，一旦拿起矛瞄準時，牠就立刻變形，變成一隻高聳雲間的大鹿。

看到這種情形，哥哥知道那是一隻怪獸，不可隨意地射殺，所以每次看到牠都放棄射擊。

有一天，弟弟獨自到Nsoana山頂。他看見幾隻鹿在泉水邊喝水，高興極了，於是，拿起矛正要瞄準其中最大的一隻鹿時，那鹿開始變形，變成一隻尾巴長達數尋（尋：日本的舊度量衡單位，一尋大約是一點八公尺）的大鹿，此時，弟弟想起哥哥曾經告訴他，那隻鹿是射不得的。

然而，目標已定，矛已準備好，加上弟弟向來就是個不肯服輸的人，他深深地吸了一口氣，把

長矛投擲出去，怪鹿即遭擊斃。

不過，他卻無割下鹿肉的勇氣，驚慌地奔跑回家，並將事情的始末告訴哥哥。

哥哥心想弟弟可能惹上了大禍，但是，事到如今已無法挽回，只好跟著弟弟到Nsoana山看看。可是，來到了弟弟殺掉怪鹿之處，只見滿地鮮血，哥哥不禁毛骨悚然，不敢再前進，連忙掉頭跑回家。

弟弟為了一看究竟，繼續往前走。一路上看到掉落的肉塊，弟弟知道怪鹿可能就在附近，於是抬頭向四周張望，這才發現草叢中站著一個男巨人。

巨人的頭比樹梢還高，眼睛猶如日月般明亮。

弟弟見了很驚慌，正想逃命時，巨人喊著：「看你往哪裡跑？你這個可惡的傢伙！」然後抓住弟弟的頸子，像貓甩老鼠般，甩了二、三次，隨即將他摔向一棵樹的樹幹，弟弟的身體因而如塵土般碎裂，一命嗚呼。

（阿里山蕃）

※《蕃族調查報告書．鞣皮法之由來（鄒族）》

——原著：臺灣總督府臨時臺灣舊慣調查會，編譯：中央研究院民族學研究所

太古時代，人們是不祭祀山神的。

當時的獸類變幻莫測，偶爾也會變成人類。

某日，有位男子想要獵鹿，就前往山上待在水邊等著。

不久之後，一隻鹿跑過來。他認為機會難逢，立刻拉弓想要射擊。突然間，鹿隻膨脹起來，變得巨大無比，頭部幾乎到達天空，目光也如日月般光亮。獵人感到一陣暈眩，連放箭的勇氣也消失殆盡，只能眼睜睜地看著那隻鹿逃走。

另外，有個男子也有相同的經驗。不過，他比前述的男子更勇敢。據說，他終於射中了那隻變化莫測的怪獸。怪獸中箭後立刻逃逸無蹤，男子環顧四周尋找，突然發現地上有塊如布塊般的東西，心中覺得奇怪，於是抬頭望去，發現樹旁有個人，正拿著一塊布在裹腳。男子見狀，跑了過去，但一靠近，樹旁的人就逃跑，男子再追，突然那個人轉過身來，抓住男子，並把他往樹幹上撞擊，男子當場斃命。

那個人就把男子的屍體吊掛在樹枝上。後來，社人經過樹旁，只看到一塊人皮掛在樹枝上，此後，社人知道了鞣皮的方法。

（阿里山蕃）

※《蕃族調查報告書．怪獸皮的故事（鄒族）》

——原著：臺灣總督府臨時臺灣舊慣調查會，編譯：中央研究院民族學研究

昔時，有個男子到山上射殺一隻鹿。

他把鹿皮剝下，鹿肉割下後，正想切開鹿膽時，卻從膽中傳來了一個聲音：「請千萬別割我的膽！」

此人覺得奇怪，但都不理會，一刀割破了膽。

此後，再也沒有聲音從膽中傳出。

男子於是把鹿皮帶回家，想掛於吊鉤上。

可是，鹿皮掛上去後，很快又滑下來，無論如何都掛不上去，此人憤怒極了，大喝一聲，就把鹿皮丟向吊鉤去。

據說，鹿皮立刻就彈回來，把此人捲起勒死了。

（阿里山蕃）

213 無頭妖怪

類別／妖怪

典文

※《蕃族調查報告書・遭妖怪追趕的故事（鄒族）》

——原著：臺灣總督府臨時臺灣舊慣調查會，編譯：中央研究院民族學研究所

昔時，有兩位兄弟。

某日，他們一起前往Yayungana山狩獵，天將黑時，弟弟為了準備晚飯，先離開哥哥，前去狩獵小屋。

哥哥則獨自繼續在山中尋找獵物，繞了一圈後，約傍晚時才抵達狩獵小屋。

但哥哥很快就發現，小屋附近血跡斑斑。

他心想也許有兇蕃來殺害弟弟，因此焦急地走進小屋。

但當他靠近屋子時，聽到有人在拌飯的聲音，就放心了，認為弟弟平安無事。

然而，哥哥做夢也沒有想到，弟弟的頭竟然不見了。

當哥哥正不知如何是好的時候，那個無頭弟弟的身體開始行動，拿起湯匙，舀起飯往頸子上的切口裝入。

看到此情景，哥哥嚇得魂不附體，無法分辨方向，連滾帶爬地逃了出去，不料卻被爐邊的薪柴絆倒，而發出了聲響。

無頭妖怪聽到聲音，一面大叫：「等等！等等！」一面高舉著雙手追了過來。

哥哥拼命地跑，可是，妖怪已經追到僅差一步之距，他心想現在只要跌一跤，就算有一百條命，也不堪妖怪一擊！

此時幸好，從樹縫間看到許多獵人狩獵回來，頓時體內血氣爆衝，奮力加快腳步，今世與來世之別就只差這麼兩步的間隔，然後再以五臟六腑幾乎被震破的聲音高喊救命。

妖怪驚見眾多身影，也不敢造次，立刻消失無蹤。

（阿里山蕃）

214 被砍頭者的幽靈

類別／鬼魅

典文

※《蕃族調查報告書・被砍頭者的幽靈（鄒族）》

——原著：臺灣總督府臨時臺灣舊慣調查會，編譯：中央研究院民族學研究所

昔時，有一對朋友前往Mumuyatu山狩獵。

其中一人留在小屋，另一人靠著月光尋找鹿兒飲水的地方。

留在小屋的人一直等待著朋友的歸來，但因白天過於勞累，不知不覺地就躺下睡著了。

到了三更半夜，突然醒了過來，聽到有人走動的聲音，以為朋友回來了，趕緊起身到門口迎接。不料，門口竟站著一個陌生人，而且此人的頭竟然被砍，整個頭顱向前垂下，只剩下約兩指寬的皮肉連接著身體。

留守者看到這光景，頓時全身發麻而跌倒在地。由於他驚叫了一聲，妖怪也隨之消失。

人們傳說說此即被砍頭者的幽靈。

原住民世界

拉阿魯哇族

拉阿魯哇族，居住於高雄的桃源區、那瑪夏區等地，族社包含排剪（Paiciana）、美壠（Vilanganu）、塔蠟（Talicia）、雁爾（Hlihlara）。

拉阿魯哇族相信，他們原先居住於東方，曾經與矮人共同生活。他們相信萬物有靈，信仰生靈、物靈和神祇等超自然的力量，也認為「聖貝」是太祖之靈的住所，所以會舉行祭儀來祈求平安豐收、族人旺盛，宴饗太祖之靈。

拉阿魯哇族最重要的儀式有歲時祭儀（小米耕作祭儀、稻作祭儀）、聖貝祭（Miatungusu）以及敵首祭。

215 死亡觀念

類別／神靈

典文

※《蕃族調查報告書·死亡觀（四社蕃）》

——原著：臺灣總督府臨時臺灣舊慣調查會，編譯：中央研究院民族學研究所

人死亡後，不論好人或壞人，他們的靈魂都會飛往Tavula山，即實來駐在所附近的一塊寬廣的丘陵臺地，但途中架有一座細如線的渡橋。

在山上橫死者的靈魂皆停留在原處，不會前往他處。（排剪社）

人之所以死亡，乃因惡神（Tangukapatu）垂下的線斷掉所致。（排剪社）

人死亡，係惡神作祟所致。除此之外，河神有時會致人於死。（雁爾社）

216 亡者搗麻糬的故事

類別／鬼魅

典文

※《蕃族調查報告書．亡者搗麻糬的故事（四社蕃）》

——原著：臺灣總督府臨時臺灣舊慣調查會，編譯：中央研究院民族學研究所

古時，有戶人家清晨即下田工作，傍晚返家，發現屋內棚架上放著麻糬，於是互問家人是何人舂搗的，但都不知是誰。大家覺得奇怪，因此翌日出門工作時，就把一個小孩留置在棚架上。當家人都外出之後，埋在地底的亡者走了出來，用火烤著自己的手臂，直到烤出油來，再將這些油脂抹在麻糬上面，拼命地搗著。坐在棚架上的小孩，目睹此種景象，害怕地哭出聲來。死人聽見聲音，非常驚訝，走過來告訴他：「別哭，從今天起，我不再出現了。」然後轉身就走。此後，再沒有任何人見過亡者。

古時，人們以腐朽木頭或砂石維生，但自從有人走進地裡，帶回小米、芋薯及豆類之後，人們開始有如今日的穀類可食用。

（報導人：雁爾社Ulunganu）

原住民世界

卑南族

卑南族居住於中央山脈以東、卑南溪以南的海岸地區。他們的宗教觀念裡，認為天地之間存在著祖靈與自然神，神靈稱為「Viroa」，可指稱「神、精靈和死靈」。巫醫（Tumaramao）和司祭（Ragan）則擁有溝通人神的神奇力量。

此外，每年也有特殊的「慶巫會」（Puasrakan），這個儀式只有女性祭師才可以參加。

217 擊退大蛇

類別／妖怪

典文

※《蕃族慣習調查報告書．擊退大蛇（卑南族）》

——編纂：臺灣總督府臨時臺灣舊慣調查會，編譯：中央研究院民族學研究所

Dengeraw與Sigasigaw非常和睦，夫婦間生下Aibuwan（男）、Aunayan（男）、Rasiras（女），這三個兒女。

Aibuwan、Aunayan兄弟後來因其母Dengeraw死去，而由其父一手養育。某一日，三個孩子告訴父親想要拜訪從母親那裡得知的一位住在babaTuran的祖母KaLikaLi，得到允許後三人即前往BabaTuran的始祖PaDungaw之宅，但祖母已經去世，他們在大失所望之餘，仍然留在祖母家。

某天早晨，妹妹Rasiras到卑南溪畔的Barebe去洗衣，過了良久仍不見她回來。兄弟倆很擔心，便前往Barebe去找尋妹妹，但是並未見其蹤影，只見一巨石上放置著Rasiras帶來洗濯的衣物，以及一道三尺許寬之大蛇行經痕跡，中央還拖有一線血跡。

兄弟兩人內心澎湃激動，尾隨血跡抵達了Mernaunan山頂之池。池邊有個大岩石，岩石下有一條令人悚怖的大蛇蟠蜷著。兄弟倆返家，道出事情的始末後，請求為妹妹報仇，但是家人並未輕言可否，因此兄弟便私底下決定要為妹妹報仇。

首先，為了試驗有無斬殺大蛇之力，他們前往Pangayangyawan，焚燒稱bait的枯木後，把刀燒熱，然後拿出至水裡浸泡，並試砍斬旁邊的石頭，結果刀刃毀壞斬不破石頭。

接著他們又到Tarubanibani焚燒Toer樹的皮，然後藉此將刀燒熱，又拿至水裏浸泡，再試砍石頭，結果兄長砍進一半，弟弟則把整個石頭砍斬成兩段。

至此，兄弟兩人即前往Mernaunan山頂之池，兄Aibuwan首先伐了一棵樹做成棒子，讓弟弟以此棒撞擊岩窟，大蛇略微蠕動地探出頭來，Aibuwan便揮刀斬之。不料刀卻反彈起來，連牠的表皮都無法傷及。

弟弟見狀焦急地代兄斬大蛇，大蛇蟠蜷著被砍成三段。

此時刀刃觸及到一堅硬物，拾起一瞧，原來是Rasiras所配戴的手環。

兄弟兩人欣慰終於得以為妹復仇，便將大蛇頭砍下後帶回，並向家祖詢問驅退大蛇怨靈之祈禱法，但是家祖答稱不知，於是又轉問伯勞（鳥），而牠回答得太快，以致無法聽清楚。

於是又問Tekwir（鳥），此鳥教曰：「行至東方Pulutulutungan山，用琉璃珠串成的念珠，纏住左右手腕及左右拇指，再繞至頭部，最後把剩下的部分垂在前額，並且把身體拭淨三次。之後才把琉璃珠置於大蛇頭上，將檳榔縱剖後，塞入琉璃珠，放在大蛇頭的後方，又在其後方橫放一串琉璃珠串。然後去採兩支Kwaching，連結兩支之葉，結扣處以琉璃珠（七粒）串成的念珠綁住，橫放在剛才那條念珠的後方。且在其右端交叉豎立兩支Kwaching的樹幹，樹幹頭和交叉點用琉璃珠（九粒）串成的念珠結綁，左端也同樣於交叉豎立的樹幹頭和交叉點處，以琉璃珠（五粒）串成的念珠結綁著；在此左右交叉處，橫置前述的Kwaching，然後立於該處，祈禱怨靈退散。」

兄弟兩人聽了大喜，一切遵照進行，因而返家後即無怨靈作祟，身體健壯。

原住民世界

排灣族

在排灣族的神靈信仰中，流傳「生靈」（Yaruvanan）的傳說：當某人極度愛戀或怨恨他人，靈魂便會脫離肉體，依附在對方身邊，對方也會受傷或染上疾病，甚至在夢中看到某人怒目而視的神態。

被生靈作祟的人，可以請部落內的巫師除邪、祈禱。但如果是被巫師本人的生靈所纏祟，則不容易驅除，只能親自向本人道歉，懇求解除咒怨。在牡丹路社便曾有生靈的作祟故事。

除了生靈之外，排灣族也有死靈的傳說：如果因為愛戀或怨恨他人而死，其靈魂也會附身於對方，造成災害。此外，殺人者也會被死靈纏上。這些情況，都需要招巫來祈禳，驅除病害。然而，如果殺死巫師，除了無法獲得祖靈的庇佑，並且也無法可解，終究只能被巫師的死靈所殺。

對排灣族來說，Garal是惡靈，會以人的形態出現，只要見到祂就會生病，需要請巫師來除咒。

218 牡丹路社的生靈

類別／鬼魅

典文

※《蕃族慣習調查報告書．牡丹路社的生靈（排灣族）》

——編纂：臺灣總督府臨時臺灣舊慣調查會，編譯：中央研究院民族學研究所

昔時在Palilijau番牡丹路社有一對青年男女。

女方愛戀男方且向男方表白愛意，男方亦許諾婚姻之約。

然而，後來男方違約，與另一女相通而不顧前女之情。

於是，前女憤恨不已，斷絕飲食閉門而居，對男子心懷怨恨。

數日後該男發瘋，遂自縊而死。

附近的人相傳，一定是前女之生靈所為。

（安原氏調查）

219 內文社的死靈

類別／鬼魅

典文

※《蕃族慣習調查報告書．內文社的死靈（排灣族）》
——編纂：臺灣總督府臨時臺灣舊慣調查會，編譯：中央研究院民族學研究所

距筆者為文約三十年前，內文社民Madrau Qaluvu之祖父某，前往臺東而被殺。其後經過十二、三年，Madrau在夢中看到死去的祖父，祖父說：「跟我一起來。」言畢，帶同Madrau到被害之地。

Madrau正感覺已到其地時，即醒來，Madrau便心智瘋亂，至今猶未痊癒。

這是因祖父之靈引誘Madrau部分之靈的緣故。

（大正三年〔一九一四年〕安原氏調查）

220 幽靈傳說

類別／鬼魅

典文

※《蕃族慣習調查報告書・Drekai番Vedai社與Ravar番上Paiwan社的幽靈傳說（排灣族）》

——編纂：臺灣總督府臨時臺灣舊慣調查會，編譯：中央研究院民族學研究所

①Drekai番，Vedai社的傳說：人死後起初成為Galale（幽靈），在山中或社內等中意之地，然而社民只能在夢中看見。壞的Galale有時會跟隨活人的後面殺活人。

②Ravar番，上Paiwan社的傳說：若先被幽靈看見會死亡。相反地，先看見幽靈若呼喊：「汝是什麼？」而吐口水，幽靈之現身即會消失，可保無事。

221 望嘉社的幽靈

類別／鬼魅

典文

※《蕃族慣習調查報告書．Vungalid社的幽靈傳說（排灣族）》
——編纂：臺灣總督府臨時臺灣舊慣調查會，編譯：中央研究院民族學研究所

昔時北Paiwan番Vungalid社，有位叫做Ljuan Tjakuljuk的妙齡女子，私戀同社青年某，終於對他表白心意。

然該青年已與另一女子有婚約在先，因而拒絕。

Ljuan因失戀，投沼而死。

翌日起，Ljuan之靈盛裝在沼澤附近出現。

當人經過就會聽到「我在這裡我在這裡」和「嘻嘻嘻嘻」的笑聲。

社民懼怕而不敢通行，於是頭目與眾人商議，在沼澤邊舉行祈禱以祭幽靈，此後幽靈便不再出現。

（安原氏調查Vungalid社，據Palivulj所言）

222 魂火

類別／鬼魅

典文

※《蕃族慣習調查報告書．魂火（排灣族）》

——編纂：臺灣總督府臨時臺灣舊慣調查會，編譯：中央研究院民族學研究所

魂火，番語稱「sapui na cemas」，即靈火之意。

有的番社認為靈火即為靈現身的現象，有的番社認為是靈夜行時所用之火炬，其形狀之說因人而異。茲將調查主要番社的情況列述如下：

①Vuculj番Kazazaljan社的傳說：魂火是一圓形且呈淺紅色，光力弱而突然出現，迅速低飛，碰到任何物體即消滅，有時在中途分裂成數個。此靈要行kisudju（未婚青年男子到女子之處遊玩），一面燃燒茅草，一面敲打沒有燒掉的茅草，看見的人並不受其害。

②Vuculj番Kaviyangan社的傳說：魂火大者有直徑一尺左右，小者約一、二寸，形圓而色青白，狀似薪火。飛行時快時慢，有時低飛，有時高飛。此火一個或數個從禁地向禁地飛，是靈出外時照路的光。看到的人會得疾病，故須殺一頭豬，招巫祈禱。本社社祝Valulu ramur說：「距今約三十年前，從本社前往靠近平地的禁地，叫做Tulua的森林邊之耕作地，當夜

從森林中突然出現一個魂火。其形狀小而長，有如上臂之大小。嗣後陸續出現很多魂火，有的高有的低，飛來飛去，附近一帶幾乎為魂火所掩蓋。自己驚慌著迷似地跑回小屋，翌朝歸社即臥病不起，後來殺豬招巫祈禱，幸得免一死。」

223 鳥獸的亡魂

類別／鬼魅

典文

※《蕃族慣習調查報告書．鳥獸的亡魂（排灣族）》

——編纂：臺灣總督府臨時臺灣舊慣調查會，編譯：中央研究院民族學研究所

依照本族的觀念，鳥獸也有亡魂。但是不像人類之靈會作祟為害。僅豹、鷹及豬之靈，有時會附身人類為害。故番社捕獲豹或鷹，必行祈禱。此外，屠豬而刺其喉時，必行Valunguvulungu之祭。而且家長不能在旁邊，否則豬靈會糾纏家人，生如癲痫之病。

山豬或狗死後，有時變成幽靈出現。關於此點，Kaviyangan社之老番說：「有時夜間山豬或狗之靈進來屋裡，吃了食物就走。家人知有狗來過，之後查驗結果，卻見食物依舊，門戶也沒有開過的樣子。」有時，這些靈曾在番社附近路上出現，像是一團衣服的樣子，看見者以為是別人忘記，走近要撿時，就忽然消失不見。

（小林氏調查）

224 巨人「孤奴」

類別／妖怪

典文

※《蕃族慣習調查報告書・巨人「孤奴」（Kuniu）的故事（排灣族）》

——編纂：臺灣總督府臨時臺灣舊慣調查會，編譯：中央研究院民族學研究所

Vuculj番Tjaravacalj社所傳：

往昔有名叫「孤奴」的巨漢，從平地來到番社，張開大口要吞人。Paridrayan大社頭目家的talilj射殺了他。

據說，番民們高興地殺豬帶小米去向他致謝。

225 食人的怪鳥「瑪莎嘎拉咕」

類別／妖怪

典文

※《蕃族慣習調查報告書．食人的「瑪莎嘎拉咕」（Mazakazakau）怪鳥的故事（排灣族）》

——編纂：臺灣總督府臨時臺灣舊慣調查會，編譯：中央研究院民族學研究所

（一）Kuvulj番內文社所傳：

曾經有稱為瑪莎嘎拉咕的大鳥住在內文社域內。

此鳥極大，張開雙翼時約有一丈五、六尺。

當時Palilljau番的加芝來社是本社的敵人，此鳥經常到該社去捕捉其社民回來，而且有時也到Paqalu番的Vuluin社捕人回來。

而其捕捉的人悉遭其撕開掛在大樹枝上，因而據說該鳥棲息地附近，常因塗抹著人血而紅濕濕的。

又說，曾有本社民穿著白衣居住在Tjaljasuaq（加芝來社域內），瑪莎嘎拉咕捕捉他後，飛到別處去，突然覺察出那人為本社民，就再飛回原地並放掉那人。可是據說那人數日後終於死去了。

（二）Palilijau番Sabdiq群所傳

往昔有叫做瑪莎嘎拉咕的鳥，棲息在Seljelau（現牡丹路駐在所下方的部落，今其址猶存，成為森林）的大石之間。

巫看牠是鳥，但他人看則不見其形體，故人們稱其為「靈」。

有一次，Seljelau民出獵不在時，為Seqalu所襲擊，其老幼婦女被殺而正在非常悲傷時，據說瑪莎嘎拉咕捕捉其民並將其食盡。

226 排灣族惡靈「蓋羅」

類別／妖怪

典文

※《臺灣踏查日記．明治三十三年（一九〇〇年）八月十五日》

——日．伊能嘉矩，譯註：楊南郡

今天前往本社所分出的部落參觀。這個部落[204]在東方山丘上，距離大頭目家一町餘的東方，有一小溪，溪中奇石磊磊，荊棘茂盛，極為陰濕，相傳是惡魔「蓋羅」（Garal）聚居的地方。蕃人說：「假使有人在這裡看到惡魔，會立刻死掉。惡魔趁夜陰的時刻從這裡飛到部落，從窗子鑽進屋內。」

※《臺灣踏查日記．明治三十三年（一九〇〇年）八月二十六日》

——日．伊能嘉矩，譯註：楊南郡

Pavoavoa部族Tsyorikau社[205]所傳關於祖靈與惡魔的口碑：

本社東南方的Tsagarao山（南崑崙山）中有祖靈居住。

蓋羅
惡魔趁夜陰飛至部落
從窗户鑽進屋内

祖靈不喜歡異族接近祂的地方，所以本族的人嚮導異族進入山中，必須用茅草遮蓋行李，裝出正在逃難的模樣，才能避禍。

在山上的祖靈視異族為敵人，常常對異族發炮，發炮時不但有閃光，也發出隆隆的雷聲，雷電就是這樣引起的。

惡魔常住於蓊鬱的山林中，著白衣，晴天的時候，只在日暮以後方出現，但是雨天的時候，白天也出現。假如有人撞見祂，必死無疑。

204 排灣族部落：伊拉社的口碑。

205 Pavoavoa部族Tsyorikau社：排灣族。

227 矮妖「咕塔」

類別／妖怪

典文

※《臺灣踏查日記·明治三十三年（一九〇〇年）八月二十六日》
——日·伊能嘉矩，譯註：楊南郡

山豬毛口社[206]所傳，矮身的蕃人：

古時候，在南方的深山裡住著身軀矮小，不到我們腰部高度的蕃人，他們的眼睛不在臉上，而是長在兩個膝蓋上。

矮蕃經常出來向我們澤利先族挑戰。矮蕃白天的時候眼睛看不見，但是到了夜間就看得清楚，所以我們澤利先族白天打勝仗，晚上打仗就很辛苦。矮蕃的名字叫「咕塔」（Gutol）。

206山豬毛口社：臺灣南部山中的排灣族。

228 田螺美人

類別／神靈

典文

※《生蕃傳說集．田螺美人》——日．佐山融吉、大西吉壽，翻譯：陳萬春

古時候，有五個兄弟。雙親早亡，無所倚靠，因此兄弟互相幫助、打氣，和睦地一起耕作。

有一天，也是一樣地，五個人一早就去園圃，么子忽然發現一個田螺，就撿起來帶回家，放在屋裡。

翌日也是勞動了一整天，到了黃昏時，么子為要煮飯，早一步回家。到爐邊一看，晚飯已經準備得好好地。

他奇怪地把這件事告訴他的兄弟。大家也覺得訝異，決定等待明天看個究竟。

次日就由一個人躲起來，不久出現一個美女，認真地煮起飯來。完全煮好後，又不知哪兒去了。男子看過後，就把全部的情形告訴他的兄弟。

大家更是覺得奇異，就在這時來了一個老人，老人說那可能就是「密利密利嗄奴」。

次日，那個美女不知全部的兄弟都躲在家裡，照樣又來煮飯。

兄弟一聲令下，從四面圍住她。

「你是什麼樣的人？為什麼天天替我們煮飯？」

女子被問，流著眼淚說：「我不知何故，一直受父母親厭憎、虐待，被塞進田螺的殼裡面，不期被這一家的人所救，我高興得想，至少每天也得替你們燒飯。」

那種楚楚可憐的樣子，兄弟也極為同情，最後，由長兄娶她結為夫婦。

（排灣族，斯庫斯庫斯社[207]）

207 斯庫斯庫斯社：高士佛社。

229 沙利庫的故事

類別／妖怪

典文

※《生蕃傳說集．沙利庫（サリク）的故事》——日．佐山融吉、大西吉壽，翻譯：陳萬春

某人家，父母外出，把兩個孩子留在家裡。

那天晚上，有一個叫沙利庫的人推破屋門，強行進入，親熱地來到孩子的旁邊，講有趣的故事哄他們，兩個孩子因而解開了心中疑惑，上床睡覺。

半夜哥哥偶然醒來，聽到咯吱咯吱吃東西的聲音，因此問說：「沙利庫你在吃什麼呀？」

沙利庫慌張地說：「吃大角豆啊。」

回答聲音有點奇怪，哥哥因而悄悄地摸了一下弟弟，沒有身體，只剩下頭。

哥哥嚇了一跳，趕緊起身拿了煮好的豬油，逃出外面，爬到樹上。

沙利庫看到事情敗露，惱怒地追了上來，但哥哥從樹上淋下燙油，殺死了沙利庫。

哥哥臨陣的機智，不但報了弟弟的仇，自己也逃過被吃的命運。

（排灣族，卡斯坡康社[208]）

※《生蕃傳說集．特布魯布倫的故事》——日．佐山融吉、大西吉壽，翻譯：陳萬春

雙親外出後，留下兄弟兩人看家。

隨後有一個名叫特布魯布倫的人，來要求住宿，不得已讓他和弟弟一起睡。

可是半夜聽到咯吱咯吱的吃東西的聲音，哥哥睜開眼睛問：「吃什麼東西？」

特布魯布倫回答說：「吃『托啊密』（蕎麥）。」

他伸手說「給我一些」，但給的，卻是弟弟的一隻手。

哥哥大吃一驚，立即逃出屋外躲了起來。

次日晚上，哥哥正獨自一人感到寂寞時，那個怪物又來，因此用滾水淋死了牠。

（排灣族，斯庫斯庫斯社[209]）

208 卡斯坡康社：率芒社。

209 斯庫斯庫斯社：高士佛社。

主要參考資料與編著者簡介（按筆劃排序）

■丁紹儀，《東瀛識略》：丁紹儀，字杏舲，江蘇無錫人，在清道光二十七年來臺。

■《三六九小報》：創刊於西元一九三〇年（昭和五年）九月九日，是日本時代的刊物，每逢三、六、九日就會發刊，以漢文為通行語言，是當時推廣通俗文化十分重要的大眾期刊。

■片岡巖，《臺灣風俗誌》：片岡巖在日治時期的大正十年（一九二一年）二月，出版《臺灣風俗誌》。書中收羅臺灣居民的生活禮儀、家庭社會、民俗節慶、口碑、傳聞、怪談、俚諺、歌謠、宗教，是臺灣文化研究不可或缺的重要書籍。

在一九八七年，經由眾文圖書公司重新出版，陳金田翻譯。

五劃

■《巴達維亞城日記》：這本書目前由印尼國立檔案館（Arsip Negara, Djakata）所收藏（全名：巴達維亞城所保存有關巴達維亞城及荷屬東印度各地所發生的事件日記，一六二四年至一八〇七年），是研究十七世紀臺灣的歷史的主要資料，記錄了巴達維亞城貿易狀況以及與臺灣交流聯繫的資料。

■甘為霖，《素描福爾摩沙：甘為霖臺灣筆記》：威廉・坎貝爾（William Campbell，漢名：甘為霖，生於一八四一，卒於一九二一年），生於英國蘇格蘭格拉斯哥，長老教會傳教牧師，在一八七一年十二月二十日抵達打狗，來臺灣傳教，他的筆記《素描福爾摩沙》在一九一五年出版，他在一九一七年才離開臺灣。《素描福爾摩沙：甘為霖臺灣筆記》，由甘為霖寫作，林弘宣、許雅琦、陳珮馨翻譯，前衛出版社在二〇〇九年十月出版。

■必麒麟，《歷險福爾摩沙》（*PIONEERING IN FORMOSA, Recollections of Adventures among Mandarins, Wreckers & Head-hunting Savages*）：作者W. A. Pickering（必麒麟），譯者陳逸君，前衛出版社在一九九九年一月出版。

■《民俗臺灣》：發刊於一九四一年至一九四五年，專門蒐集臺灣民俗資料。書刊中的作者包含臺灣作家與日本民俗學者。戰後，《民俗臺灣》由林川夫重新編輯翻譯。

六劃

■伊能嘉矩，《臺灣踏查日記》：楊南郡譯註，遠流在一九九六年出版。

■西川滿、池田敏雄，《華麗島民話集》：由西川滿的日孝山房出版社發行，出版於昭和十七年（一九四二年），由立石鐵臣插畫裝裱，包含二十四篇臺灣民話，是西川滿在臺時期，與池田敏雄二人共同策劃，從當時的臺灣全島小學生徵文中，篩檢過濾選出的民話文章。在一九九九年由致良出版社重新出版，致良日語工作室編譯。

七劃

■吳子光，《臺灣紀事》：吳子光，號芸閣，別署雲壑，晚號鐵梅老人，客家人，在道光十七年（一八三七年）首次來臺，二十二年（一八四二年）第三度來臺後定居於淡水廳的苗栗堡銅鑼灣樟樹林莊之雙峰山（現今的苗栗縣銅鑼鄉），並建立雙峰草堂，開班教學，曾參與纂修《淡水廳志》。

■沈茂蔭，《苗栗縣志》：沈茂蔭在光緒十八年（一八九二年），來到臺灣苗栗地區擔任苗栗縣知縣，成為苗栗地方官，也是《苗栗縣志》編纂者。

■佐倉孫三，《臺風雜記》：作者佐倉孫三，號達山，福島縣二本松人士，生於一八六一年。佐倉在明治二十八年（一八九五年）五月來到臺灣，之後以漢文寫作《臺風雜記》。戰後，林美容重新編集為《白話圖說臺風雜記》，國立編譯館出版於二〇〇七年十二月。

■佐山融吉、大西吉壽著作，《生蕃傳說集》：出版於大正十二年，此書包含原住民族各族故事，如創世神話、口碑、怪異事蹟……等等傳說故事。

■佐藤春夫，《殖民地之旅》：集結了佐藤春夫從一九三二年至一九三六年的作品，中文翻譯者為邱若山，在二〇〇二年由草根出版社出版，之後在二〇一六年由前衛出版社重新出版。

八劃

■周鍾瑄主修，《諸羅縣志》：主修者為知縣周鍾瑄，實際編纂者是漳浦縣監生陳夢林、鳳山縣學廩生李欽文與諸羅縣歲貢生林中桂，此書是在雍正二年（一七二四年）刊行。

■周璽，《彰化縣志》：周璽在道光六年三月（一八二六年）任職彰化縣知縣，卸任之後，在道光十年開始編纂《彰化縣志》。

■林占梅：生於一八二一年，卒於一八六八年。字雪邨，號鶴山，清朝時代的臺灣淡水廳竹塹（現今的新竹市）知名人士。

■林紓：福建人林紓，三度渡海來臺島，第一次是同治六年（西元一八六七年），居住在北臺灣的淡水，輔佐父親在臺經商，著作《畏廬瑣記》，書中提及他當時在臺灣的所見所聞。

■林豪：生於一八三一年，卒於一九一八年。字嘉卓，號次逋，金門人，曾受林占梅之邀到潛園擔任西席，纂修《淡水廳志》、《澎湖廳志》，並續修其父林焜熿所著作的《金門志》。

九劃

■郁永河：十七世紀末來到臺灣，探採臺灣硫黃，並將在臺經驗寫成《裨海紀遊》。

■胡傳：生於一八四一年，卒於一八九五年，原名守珊，字鐵花，安徽人，是胡適的父親。胡傳在光緒十七年（一八九一年）奉旨調往臺灣。

■《南屯鄉土調查：日治時期史料編譯》：南屯公學校編寫於日本昭和七年（一九三二年），近年由孟祥瀚重新編注，許世融翻譯，臺中市政府文化局在二〇一五年出版。

十劃

■孫元衡，《赤嵌集》：孫元衡，中國清朝官員，安徽桐城人，在康熙四十四年（一七〇五年）任職臺灣府海防捕盜同知，稽查鹿耳門海口，負責鹽政、緝捕盜匪、海防等行政事宜，也負責監督臺、鳳、諸三縣的捕務。《赤嵌集》是其任職臺灣官員時寫作的詩集。

■馬偕（George Leslie Mackay），《福爾摩沙紀事：馬偕臺灣回憶錄》：馬偕在臺灣從事傳道、醫療、教育工作，更在臺灣創設醫院與教會，臺灣人尊稱「黑鬚馬偕」，他在一八九五年出版此本回憶錄，林晚生翻譯成中文。

■馬偕（George Leslie Mackay），《馬偕日記》：收錄馬偕在一八七一年至一九〇一年的日記內容，翻譯者是王榮昌、王鏡玲、何畫瑰、林昌華、陳志榮、劉亞蘭。

■連橫：生於一八七八年，卒於一九三六年。臺南人，日治時期的詩人、歷史學家，著作《臺灣通史》、《臺灣語典》、《臺灣詩乘》、《劍花室詩集》、《雅堂文集》。

十一劃

■陳鳳昌：字卜五，又字鞠譜，號小愚，生於一八六五年，卒於一九一三年。陳鳳昌七歲時，隨父親從福建南安來到臺灣，居住於臺南看西街。臺灣民主國成立之後，他曾協助籌組義軍。他著有《拾唾》四卷，目前只餘殘卷，其文章可見於黃哲永、吳福助編《全臺文》第六十四冊。

■屠繼善纂集，《恆春縣志》：成書於光緒二十年（一八九四年），但當時未刊行。主修者是恆春縣知縣陳文緯，總纂者為浙江人屠繼善。

■野狐禪室主：洪坤益（生於一八九二年，卒於一九四七年），臺南人，字鐵濤，又號野狐禪室主，是日本時代知名的詩人，也在《三六九小報》刊登許多鬼怪故事。

十二劃

■喬治．泰勒（George Taylor）：〈臺灣的原住民族〉（Aborigines of Formosa）摘自《中國評論》（*The China Review*）第十四期（一八八五年至一八八六年），頁121-126、194-198、285-290。喬治．泰勒實際觀察臺灣的原住民，範圍不超越西南部，特別是針對恆春半島一帶的原住民文化進行調查。而另一篇著作〈臺灣原住民的民俗傳說〉，則摘自《民俗學期刊》第五期（一八八七年），頁139-153，講述恆春半島原住民流傳的神話傳說故事（Taylor, George, 'Folklore of aboriginal Formosa', Folklore Journal5 (1887), p. 139-153.）。現今譯本：《一八八〇年代南臺灣的原住民族：南岬燈塔駐守員喬治泰勒撰述文集》，謝世忠、劉瑞超譯，杜德橋編輯，順益臺灣原住民博物館出版在二〇一〇年出版。

■菲力普．梅（Philippus Daniel Meij van Meijensteen），《梅氏日記：荷蘭土地測量師看鄭成功》：原文珍藏於荷蘭的海牙檔案館中，是十七世紀的荷蘭地理測量師菲力普．梅記錄一六六一年四月至一六六二年二月在臺灣島的所見所聞，在此期間，他曾經被國姓爺鄭成功俘虜，也因此得以就近觀察鄭成功，並且在日記中寫下鄭氏軍隊的旁觀紀錄，為當時的荷鄭戰爭提供了第一手的珍貴報告。二〇〇三年，江樹生根據荷蘭原文編譯成中文版，由英文漢聲出版。

■黃叔璥：生於一六八二年，卒於一七五八年。字玉圃，號篤齋，是首任巡臺御史，經常巡行臺島各地，考察民俗風土，寫成《臺海使槎錄》。

十三劃

■鈴木清一郎，《臺灣舊慣：冠婚葬祭と年中行事》：記錄臺灣的婚葬喜慶、祭拜等等風俗，一九三四年出版，戰後中譯本《臺灣舊慣習俗信仰》。

十四劃

■翟灝：字笠山，清朝官員，本籍中國山東，在乾隆五十八年（一七九三年）奉命調臺。著有《臺陽筆記》。

十五劃

■《熱蘭遮城日誌》（*De Dagregisters van het Kasteel Zeelandia*）：記述時間從一六二九年至一六六二年，是荷蘭人統治臺灣時期的基本史料，完整記載了荷蘭人在臺灣展開的統治、貿易等相關活動。經由曹永和、江樹生等學者整理、譯註，臺南市政府出版四冊中譯本。

■稻田尹，《臺灣むかし話》（第二輯）：臺灣藝術社在一九四三年出版此書，收錄許多臺灣民間故事。

■戴三奇，《金快運河記新歌》：一九三五年，由嘉義玉珍漢書部發行。

百鬼工作室成員

Yi–Ting Tsai、闕琋（Shiu Lancy）、劉佳昊、Shi Chen Lai 、 Cheng 、彩嫦（Itzel Hsu） 、 Lionel Liu、紀昭君（Amanda Chi）

歷史大講堂

妖怪臺灣：三百年島嶼奇幻誌‧妖鬼神遊卷

2017年1月初版　　定價：新臺幣500元

2022年3月初版第十三刷

著者　何敬堯
繪圖　張季雅
叢書主編　李佳姍
校對　施舜文
整體設計　江宜蔚
攝影　何敬堯

出版者　聯經出版事業股份有限公司
地址　新北市汐止區大同路一段369號1樓
叢書主編電話　(02)86925588轉5320
台北聯經書房　台北市新生南路三段94號
電話　(02)23620308
台中分公司　台中市北區崇德路一段198號
暨門市電話　(04)22312023
郵政劃撥帳戶第0100559-3號
郵撥電話　(02)23620308
印刷者　文聯彩色製版印刷有限公司
總經銷　聯合發行股份有限公司
發行所　新北市新店區寶橋路235巷6弄6號2F
電話　(02)29178022

副總編輯　陳逸華
總編輯　涂豐恩
總經理　陳芝宇
社長　羅國俊
發行人　林載爵

行政院新聞局出版事業登記證局版臺業字第0130號

本書如有缺頁，破損，倒裝請寄回台北聯經書房更換。　ISBN 978-957-08-4853-3 (平裝)

聯經網址 http://www.linkingbooks.com.tw

電子信箱 e-mail:linking@udngroup.com

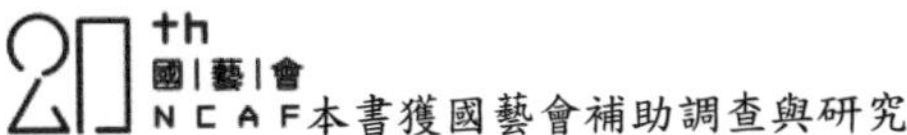

國家圖書館出版品預行編目資料

妖怪臺灣：三百年島嶼奇幻誌．妖鬼神遊卷/
何敬堯著．張季雅繪圖．初版．新北市．聯經．2017年
1月（民106年）．592面．17×23公分（歷史大講堂）
ISBN 978-957-08-4853-3（平裝）
[2022年3月初版第十三刷]

1.妖怪 2.臺灣

298.6 105023958